行
SLOWALK

行 行 重 行 行 ， 前 路 终 可 知

胆敢教书

郭初阳 著

献给汤萌

· 序 ·

素养

什么是素养？我想起 H 先生亲口说过的一件事。

那节语文课上《荷塘月色》，研读起首一段：

> 这几天心里颇不宁静。今晚在院子里坐着乘凉，忽然想起日日走过的荷塘，在这满月的光里，总该另有一番样子吧。月亮渐渐地升高了，墙外马路上孩子们的欢笑，已经听不见了；妻在屋里拍着闰儿，迷迷糊糊地哼着眠歌。我悄悄地披了大衫，带上门出去。

忽有一生举手提问："'带上门出去'，为什么要带上门？"

众生都愣了一下，没有明白这个问题的要点。

"门这么重，他是怎么带着走的？"举手者继续问道。

寂静了片刻，反应过来后，整个学堂都被笑声盈满了，等到笑声渐弱，只有一二人还在掩口胡卢之时，H 先生环顾四周，问道："有人可以回答这个问题吗？"

或曰："此处的误解，恐怕是因为'带'字的多种含义，文中的意思当是'关上、合上',而不是'随身携带'。"

H先生捋须微微一笑:"然也。Y同学的提问,乍听有几分好笑,却也并非全无价值,我们一起来看文章最后几节。"

众生翻到最后一页,是这样收尾的——

> 于是又记起《西洲曲》里的句子:
>> 采莲南塘秋,莲花过人头;低头弄莲子,莲子清如水。
>
> 今晚若有采莲人,这儿的莲花也算得"过人头"了;只不见一些流水的影子,是不行的。这令我到底惦着江南了。——这样想着,猛一抬头,不觉已是自己的门前;轻轻地推门进去,什么声息也没有,妻已睡熟好久了。

"有何所见?"H先生环视一圈。

"文章始于门,终于门","门里门外为两个世界","荷塘月色,纯属家门外的风景","门内有妻,门外有舞女","作者的神游,其妻并不知晓"……众口纷纭。

H先生笑道:"Y同学提醒我们当留意文中之门——出门之后,荷塘月色方才得见,有亭亭的裙,有少女艳歌;及至门前,风景消散于'猛一抬头',一切都止息了——Y同学言此门之重似不堪承受,从梦的解析来看,本我和自我之间,有一阀门加以隔限,驱除爱欲以维系家庭,此门不可谓不重也。话已及此,尔等可忆起了现代文学史上另一扇著名的门?"

"黑暗的闸门!"立即有人回答。学堂没有禁止无线上网,也有人很快地查到了鲁迅《我们现在怎样做父亲》的原文:"没有法,便只能先从觉醒的人开手,各自解放了自己的孩子。自己背着因袭的重担,肩住了黑暗的闸门,放他们到宽阔光明的地方去;此后幸福的度日,合理的做人。"

H先生颔首:"不错。我们怎样做父亲?鲁迅之问,一样不外乎家庭。大家可以想一想,若用鲁迅的格式来问《荷塘月色》的主人,这问题的内容是什么呢?此外,鲁迅肩住了黑暗的闸门之意象,远远脱胎于《说唐》,第四条好汉雄阔海在危急关头及时出现,竭力救助众好汉:'既然有变,趁我托住千斤闸在此,你们快走出城去……'鲁迅之门与朱自清之门,可谓现代文学史上两扇著名的门。"

一生补充:"一扇是前后开的转门,一扇是上下开的吊门。"

另一生贡献其发现:"哦,一人踟蹰于门前,一人牺牲在门下。"

"鲁迅之门,门内黑暗,门外光明;朱自清之门,门内光明,门外黑暗。"

"未必!门外有满月的光,门内家人都睡了,哪里有光?"

"说不定亮着灯呢,灯光总比月光亮……"

种种争辩,不一而足。

H先生待众生稍稍安静下来:"文字之歧义,会带来别样的理解。背井离乡,不妨解为背着水井缓步离开故乡,何等沉重,何等不忍!红豆生南国,有人在一粒豆中发现一个南国世界,一如霍顿听见了呼呼声,何等奇幻的小大之辨!诚然,有误解而不害为圣解也,在伟大典籍中,确实有过带门而行的记载……"说着，H先生打开投影，把电子版《圣经》翻到《士师记》第16章，鼠标轻点之处，众生赫然见到如下章节：

> 参孙到了迦萨……有人告诉迦萨人说："参孙到这里来了！"他们就把他团团围住，终夜在城门悄悄埋伏，说："等到天亮我们便杀他。"参孙睡到半夜，起来，将城门的门扇、门框、门闩，一齐拆下来，扛在肩上，扛到希伯仑前的山顶上。

"气不素养，临事惶遽"（陆游），先生的从容，多半来自平日的博览吧。

目录

Contents

第二视力

一席：学语文，不需要语文书	3
三年级：倘若汪曾祺老先生看了《昆虫备忘录》	31
五年级：落华生的《落花生》，何时可以恢复原貌？	36
六年级：阿西莫夫，有人删了你三分之一的作品	41
六年级：今天，我要为史铁生说几句	46
六年级：魔鬼夜访沈从文，商讨一碗腊八粥及写作与人生	58
七年级：插在郭沫若《天上的市街》上的三把刀	67
十年级：屏除丝竹入中年：契诃夫《套中人》《醋栗》和《关于爱情》	72
《同一堂课》：我所看见的语文与教育	84

语文维生素

的	93
寻隐者不遇	97
两株枣树，三种猜想	100
最短的诗	103
远和近	106
出处的伦理：《背影》里的时间问题	109
汪曾祺《昆明的雨》里的两个句号	114
忽然路灯亮了，像是轻轻地拍了拍手	120

偶有会意

镜中三叠	125
西蒙之死的灵感来源	146
泣尽这烦心的生命：读西渡《他出去痛哭……》	151
问人生到此凄凉否？	160
行到水穷处，坐看云起时	165
也不富足也不贫	169
张爱玲写错了，生命是一袭华美的袍，爬满的不是"蚤子"	172
跳蚤和虱子，各有各的名诗	175

胆敢教书

好课堂的三个外行指标	183
青年教师须知：不是灌，而是转	187
风筝：材料、组织与奔放	191
成为千百个人，而仍旧保持自己：我们一起读读小库	205
一霎飞触的缭乱：评蔡朝阳老师《不要成为无聊的大人》一课	208

欣然提笔

请在二十字以内，写一则极短篇	217
二则范例和四道绝望的思考题	226
梦境三则	231

牛角挂书

我的阅读史：影响我的几本书	249
阅读引领自由之路——两位语文教师关于语文与阅读的对话	261
阅读指南（教师篇）	268
给新初一家长的几点建议	271
让学生爱上语文	281

吾师与友

保俶塔下忆吾师	301
李玉龙先生二三事	306
一张旧课表	311
老苏与书	315
山头斜照冷玉斌	320

六一泉

一则恐怖故事的流传与加工	327
一个随身携带的工具箱：《好童书好课堂》	338
一名教书匠的写作回顾	344
一位狗校长的教育箴言	360
一本关于幸福的书	363
一条迄今为止最好的人生建议	367

· 后记 ·

我也一定会记住我最后一次离开这儿的表情　　375

第二视力

一席：学语文，不需要语文书[1]

∞

大家好，我是郭初阳，中学语文老师，教了25年书。

今天我演讲的主题是"学语文，不需要语文书"。这个话题还得从十几年前说起。

2008年，在一位杂志主编的倡导下，我们组建了3个教材研究小组。我和另外两位朋友，一位是蔡朝阳，一位是吕栋，每人带领一个小组，各研究一套当时通用的语文教材——人教版、北师大版、苏教版。

我们写了几十万字的研究报告，到了2010年，我们出版了一本书，叫作《救救孩子：小学语文教材批判》。

---

[1]. 本文为2021年5月23日在杭州一席现场的演讲文字稿。

简单地说，我们觉得当时通用的那几套教材有一些问题，主要有几大缺失，包括：经典的缺失、儿童的缺失（或者说童心的缺失）、快乐的缺失，以及事实的缺失。

给大家举一个例子。《地震中的父与子》是当年的一篇课文，被收录在部编版五年级语文教科书里面。

课文开头第一句话就说："有一年，美国洛杉矶发生大地震，30万人在不到4分钟的时间里受到了不同程度的伤害。"

这个故事讲的是大地震发生时，学校正在上课，教学楼被震塌了，一个小朋友和他的同学们被埋在了地底下，无人救援。他的英雄父亲徒手来挖，挖了30多个小时，终于把他的儿子和小伙伴们都救了出来。

大家要知道，最早的时候，这篇课文写的是"1989年，美国洛杉矶发生大地震"。但是1989年洛杉矶没地震。

过了几年教材修订了一下，修订成了"1994年，美国洛杉矶发生大地震"。1994年洛杉矶确实是地震了，但是地震的时间是凌晨4点31分。凌晨4点31分，教学楼里怎么会有学生在上课呢？

有人指出了这个问题。最后这篇课文的开头就变成了"有一年"。无论如何，洛杉矶总得要地震。

如今这些问题都不存在了，为什么呢？因为当年我们批评的时候，全国还有十来套教材。从2019年秋季开始，全国所有的小学和初中都采用了同一套教材，就是部编版的这一套。

我是中学老师，对小学语文也还有点兴趣，我就把这套教材拿过来，研究了一下。我觉得这套教材比以前好一点，但还是有一些问题。

第一个问题是，虽然这套教材开本做得挺大的，但是信息量不足。

我请好朋友王小庆帮忙清点了两本语文书的字数，标点都不算，只算字数。根据他的统计结果，一年级下册的语文书，包括封面、封底的每一个汉字，所有字数加在一起是12024，六年级下册是41934。

根据这两册的取样推断，小学六年12本语文书的总字数大约是32万，不会超过35万。这是一个什么概念呢？我们都很熟悉《围城》，《围城》这本书是18.3万字。这也就意味着一个小学生，小学读了6年，12本语文书，读到的总字数不超过两本《围城》。

根据2019年"新课标"的要求，小学生小学六年的课外阅读总量应该达到145万字，就教科书而言，连这个零头都不到。虽然教材的单元里有所谓的"快乐读书吧"，但是好像也没有正式地把它落实到日常的课堂教学里。

第二个问题是，文体的区分不足。

我觉得，一个人成年之后确实可以尝试各种文体的创作，甚至是无文体的创作，不过，对于小学生来说，一开始要让他们明确事事都有法度，这一点很重要。

在小学教材中，文体特点不太突出的散文占了大部分篇幅，而文学性最强的小说、诗歌、戏剧等虚构类作品，以及传记、历史等非虚构作品，数量少，文体也不太分明。

举一个例子。部编版教材中有一篇课文叫作《军神》，讲的是开国元勋刘伯承的故事。所有读过这个故事的读者都会震惊于一个细节：刘伯承的右眼睛受了伤（子弹从右边太阳穴穿进，从右眼眶穿出），他拖延了一段时间，才到重庆找了一位德国医生治疗——到这里是历史，是事实；刘伯承拒绝使用麻药，并在手术结束后告诉医生，你割了72刀——这是不是真实的历史呢？

花点时间去查考一下，就知道这个作品最初发表于1984年第10期《星火》（小说专号）[1]。这是一篇小说。

在小学语文教材中，文体如果不分明，不告诉孩子这是小说，所有的孩子都会觉得这是历史，是历史人物的真实经历。我觉得这样的混淆很不利于文学趣味的培养。

第三个问题是，心智的匹配度不足。

此话怎讲？我们对儿童要有一个认识：儿童是母语使用者，跟我们都一样。接触过儿童的人都知道，幼儿园毕业将要读小学的小孩子都是古灵精怪、见多识广的，他们很聪明，只不过识字不多而已。

针对这样一个有着充分生活经验和非常丰富的母语资源的小孩子，我们怎么教他认字呢？最好的办法就是——让他疯狂地爱上阅读。一旦一个孩子疯狂地迷恋上阅读，他的识字量就会突飞猛进，根本不再是一个难题。可以说，识字是爱阅读者

---

1. 该文发表时原标题为《青年刘伯承的故事》。

的一个自然而然的副产品。

可惜教材设计者却有一种错误的观念：降低心智，用一些很儿科的东西来教识字。老师们教得很累，效果也不好。

比如现在的小学语文教材一年级上册，打开以后就是这一篇——《上学歌》，一首儿歌。

读几遍就会觉得没什么意思。大家不信也可以问问身边的小朋友：你喜欢这首歌吗？你会经常想着这首歌吗？会经常去哼它吗？我估计小朋友看几遍就扔到一边去了，因为它在心智上跟小学生的年龄有点不太匹配。

这个文本也有点经不起推敲。第一句是"太阳当空照"，我们会说"烈日当空"，或者"皓月当空"，"当空"就是在头顶的意思，大约是从上午10点到下午2点之间。"太阳当空照，花儿对我笑"，下面一句是"小鸟说：'早，早，早，你为什么背上小书包？'"这两句里的内在时间是矛盾的。万一有个聪明的小朋友举手向老师提出来，会让老师很尴尬，老师只能说："喔，我们下课以后再来讨论这个问题。"

又比如"我去上学校"这一句。口语表达有口语表达的规范，别人问"上哪儿去呀"，我们会说"我上学去""我去上学"，或者说"我去上学去"，也可以说"我去学校"，都可以。没有人会说"我去上学校"。

倘若我们把语文书一本一本放在面前，从一年级到六年级，这六年应该有一个质的飞跃，相当于我们把一只"小猴子"变成了一个人，这六年里的营养该有多重要呀！

不料，翻开语文教材——

一年级，《春夏秋冬》；

二年级，《找春天》；

三年级，《秋天的雨》；

四年级，《三月桃花水》；

五年级，《四季之美》；

六年级，《夏天里的成长》。

——各位，如果你是一个小学生，你愿意年年都读这种不痛不痒的吟风弄月之作吗？我们真的想让下一代变成看不见真实的社会，眼中只有风花雪月的人吗？

而且，好不容易小学毕业了，到了七年级——别急，还有《雨的四季》在等你！

第四个问题是，原汁原味不足。

如果仔细读小学语文书，你会看到好多课文的"注释1"都有3个字——"有改动"。我把小学语文书里算得上名家名篇的作品列了一张表——

表一 "有改动"文章的不完全统计 [1]

年级	课	作者	文章名
二年级（下）	7	陈伯吹	一匹出色的马
	14	彭文席	小马过河
	22	达·芬奇	小毛虫
	24	舒比格	当世界年纪还小的时候
三年级（上）	2	泰戈尔	花的学校
	8	安徒生	卖火柴的小女孩
	14	罗大里	小狗学叫
	16	普里什文	金色的草地
	习作例文	王鲁彦	我爱故乡的杨梅
	22	朱维之	读不完的大书
	23	牛汉	父亲、树林和鸟
三年级（下）	2	郑振铎	燕子
	3	叶圣陶	荷花
	4	汪曾祺	昆虫备忘录
	14	法布尔	蜜蜂
	20	冰心	肥皂泡
	24	萧红	火烧云

---

[1]. 该表根据 2019 年部编版语文教材统计。

续表

年级	课	作者	文章名
四年级（上）	4	巴金	繁星
	5	安徒生	一个豆荚里的五粒豆
	10	叶圣陶	爬山虎的脚
	11	法布尔	蟋蟀的住宅
	语文园地	比安基	燕子窝
	12	袁珂	盘古开天地
	15	袁珂	女娲补天
	16	屠格涅夫	麻雀
	19	叶至善	一只窝囊的大老虎
四年级（下）	3	茅盾	天窗
	5	柏吉尔	琥珀
	11	叶赛宁	白桦
	12	戴望舒	在天晴了的时候
	13	老舍	猫
	14	老舍	母鸡
	15	丰子恺	白鹅
	16	巴金	海上日出
	17	叶圣陶	记金华的双龙洞
	20	王安忆	我们家的男子汉
	23	雨果	"诺曼底号"遇难记
	25	冯骥才	挑山工
	26	张天翼	宝葫芦的秘密（节选）
	27	王尔德	巨人的花园
	28	安徒生	海的女儿

续表

年级	课	作者	文章名
五年级（上）	1	郭沫若	白鹭
	2	许地山	落花生
	3	琦君	桂花雨
	4	冯骥才	珍珠鸟
	17	布封	松鼠
	18	梁晓声	慈母情深
	19	吴冠中	父爱之舟
	22	清少纳言	四季之美
	23	巴金	鸟的天堂
	24	贾平凹	月迹
	26	冰心	忆读书
五年级（下）	2	萧红	祖父的园子
	3	季羡林	月是故乡明
	阅读链接	林庚	风筝
	13	老舍	他像一棵挺脱的树
	14	冯骥才	刷子李
	17	托尔斯泰	跳水
	18	马克·吐温	威尼斯的小艇
	19	恰佩克	牧场之国
	22	丰子恺	手指

续表

年级	课	作者	文章名
六年级（上）	1	老舍	草原
	2	宗璞	丁香结
	4	纪伯伦	花之歌
	14	列夫·托尔斯泰	穷人
六年级（下）	1	老舍	北京的春节
	2	沈从文	腊八粥
	5	笛福	鲁滨逊漂流记（节选）
	6	拉格洛芙	骑鹅旅行记（节选）
	7	马克·吐温	汤姆·索亚历险记（节选）
	8	朱自清	匆匆
	9	史铁生	那个星期天
	16	冯至	表里的生物
	17	阿西莫夫	他们那时候多有趣啊
	阅读材料	刘绍棠	老师领进门
	阅读材料	黄蓓佳	作文上的双红圈
	阅读材料	华罗庚	聪明在于学习，天才在于积累——华罗庚1956年在北京大学的演讲

这是一个不完全的统计。表格上列了77篇有改动的作品，算不上名家名篇的一些还没有放进去。不管是泰戈尔、安徒生、罗大里、王尔德、托尔斯泰，还是老舍、巴金、萧红、沈从文，统统都有改动。

很奇怪，这样的名家，听到名字都觉得如雷贯耳，怎么会去改动他们的作品呢？真是不可思议。

让我们来看看，到底改得好不好。这里有一篇老课文，以前在，现在还在，被收录在四年级上册——屠格涅夫的《麻雀》，名家、名篇、名译。巴金翻译的，译得特别好。

屠格涅夫从小就爱打猎，他对狩猎很熟悉。某种意义上，文中的这个猎人几乎可以与作者等同，传递了作者本人的一些狩猎经验。我给大家读一下原文的第三小节：

> 我顺着林荫路望去，看见一只嘴边带黄色、头上生柔毛的小麻雀，它从巢里掉下来（风猛烈地摇着林荫路上的白杨树），呆呆地坐在地上，无力地拍着它的柔嫩的小翅膀。[1]

猎人带了一条猎狗，猎狗瞬间发现了远处的猎物。请注意这是一个猎人，大家请特别留意猎人的目光，这里呈现出一个猎人的专业度。原文是这样写的："我顺着林荫路望去"，这是猎人的目光，因为猎狗有指示，所以猎人顺着林荫路望去。"看见一只嘴边带黄色、头上生柔毛的小麻雀"，猎人的目光非常犀利，瞬间就看到了猎物。于是就有了一个特写镜头："它从巢里掉下来（风猛烈地摇着林荫路上的白杨树）。"继续往下看："呆呆地坐在地上，无力地拍着它的柔嫩的小翅膀。"这里还是

---

1. ［俄］屠格涅夫著，巴金译：《巴金译文全集（第三卷）》，人民文学出版社，1997年6月，第434页。

猎人眼中所见，是一个动态捕捉。

屠格涅夫在这里展现出了非常高明的写作技巧。此话怎讲？你看，猎人一旦收到一个指令，他的目光瞬间就捕捉到了这个猎物，并且从一开始看到猎物，他的目光就再没有离开过它。

同时他的念头不断地在闪：麻雀怎么会在地上？它是从树上掉下来的。怎么会掉下来？风在猛烈地摇着那棵树。"风猛烈地摇着林荫路上的白杨树"，这个一闪念之所以放在括号里面，是因为屠格涅夫希望所有的读者都跟随着猎人的目光，死死地盯住那只小麻雀，片刻都不要离开。

到了课本里面变成什么样了呢？

前面两节差不多，猎狗发现动态了，第三小节第一行："风猛烈地摇撼着路旁的白桦树。"变成了环境描写。一个有经验的猎人，他的猎狗发现动态了，猎人抬头一看——风猛烈地摇着白桦树。这是猎人吗？

如果对照原文，就会发现文气断了。一篇文章宛如一个生命体，文气就是它的呼吸，而课文完全忽视了文气。

再来看结尾："我急忙唤回我的猎狗，带着它走开了。"就这样结束了！

我小时候读的也是这个文本，后来读到屠格涅夫原作的时候，非常吃惊，有一种被欺骗的感觉。

因为原作的结尾是这样的——

> 我连忙唤住这只有些惊惶的狗——我带着尊敬地走

开了。

是的；不要笑啊。我尊敬那只小小英勇的鸟，我尊敬它这种爱的冲动。

爱，据我想，比死，比死的恐惧更强。——唯有靠它，唯有靠着爱，生命才得以维持，才得以发展。[1]

大家要知道，这是一个猎人所写的文字。在这个场景里，起先是分成两个阵营的，一边是猎物，一边是猎狗和猎人。然后一只老麻雀像石头一样掉下来，请注意，这只老麻雀它扑了两次，不是一次。它把自己主动送到猎狗的嘴边去。"两次"说明它是有意赴死，就是为了保护自己的孩子。

它真的像一颗爱的炸弹，这种爱的力量太强大，爆炸以后，把双方原本对立的阵营轰掉了，爱遮盖了一切。猎狗走了，猎人也带着尊敬走了，老麻雀和小麻雀平安无事。

这么重要的点睛之笔，为什么要拿掉它？不知道，我没法理解教材编写者的逻辑。我觉得稍稍受过一点文学训练的人，都不会接受这种断尾术。我希望下一代能读到原汁原味的经典作品，所以我要来做这个演讲。

再来看《海的女儿》。这是现在全国小学生都在读的一篇课文，收录在四年级下册里。我给大家读一下课本里面的结尾：

---

[1]. 《巴金译文全集（第三卷）》，第 435 页。

"她再一次深情地朝王子望了一眼,然后纵身跳到海里。她感到自己的身体正在一点点地化为泡沫。"

大家对这个故事应该不陌生,它讲的是拥有 300 年寿命的海的女儿,她很羡慕人类。为什么呢?虽然人类的寿命不及她,但是人类死去之后却有一个不灭的灵魂。海的女儿渴望自己有一个不灭的灵魂,因为她 300 年之后就会化成泡沫。

她去找巫婆,付出了很大的代价。她被割掉舌头,成了一个哑巴,不会说话。巫婆施了魔法以后,她的鱼尾变成了人的两条腿,可以走路,但每走一步都钻心地疼。

后来她救了一个王子。她盼望能够和这王子结婚。很遗憾,她不会讲话,阴差阳错地,王子并不知道是海的女儿拯救了自己,以为是一个人类公主救的,于是就和那个公主结婚了。

海的女儿还有最后一次机会。巫婆说,你把刀刺进王子的心,让血流出来,流到你身上,你就可以重新回到大海做海的女儿。可是,她没有,她把刀远远地扔到了海里。我们的课文里面说,她感到自己的身体正在化成泡沫——这是一个多么绝望的故事。

安徒生不是这样写的,后面还有 1000 多字呢。

大家看下面一段:"现在太阳从海里升起来了。阳光柔和地、温暖地照在冰冷的泡沫上,因此小人鱼并没有感到灭亡。"

接下来呢?她变成了天空的女儿。她有 300 年的时间,可以做很多好事。随着这些好事的累积,她同样可以拥有一个不灭的灵魂。

安徒生写给孩子们的是一个充满盼望的故事。而我们课文的编写者，为什么要让我们的孩子这么绝望呢？

再看王尔德的一个作品。大家知道王尔德是一个很酷的人，极有才华。"我可以抵抗一切，真的，除了诱惑我无法抵挡。"他去美国，过海关的时候，海关人员说："你有什么要申报的？""我没有什么要申报的，除了我的天才。"

这是王尔德。他经常用的一种方式是 paradox，就是悖谬，用更口语一点的话来说就是：反一反。看他的童话集，常常会看到他使用"反一反"，结果永远让人意想不到。

比如说《快乐王子》，是极度悲伤的一个故事。比如说《了不起的火箭》，自以为了不起的火箭是无人理睬的。比如说《忠实的朋友》，那个朋友却是非常狡诈的。所以一般来讲，他童话的标题和内容最后都会构成 paradox，都会反一反。

原作的名字叫作《自私的巨人》，这个作品讲的恰恰是这个巨人的舍己、忘我和无私，《自私的巨人》这个标题很重要，但课文的题目改成了《巨人的花园》。

课文的结尾又是怎样的呢？

大致的意思是讲，巨人老了，看到小朋友在他的花园里跑来跑去，巨人很高兴，他说："我有许多美丽的花，可孩子们却是最美丽的花。"就这样结束了。

原作的结尾大意是：一个冬天的早晨，那个曾经被巨人赶走的小孩子又回来了。而且那个小孩子似乎有一种难以言表的威严，他的手心和脚心都有钉痕。

真正的结尾是这样的——

小孩向着巨人微笑了,对他说:"你有一回让我在你的园子里玩过,今天我要带你到我的园子里去,那就是天堂啊。"

那天下午小孩们跑进园子来的时候,他们看见巨人躺在一棵树下,他已经死了,满身盖着白花。[1]

这是一篇充满了奥秘的作品,一篇很有学问的童话。我有一点不解:为什么在安徒生的作品里,海的女儿明明没有死,语文教材的编写者却让她死掉?在王尔德的《自私的巨人》里面,巨人明明死了,语文教材的编写者却不让他死?特别奇怪。作品的玄妙之处在课文里面全都没有了。

我为此专门写了一篇文章,叫作《破碎的魔方》,王尔德的作品非常精妙,像魔方一样变化、灵动,但是放到教材里,就被拆得七零八落了。

那么"有改动"到底轻视了什么呢?"有改动"到底意味着什么呢?

第一,有改动,是轻视儿童。

张爱玲在《造人》这篇文章里有这样一段话:"他们把小孩看作有趣的小傻子,可笑又可爱的累赘。他们不觉得孩子的眼睛的可怕——那么认真的眼睛,像末日审判的时候,天使的眼睛。"

---

[1] [英]奥斯卡·王尔德:《快乐王子》,巴金译,上海译文出版社,2010年4月,第34页。

不知道大家有没有凝视过婴儿的眼睛,当你跟他对视的时候,好像他有一种特殊的洞察力,能把你的一切都看穿。

我觉得,成年人和婴孩、儿童之间,比较好的态度,应当是一种平等的姿态。你有你的天真,我有我的经验。我们相互交换,彼此学习,而不是说把他们当小傻子。随意改动,轻视儿童,显然是不恰当的。

第二,有改动,意味着轻视文学。

什么是艺术品?陈嘉映说过一句话,讲得特别好:"作品的本质在于:惟有通过这一作品,某些东西才显现出来。"[1] 作品是一个编码系统,它很精妙,容不得一点点差错和闪失。

这就是为什么福楼拜要专门教导他的学生莫泊桑,在形容一个情境的时候,要努力去寻找那唯一的名词、唯一的动词、唯一的形容词。

或者如宋玉所说:"增之一分则太长,减之一分则太短;著粉则太白,施朱则太赤。"对于一件艺术品来说,一切都是刚刚好。没有人会去改伦勃朗,没人会去改达·芬奇,但是有人会去改泰戈尔,有人会去改托尔斯泰。这就奇怪了。

举个例子。大家看泰戈尔《新月集》里面的一篇《花的学校》(见图一),左边是课文[2],右边是原文[3]——

一眼看过去就会发现,课文不尊重原文。原文是分成几个

---

1. 陈嘉映:《无法还原的象》,华夏出版社,*2016年1月*,第*106*页。

2. 《义务教育教科书 语文 三年级上册》,人民教育出版社,*2016年11月*,第2课。

3. [印] 泰戈尔:《新月集 飞鸟集》,郑振铎译,湖南人民出版社,*1981年8月*,第*31~32*页。

小章节的，课文里面没有呈现这一点；改动也不少。

举一个例子，就是这一处：“妈妈，我真的觉得那群花朵是在地下的学校里上学。/ 它们关了门做功课。如果它们想在散学以前出来游戏，它们的老师是要罚它们站壁角的。”

最后一句到课文里变成了：“如果他们想在放学以前出来游戏，他们的老师是要罚他们站墙角的。”

前段时间我用这篇课文上了一节课。我问小学生，“壁角”和“墙角”有什么区别？有个小学生站起来回答，说壁角和墙

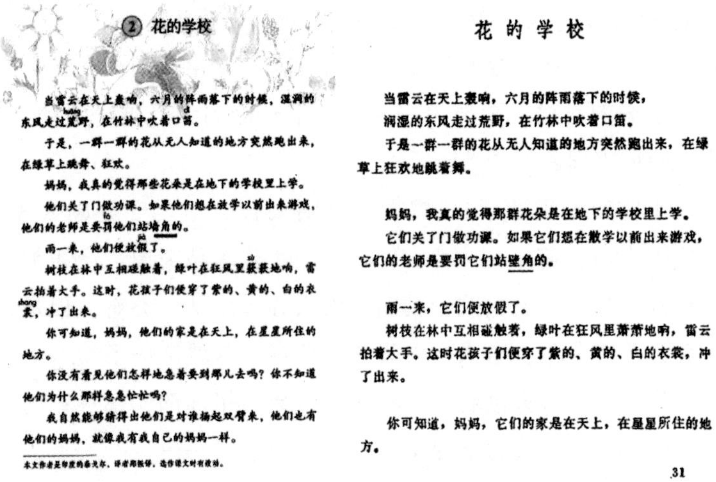
2 花的学校

当雷云在天上轰响，六月的阵雨落下的时候，湿润的东风走过荒野，在竹林中吹着口笛。

于是，一群一群的花从无人知道的地方突然跑出来，在绿草上跳舞、狂欢。

妈妈，我真的觉得那些花朵是在地下的学校里上学。

他们关了门做功课。如果他们想在放学以前出来游戏，他们的老师是要罚他们站墙角的。

雨一来，他们便放假了。

树枝在林中互相碰触着，绿叶在狂风里萧萧地响，雷云拍着大手。这时，花孩子们便穿了紫的、黄的、白的衣裳，冲了出来。

你可知道，妈妈，他们的家是在天上，在星星所住的地方。

你没有看见他们怎样地急着要到那儿去吗？你不知道他们为什么那样急急忙忙吗？

我自然能够猜得出他们是对谁扬起双臂来，他们也有他们的妈妈，就像我有我自己的妈妈一样。

本文作者是印度的泰戈尔，译者郑振铎，选作课文时有改动。

花的学校

当雷云在天上轰响，六月的阵雨落下的时候，
润湿的东风走过荒野，在竹林中吹着口笛。
于是一群一群的花从无人知道的地方突然跑出来，在绿草上狂欢地跳着舞。

妈妈，我真的觉得那群花朵是在地下的学校里上学。
它们关了门做功课。如果它们想在散学以前出来游戏，它们的老师是要罚它们站壁角的。

雨一来，它们便放假了。
树枝在林中互相碰触着，绿叶在狂风里萧萧地响，雷云拍着大手。这时花孩子们便穿了紫的、黄的、白的衣裳，冲了出来。

你可知道，妈妈，它们的家是在天上，在星星所住的地方。

31

图一 《花的学校》

角是近义词，都是指两堵墙的交叉处。这是一个很准确的描述。

他接着说，有一点细微的差别，墙角往往是指外面，壁角

是指里面。我们从成语里面也可以看出来，"隔墙有耳"——外面；"家徒四壁"——里面。

根据2021年3月施行的《中小学教育惩戒规则（试行）》，教师可以合法地罚站学生一节课的时间。如果有学生不守规矩，可以罚他站壁角，这是合法行为。但教师让学生去站墙角，那是违法行为，因为学生不在教室里面了。

这一字之差，差别挺大的。郑振铎的翻译，泰戈尔的原作，去改它干吗呢？改得又不好。

再来看一个例子。很难得，小学语文教科书里面有两首现代诗：一首是艾青的《绿》，还有一首是戴望舒的《在天晴了的时候》。后面这首也被改了，改了两处，是细微的改动，却让人不能忍受。

我给大家念其中的一句："炫耀着新绿的小草，已一下子洗净了尘垢。"

现代诗很难写，因为它失去了外在的韵律的约束。什么是诗？朱光潜说，诗是"有音律的纯文学"。戴望舒对诗也有一个定义，说诗是"以文字来表现的情绪的和谐"。每首诗都有独一无二、不可替代的一种节奏。

大家看，诗人反复推敲和苦吟，最后很精妙地呈现在诗的音律中。

"炫耀着新绿的小草"，这行诗里面有3个字是押头韵的——炫xuàn、新xīn、小xiǎo，有3个字是压尾韵的——耀yào、小xiǎo、草cǎo。"炫耀着新绿的小草"，这是很妙的一行诗，正是因为上一行里面的3个韵脚，所以下一行同样有3个韵脚来作为呼应——"已一下子洗净了尘垢",已 yǐ、一 yī、洗 xǐ。但是很遗憾,小学语文课文里面把第一个"已"字拿掉了,对不上了。这多可惜啊!诗人精心地打磨和雕琢,最后落到不太有感觉的人手里,随随便便地改来改去。所以我就很为戴望舒不平,这么精妙的作品![1]

"有改动"还有一点——轻视法律。大家不要笑,这是真的。我翻语文书翻到最后,只能想到法律了。《中华人民共和国著作权法》第十条规定:著作权包括发表权、署名权、修改权、保护作品完整权(即保护作品不受歪曲、篡改的权利)等。

语言品质约等于思维品质,而思维品质会决定一个人的生活品质。给2.5亿儿童和青少年读这样的语言,我觉得简直就是犯罪,因为这会影响到他们日后的生活。

但是,有一位作家的作品没有被改动。猜猜是谁?——没错,鲁迅。六年级上册"鲁迅单元"里面收了鲁迅的两篇文章,一篇是《少年闰土》,节选自鲁迅的作品《故乡》;还有一篇《好的故事》,来自他的散文诗集《野草》。

我非常吃惊地看到了这8个字:"遵照原文,未加改动",几乎喜极而泣。因为看过太多的"有改动",难得看到这么8个字——"遵照原文,未加改动"!我简直想拿一个放大镜来来回回多看几遍!就连鲁迅作品里和今天用法不一样的字,课文都一一列出来了,说如今是这样写的,这是通假字。

---

1. 见部编版《语文》四年级下册,2019年12月版。到了2022年秋,此诗在教材中已恢复原貌。

我想弱弱地替老舍、巴金、萧红、沈从文、托尔斯泰、王尔德、安徒生等几十位作家问一声：要求也不高，是否可以有"同城待遇"？

我希望在场所有的朋友，尤其是有小孩的朋友，读一读《阅读的力量》这本书。

自从我读到这本书之后，每年都在跟身边的家长们推荐。这是一本语文老师都应该读的书，也是家长都应该读的书，这本书里的理论，与我教书20多年的实践经验是相吻合的。

这是一份调查报告。它的中文版序言是这样写的："作者通过大量研究资料，揭示了一个残酷事实——直接教学对提高学生的语文能力（literacy）没有功效。也就是说，大部分老师花了大量时间，在课堂上教字词句、语法规则、语文知识、阅读方法，基本上是浪费时间，远不如让孩子自由阅读成绩更突出。"[1]

这本书提出了一个基本概念——FVR（Free Voluntary Reading），翻译成中文就是"自由自主阅读"。

所谓自由自主阅读，就是没有压力、没有任务、没有课后练习、不需要考试的阅读；想读就读，不读就不读；想读漫画也可以，想读奇幻类的也可以，什么都可以；躺在床上读也可以，坐在马桶上读也可以。这样的阅读，恰恰是最有效的学习

---

[1] [美]斯蒂芬·克拉生：《阅读的力量》，李玉梅译，新疆青少年出版社，*2012年1月版，序言第1页*。

语文的方式。

这本书里面有一些核心要点——

1. 衡量语文课的好坏，就看是否促进了FVR。
2. 一旦孩子因乐趣而阅读，好事就接踵而来。
3. 语文课≈文学课。
4. 以为要先熟悉语文技能，再用于阅读与写作——这并非人类大脑运作的方式。
5. 广泛阅读的人最终都会走向伟大的书。

当年一读到以后，就很刺激我。最近这10年我在做的事情，就是以这本书为理论依据，带我的学生做自由自主的阅读。

作家沈从文是小学毕业，但是看看他写给张兆和的情书："我行过许多地方的桥，看过许多次数的云，喝过许多种类的酒，却只爱过一个正当最好年龄的人。我应当为自己庆幸……"

女生如果看到这样的文字，是很难抵挡的，文字的魅力、文学的力量是很强大的。这是语文书上学来的吗？这是语文老师教的吗？不是的。这来自他个人广泛的阅读和他亲身的生活。

大家听到这里，是不是觉得这是一个"自我否定"的讲座？那还要语文老师干什么呢？自由自主阅读不就行了吗？

仔细想一想，语文老师还是可以做一些事情的。

第一，提供足本，提供一些新的角度。比如说《珍珠鸟》。

《珍珠鸟》是部编版语文教材五年级上册里的一篇课文，照样有改动，这是删节版。那么我们可以提供给学生原文。

绝大部分的小学老师可能会说，这篇课文的重点是最后一句："信赖，往往创造出美好的境界。"他们觉得信赖很重要，会围绕"什么是信赖"来展开一节课。而如果我们对这个文本做一个词频学的考察，会发现有一个词语出现了好多次：笼。整篇课文，"信赖"只出现了 1 次，"笼"却出现了 9 次，显然"笼"很重要。那为什么不来研究一下"笼"字呢？仔细研究以后我们会看到，里面其实隐藏着两个笼子。第一个笼子是竹条编的，比较疏朗，小鸟可以钻出来，大鸟却出不来。第二个笼子是砖和水泥砌的。文中有一句话很有意思，我"打开窗子，它最多只在窗框上站一会儿，决不飞出去"。我们赫然发现，小鸟只是离开了竹子做的较小的笼子，它不敢离开这个房间，也就是更大的笼子。

如果我们去读冯骥才的原作，还会看到有一段被删掉的文字，这一段实在太有意思了：

> 有一次，它居然跳进我的空茶杯里，隔着透明光亮的玻璃瞅我。它不怕我突然把杯口捂住。是的，我不会。

读到这里我简直要拍桌子，因为这是第三个笼子！一个更精巧的、透明的、跟你丝丝入扣的、不容易被发觉的笼子。它就像福柯所说的全景监狱，它就是人脸识别，它就是钉钉打卡。

这 3 个笼子多有意思，老师带着小朋友一起来寻找、探索，小朋友完全可以理解。

语文老师还可以提供什么呢？还可以提供有价值的概念、

思路和方法。

约翰·密尔《论自由》里有一句话表达得特别好，他说："迫使一个意见不能发表的特殊罪恶，乃在它是对整个人类的掠夺。"

蕴含于其中的思想比较深奥，呈现在语言上也有点深奥。换一句简单的话来说就是，如果我们让一个人闭嘴，不让他说话，全体人类就会受到损失。这句话怎么教给小朋友呢？颇费思量。

我很欣赏"三任何"的理念："任何学科的基本原理，都可以用某种形式，教给任何年龄的任何人。"我觉得中小学语文老师用力的点就在"用某种形式"。得找到好的形式。

于是我就借用了《伊索寓言》里的《牧人的故事》，也就是大家都知道的"狼来了"这个故事：牧人开玩笑地喊"狼来了，狼来了"，讲假话骗人，等到狼真的来了的时候，就没人帮他了。这个故事告诉我们，讲假话的后果很严重。

我们修订一下，变成《牧人的故事》2.0版：这个牧人他每次都真的见到了狼，每次都说"狼来了"。不巧，村民们来的时候狼都逃掉了，牧人讲的的确是真话。这个故事又告诉我们什么道理呢？也许给人的劝诫是，不要轻易去否定别人说的话，或许他说的是真的，虽然看起来很可疑。还有就是，最好能有事实作为根据，比如拍个照或者有狼的脚印来证明，那就有说服力了。

《牧人的故事》3.0版：那个牧人每次叫"狼来了，狼来了"，村民们每次过来都没有见到狼。他们不知道到底是不是

图二 《郭初阳的语文课(第一堂课 儿童哲学课:牧人的故事)》

真的有狼，也不能判断他说的到底是谎话还是真话。"狼来了"只是一个难辨真假的意见。请问，是否应当给牧人戴上一个口罩，不让他发言？

我上这节课的时候，做了一个现场民意调查：因为牧人的吹哨声打破了整个村子的平静和稳定，认为应当让他闭嘴，不让他发出声音的，请举手。结果没有一个人举手。然后再问：虽然牧人的话听起来让人有点不安，却值得村民们思考和分辨，认为应当让他开口说话或吹哨子的，请举手。结果全体举手。

此时老师就说，同学们很厉害，你们和伟大的思想家约翰·密尔的想法一模一样，因为他说过："迫使一个意见不能发表的特殊罪恶，乃在它是对整个人类的掠夺。"只不过他用有点深奥的语言来表达而已。那接下来我们研究一下这句话……

为小学三四年级的学生，搭3个故事的台阶，来达到这句话的思想高度，从而再做一些深入的研讨，是没有问题的。

法国遗传学家、曾经的教育部长阿尔贝·雅卡尔说："即使是最微妙的概念也可以很早就介绍给青少年，不一定非要让他们完全理解这些概念的所有细节……而是在这个领域里转一转，激发他们的渴望，一种到了知识武装完备的那天更向前冒险的渴望。"

语文老师还可以做的，就是提供整本书，提供阅读支持。简而言之就是绞尽脑汁、想尽办法，帮助孩子进入一本经典。

为了让班里的学生读《李尔王》，老师在每个学生的桌上都摆了一本《李尔王》。接下来怎么做呢？我们要表演，分成4个小组，而且要拍下他们的表演。起初是半推半就，后来是全力以赴，每个人都极投入地去读《李尔王》了。

戏剧是很好的方式，能帮助一个人认真地读一本书。

有时候邀请家长一起来读，也是不错的办法。学生在读鲁迅的《野草》的时候，我也邀请家长共读，给家长布置了两个作业，可二选一。给学生布置的是不同的作业。当一个孩子看到家长跟他读同一本书，也有家庭作业的时候，就会有一种"报复"的快感，也就读得特别认真了。

这几年来我一直带着学生们一起读《人之初》，这是王尚文教授、颜炼军和我3个人一起主编的一本书，里面包含了46个人生关键词。还有"三王"——《棋王》《蝇王》《李尔王》，奥威尔的《动物农场》、斯坦贝克的《人鼠之间》、弗兰克的《活出意义来》，以及佩索阿的《惶然录》。

读整本书真的很重要，一本书就是一个小宇宙，元气充足。像语文书那样汇编不同作家的单篇小作品的合集，并没有那种充足的元气。我们应当读一本又一本，出自一个又一个大作家之手的完完整整的书。

考核一所学校的语文教学是否健康，有两个很简单的外行指标：学校欢不欢迎课外书？学校有没有一年一度、人人参与的戏剧节？以后大家带小朋友去考察学校，只要问这两个问题，就很容易判断一所学校的语文教学是否健康。

家长能做什么呢？家里优质藏书一千册，读书也以身作则。晚饭以后，爸爸妈妈安静地在读自己的专业书，小朋友自然也会成为一个爱书的人。

去年暑假，学生们演了《李尔王》之后，家长说："郭老师,我们也要演!"我说:"你们疯了吗?""我们没疯,我们真的要演!"我说那需要24小时冷静期,最后参与人数达到我们再演。过了24小时后,很多人投赞成票,最后他们真就演了,还写了两篇报道——《一群中年人的戏里戏外》《老李尔唤醒了我们年轻的心》。

我想用朱熹的两句诗来总结一下今天的演讲。当我们囿于一套固定的教材,用规定的方式来教小朋友学语文的时候,那就会觉得"向来枉费推移力";当我们引导一个儿童疯狂地爱上自由阅读,无尽的好书就如无穷的春水,他就在语文学习的快船上,看入云的高峰和见底的清流,这就叫作"此日中流自在行"。

谢谢大家。

哦,稍等,还有一份回家作业,语文老师怎么能不布置回家作业呢?

回家作业

检索以下句子的作者与出处:

"教育改革的第一要务是,学校必须作为一个独立的单位,必须有自己的经过批准的课程,这些课程应该根据学校自身的需要由其自己的老师开发出来。"

三年级：倘若汪曾祺老先生看了《昆虫备忘录》

∞

关于瓢虫，汪曾祺写过两则短文，一则《花大姐》，一则《瓢虫》，都是200多字的小品，涉笔成趣，而各有侧重。

《花大姐》与其余六则合为一篇《昆虫备忘录》，其中笔法是列那尔式的，潜心观察动物，用的是艺术家的眼光，含着温情与理解将其收入自己笔下，描绘它宛如描绘人类的远房亲戚。你忘不了列那尔诗一般的名句，他如此这般写蝴蝶："这封轻柔的短函对折着，正在寻找一个花儿投递处。"汪曾祺与列那尔一样，属于纯粹的文学。

法布尔则不同，他的眼光是科学家的眼光，他的观察与解剖是为了科学研究，当然，法布尔有一副上好的笔墨，这就让他的科学小品极有可读性。他写蝗虫的羽化，成虫脱壳而出，留下毫发未损的若虫壳套，与蜕皮前一模一样，"如果有人叫我们把一把锯子，从紧紧裹着钢锯齿的薄膜套子里拔出来，又要丝毫不扯坏薄膜套子，我们一定会哈哈大笑，因为这显然不可能。可是，生命对这种看似不可能的事情嗤之以鼻；生命有办法在必要时实现荒谬的事情。蝗虫的足就是如此"[1]。

　　写于 1993 年的《花大姐》是纯文学的，汪曾祺本无意弄清瓢虫的习性与分类，也不在乎是否能将读者引向昆虫研究，他在意的是其中的意趣。配合观察而来的文字的准确度，开头第一段镶嵌在其中的 4 个四字词语，让一切井井有条，"顺顺溜溜""严丝合缝"，用得多么精当！接着用一个"做"字带出一段虚拟的对话，其中的问答，无论谁来读，都能读出极具戏剧感的效果。第二次出现的"瓢虫是……"句式，接应第一段，将轻轻甩出去的句子收回来，稳稳当当地接在手中——文章作法，要向谁学？汪曾祺——既然讲到了"漂亮"，下一句自然就出现了"花大姐"之名，题目在这里有了遥遥的回声。最后一段的第一句，有心人若能反反复复多读几遍，对其中音节细加揣摩，不难发现逐字的累加，2（瓢虫）+3（朱红的）+4（瓷漆似的）+5（上有黑色的），勾连着此段的描写对象 2（硬翅）+3（小圆点），不难体察何谓细腻文心，渐渐引出核心词"星"字。而结尾的一问，显然是古典诗歌的作法，无理而妙。

---

1. ［法］法布尔：《昆虫记》卷 6（全 10 册），梁守锵等译，花城出版社，2001 年 1 月，第 233 页。

花大姐[1]

瓢虫款款地落下来了，摺好它的黑绸衬裙——膜翅，顺顺溜溜；收拢硬翅，严丝合缝。瓢虫是做得最精致的昆虫。

"做"的？谁做的？

上帝。

上帝？

上帝做了一些小玩意儿，给他的小外孙女儿玩。

上帝的外孙女儿？

对。上帝说："给你！好看吗？"

"好看！"

上帝的外孙女儿？

对！

瓢虫是昆虫里面最漂亮的。

北京人叫瓢虫为"花大姐"，好名字！

瓢虫，朱红的，瓷漆似的硬翅，上有黑色的小圆点。圆点是有定数的，不能瞎点。黑色，叫做"星"。有七星瓢虫、十四星瓢虫……星点不同，瓢虫就分为两大类。一类是吃蚜虫的，是益虫；一类是吃马铃薯的嫩叶的，是害虫。我说吃马铃薯嫩叶的瓢虫，你们就不能改改口味，也

---

[1] 汪曾祺：《岁朝清供》，生活·读书·新知三联书店，2019年3月第2版，第40~41页。

吃蚜虫吗？

隔了5年，汪曾祺再写《瓢虫》，1998年的这篇收录在《草木虫鱼鸟兽》里，共七则，每则不过一二百字，依次写了：雁、琥珀、瓢虫、螃蟹、豆芽、落叶、啄木鸟，所写之物与标题有大致的对应。这几则的新意在于聚集笔墨于某物，以三五快笔渲染，再从中牵引出一点洞察（只是一点）。如写琥珀，对照祖母的天然琥珀扇坠与人造琥珀之后，直言自己不喜欢人造琥珀，结尾的一句是"美，多少要包含一点偶然"；写螃蟹，援引了《梦溪笔谈》，回忆了八角街的藏药铺子，结尾来了一句"凶恶和滑稽往往近似"；写瓢虫呢，一点洞察是"科学和艺术有时是两回事"。这样看来，相隔5年的《花大姐》与《瓢虫》，有一些共同之处，然而绝不雷同，若是放在一起来研读，孩子们在写作上的收获会很多。

瓢虫[1]

瓢虫有好几种，外形上的区别在鞘翅上有多少黑点。这种黑点，昆虫学家谓之"星"。有七星瓢虫。十四星瓢虫。二十星瓢虫……有的瓢虫是益虫，它吃蚜虫，是蚜虫的天敌；有的瓢虫是害虫，吃马铃薯的嫩芽。

---

[1] 汪曾祺：《岁朝清供》，第47页。

瓢虫的样子是差不多的。

中国画里很早就有画瓢虫的了。通红的一个圆点，在绿叶上，很显眼，使画面增加了生趣。

齐白石爱画瓢虫。他用藤黄涂成一个葫芦，上面栖息了一只瓢虫，对比非常鲜明。王雪涛、许麟庐都画过瓢虫。

谁也没有数过画里的瓢虫身上有几个黑点，指出这只瓢虫是害虫还是益虫。

科学和艺术有时是两回事。

瓢虫像一粒用朱漆制成的小玩意。

北京的孩子（包括大人）叫瓢虫为"花大姐"，这个名字很美。

三年级下册的语文书第4课，选用了《昆虫备忘录》中的四则，删了不少，改动颇多，令人叹息。汪老如果在世，恐怕也不喜欢这样的选用吧。

五年级：落华生的《落花生》，何时可以恢复原貌？

∞

提起许地山（1893—1941），人们会想起小说《春桃》《缀网劳蛛》《无法投递之邮件》，也会想到《道教史》《扶箕迷信的研究》等学术著作，中国的作家，像他这样在文学与神学领域齐头并进的不多见。他先后毕业于燕京大学（文学、宗教学双学位）、哥伦比亚大学、牛津大学，回国后任教于母校燕大的文学院与宗教学院，还在北大授印度哲学，在清华教人类学，1935年任香港大学中文学院主任，办公室就在"邓志昂中文学院"的二楼。

张爱玲就读港大时听过他的课，《流言》里学术含量最高的3篇文章《洋人看京戏及其他》《更衣记》《中国人的宗教》，看得出有许地山所教授的民俗学、人类学、宗教学的影响；小说《茉莉香片》里在华南大学教文学史的言子夜教授，似乎就是以许地山为原型的：拆开"许"字而成"言午"，"午夜"就是"子夜"。透过小说主人公聂传庆之眼看到的言教授，有一种别样的风采："言子夜进来了，走上了讲台。传庆仿佛觉得以前从来没有见过他一般。传庆这是第一次感觉到中国长袍的一种特殊的萧条的美……那宽大的灰色绸袍，那松垂的衣褶，在言子夜身上，更加显出了身材的秀拔。"

陈寅恪对许地山的评价亦高："寅恪昔年略治佛道二家之学，然于道教仅取以供史事之补证，于佛教亦止比较原文与诸译本字句之异同，至其微言大义之所在，则未能言之也。后读地山先生所著佛道二教史论文，关于教义本体俱有精深之评述，心服之余，弥用自愧，遂捐弃故技，不敢复谈此事矣。"

可惜在港大期间，许地山为学校发展操劳过度，1941年8月心脏病发逝世，逝后葬于港岛西北角薄扶林道的华人基督教墓场，享年48岁。施蛰存有《许地山先生挽词》诗："北定期堪卜，南行道忽孤，落华成宿谶，缀网息劳蛛……"

卢玮銮（小思）也叹道："甲段、第十一级A三穴之二六一五，这是个很奇怪而难记的编号，它却帮助我在密密麻麻的坟墓中，找到一块青石碑，上面刻着'香港大学教授许公地山之墓'。这个坟地，没有一束花，没有一炷香，寂寂地在那儿已经四十六年，里面埋着一个为香港做过许多事的有用人，一个著名作家，许多香港人不知道！"她编了一本《香港文学散步》，把许地山与蔡元培、鲁迅、戴望舒、萧红等辑在一起，也录入了作家的代表作。然而许地山的名篇《落花生》，竟然用了一个删改本（和中国内地小学语文教材的删改略有差异），没有采用原作，很可惜。

删改本与原作，最大的差别在爹爹和孩子们的对话，原作如下——

> 爹爹说："花生的用处固然很多；但有一样是很可贵的。这小小的豆不像那好看的苹果、桃子、石榴，把它们的果实悬在枝上，鲜红嫩绿的颜色，令人一望而发生羡慕的心。它只把果子埋在地底，等到成熟，才容人把它挖出来。你们偶然看见一棵花生瑟缩地长在地上，不能立刻辨出它有没有果实，非得等到你接触它才能知道。"
>
> 我们都说："是的。"母亲也点点头。爹爹接下去说："所以你们要像花生，因为它是有用的，不是伟大、好看的东西。"我说："那么，人要做有用的人，不要做伟大、体面的人了。"爹爹说："这是我对于你们的希望。"

在原作中，"果实悬在枝上"与"鲜红嫩绿的颜色"之间有一个逗号，逗号前写高度，逗号后写色泽，一一对应着爹爹接下来所点出的"伟大"与"好看"，在孩子的回应里则成了"伟大"与"体面"，对应顺序不变，也表明孩子完全理解了爹爹的意思。值得一提的是，这二者与"有用"是对立的，甚至是矛盾的；换句话说，在作者看来，凡有用的，往往是谦卑而深藏，并非光鲜亮丽地展示在人的面前的。

确如结尾所说，父亲的话印在心版上，许地山的笔名就是"落华生"，可见深深铭记着这番教导。而教育部2019年审定的《语文》五年级上册里的《落花生》,父亲的教导依然未如原貌[1],太可惜。

附:

落花生[2]

我们屋后有半亩隙地。母亲说:"让它荒芜着怪可惜,既然你们那么爱吃花生,就辟来做花生园罢。"我们几姊弟和几个小丫头都很喜欢——买种的买种,动土的动土,灌园的灌园;过不了几个月,居然收获了!

妈妈说:"今晚我们可以做一个收获节,也请你们爹爹来尝尝我们的新花生,如何?"我们都答应了。母亲把花生做成好几样的食品,还吩咐这节期要在园里的茅亭举行。

那晚上的天色不大好,可是爹爹也到来,实在很难得!爹爹说:"你们爱吃花生么?"

我们都争着答应:"爱!"

"谁能把花生的好处说出来?"

姊姊说:"花生的气味很美。"

---

[1]. 《语文》中的版本如下:"所以你们要像花生,它虽然不好看,可是很有用。"——编者注
[2]. 1922年《小说月报》第13卷第八号,上海商务印书馆,第31~32页。文中"底""他",已根据现代汉语习惯调整为"的""它"。——编者注

哥哥说："花生可以制油。"

我说："无论何等人都可以用贱价买它来吃；都喜欢吃它。这就是它的好处。"

爹爹说："花生的用处固然很多；但有一样是很可贵的。这小小的豆不像那好看的苹果、桃子、石榴，把它们的果实悬在枝上，鲜红嫩绿的颜色，令人一望而发生羡慕的心。它只把果子埋在地底，等到成熟，才容人把它挖出来。你们偶然看见一棵花生瑟缩地长在地上，不能立刻辨出它有没有果实，非得等到你接触它才能知道。"

我们都说："是的。"母亲也点点头。爹爹接下去说："所以你们要像花生，因为它是有用的，不是伟大、好看的东西。"我说："那么，人要做有用的人，不要做伟大、体面的人了。"爹爹说："这是我对于你们的希望。"

我们谈到夜阑才散，所有花生食品虽然没有了，然而父亲的话现在还印在我心版上。

六年级：阿西莫夫，有人删了你三分之一的作品

∞

阿西莫夫的短篇《他们那时多有趣啊》被选录在部编版《语文》六年级下册，估计是从《12类悬幻：世界科幻小说选粹》[1]里选来的，还是那样，"选作课文时有改动"。中译足本约1800字，对照原作，被改动的有十五六处，被删除了563字，约占原作的1/3。

被删的集中在3处，第一处是原作第三、第四小节，内容如下：

"呀！"托米说，"多浪费呀！我想，这样的书一读完，

---

[1]. [美]阿西莫夫等:《12类悬幻：世界科幻小说选粹》，施咸荣等译，中国书籍出版社，2007年8月。

就得扔掉。我们的电视屏幕一定给我们看过100万本书了，可它还能继续给我们许许多多别的书看，我可不会把它扔掉！"

"我也不会扔掉。"玛琪说。她只有11岁，读过的电视书不像托米读过的那样多。托米已经13岁了。

分析：

第三节纸书与电子书的差异，是持久讨论的话题，借着一个孩子的口说了出来。纸书显得浪费，"一读完，就得扔掉"，是很多电子阅读者的观点，纸书爱好者则认为读完可以收藏，读了第一遍可以读第二、第三遍……托米的这句话，在课堂里可以设计成一个有意思的辩论话题。

第四节里补充交代了玛琪和托米的年龄，11岁、13岁，与六年级的学生属同龄人。了解儿童心理的人都知道，儿童非常在意自己的年龄与生日，得知某人与自己同龄，会油然而生一种特殊的亲切感，这种亲切感有时是深入阅读的天然推动力。

第二处是原作第十一节，内容如下：

教学视察员是个身材矮小的胖子，脸红扑扑的，带着一整箱工具，还有测试仪和电线什么的。他对她笑了笑，递给她一个苹果，然后把机器教师拆开。玛琪暗暗希望拆开以后他就不知道怎样重新装上，可他却偏偏知道。过了1小时左右，机器老师已经重新装好，黑乎乎的，又大又丑，上面还带着一个很大的荧光屏。在这个荧光屏上，映出所有的课文，还没完没了地提出问题。这倒也无所谓，最令她痛恨的东西是那个槽口——她非得把作业和试卷塞进去的那个口子。她总是要用那种打孔文字编程序似的把作业和答卷写出来。在她6岁的时候，他们就让她学会使用这种文字了。而那个机器老师便飞速地批出了分数。

分析：

教学视察员的形象，机器教师的外表、结构与功能，玛琪厌学的心情，通过这一段写出。

教学视察员是一个人，机器教师是一架机器，此段将二者并列在一起，有两种功能。第一，并列自然产生了对比，帮助读者思考：作为一个学生，在学习中，你更愿意与人打交道，还是与机器打交道？第二，以机器教师引出后文中那时候他们的老师，"是一个真人"。

这一段还可以看出阿西莫夫深谙文章作法，他将静态装置以动态写出（拆开、装好）。这种作法源于荷马，《伊利亚特》第19卷中，赫菲斯托斯为阿基琉斯制造铠甲与盾牌，将盾牌上静态的繁复图案，借着工匠灵动的巧手，在制作中一层层写出，读来丝毫不觉冗长，因为那是一个个连续播放的场景：

他首先锻造一面巨大、坚固的盾牌 / 盾面布满修饰，四周镶上三道 / 闪光的金属边，再装上银色的肩带 / 盾面一共有五层,用无比高超的匠心/在上面刻出许多精美的点缀装饰/他在盾面刻上了大地、天空和大海/不知疲倦的太阳和一轮望月满圆……

这一段里玛琪的心情,估计会激起不少孩子的共鸣,课文、问题、作业、答卷、批改……没完没了。倘若反过来看,还可以读出里面的讽刺意味——我们的教师怎么跟机器一样?

第三处是原作第三十三至三十八节,内容如下:

> 玛琪抬起头来。"还没到时间呢,妈妈。"
> "到了,"琼斯太太说,"托米差不多也快到点了。"
> 玛琪对托米说:"托米,下课以后我可以和你一起再读读这本书吗?"
> "也许可以。"他冷冷地回答。然后,他吹着口哨走开了,胳膊底下挟着那本满是灰尘的旧书。
> 玛琪走进上课的地方。课室就在她卧室隔壁。机器老师的开关已经打开,正等着她。除了星期六和星期日,它每天总是在相同的时间开启的。因为妈妈说,假如小姑娘每天都按一定的时间学习,成绩会更好一些。
> 电视屏幕亮起来了,开口说:"今天的算术课讲分数的加法。请把昨天的作业放进槽口。"

分析：

对话的功能是什么？在小说中，对话有很多功能，其中一种是营造现场感。在课堂上，3个人物的三四句话，倘若分角色朗读几次，人物的情态与心境就跃然而出了。

"课室就在她卧室隔壁。机器老师的开关已经打开，正等着她。"这篇小说写于1951年，70多年后读来，愈加佩服阿西莫夫，简直像个先知，预言了如今上网课的场景，多么有价值的段落啊！

为什么要删呢？是因为语文书的版面不够吗？我们把部编版《语文》六年级下册翻到第95页，是一个树状图案与几个空格，在我看来无须存在，如果一定要的话，完全可以缩小挪到94页，为伟大的阿西莫夫腾出足够的空间与敬意。

六年级：今天，我要为史铁生说几句

∞

一、背景

《务虚笔记》最初刊在《收获》杂志1996年第一、二期，同年4月的单行本由上海文艺出版社出版。

全书共22章，1到4章依次为："写作之夜""残疾与爱情""死亡序幕""童年之门"……每章标题2到5字，最后1章名为"结束或开始"。每一章之内再分小节（7至16节不等），小节以数字序号为题，突破各章连贯而下，共237节。前4章的标题里，就已经涵盖了史铁生的5个关键词（写作、残疾、爱情、死亡、童年），难怪他对此书一直心心念念。

小说讲述了残疾人C、画家Z、女教师O、诗人L、医生F等人的生平故事，然而未用常规叙述法将人物、时间、地点落在实处，而是以"务虚"之法、古典"笔记"小说的从容口吻，时叙时议，呈现出种种印象中的真实。书中的人物都是作者的分身亦未可知。第1章的结尾两句，可以看作是总领此书的写作宗旨："我是我的印象的一部分，而我的全部印象才是我。"

这本书在史铁生心中酝酿了多年。

中国社会科学出版社的三卷本《史铁生作品集》里有一篇《〈务虚笔记〉备忘》，备忘分四则，总共约60页，结尾标注的写作日期是1991年10月，开篇有几行题记：

> 《务虚笔记》是我梦想的长篇。这句话可以理解为：这部长篇小说也许永远是个梦想；也可以理解为：这是我的梦想的长篇记录。怕这务虚的梦想在记忆中走漏，所以先做这务实的备忘。
>
> 但也有可能，这就是那部梦想的长篇——《务虚笔记》的局部。

这60来页的备忘，在内容上略加调整，后来果然成了《务虚笔记》的组成部分。因为多年的疾病生涯，史铁生的每一行字真真都是病隙碎笔，他把生活的磨难看得尽可能轻，甚至揶揄自己："有一回记者问到我的职业，我说是生病，业余写一点东西。"因为疾病，他比普通作家更接近死亡，笔下也就更多探究日常的疑难、命运的思考、生命与死亡、爱愿与拯救、实在与虚无、心魂的起点与去向……

二、第 29 节与第 30 节的开头

了解了这些背景,我们再来看史铁生所写的小孩子与母亲的故事(根据上下文推测,小孩子大约 4 岁),就别有意味。这故事在 1991 年《〈务虚笔记〉备忘》里就有,位于第二则备忘的结尾,后收录在 1996 年《务虚笔记》第 4 章"童年之门"里,列为第 29 节和第 30 节,这个故事的起点是对"虚无"的探讨,开头是这样的:

> 29
> 那无以计量的虚无结束于什么?结束于"我"。
> 我醒来,我睁开眼睛,虚无顷刻消散,我看见世界。
> 虚无从世界为我准备的那个网结上开始消散,世界从虚无由之消散的那个网结上开始拓展,拓展出我的盼望,或者随着我的盼望拓展……
>
> 30
> 我还记得我的第一次盼望。那是一个礼拜日,从早晨到下午,一直到天色昏暗下去。
> 那个礼拜日母亲答应带我出去,去哪儿已经记不清了,可能是动物园,也可能是别的什么地方。总之她很久之前就答应了,就在那个礼拜日带我出去玩,这不会错;一个人平生第一次盼一个日子,都不会错……

但不知为何，母亲总是拖延，也许是她太忙碌了吧，买菜、做家务、洗不完的衣服……小孩子只能在无聊的等待中打发时间，做什么呢？跳房子、拨弄蚁穴、看画报、看母亲洗衣服，"我现在还能感觉到那光线漫长而急遽的变化，孤独而惆怅的黄昏到来，并且听得见母亲咔嚓咔嚓搓衣服的声音，那声音永无休止就像时光的脚步。那个礼拜日"，小孩子最终没能出去玩，他哭着依偎在劳作着的母亲的怀里，任凭光线无可挽回地消逝，一派荒凉。

这个略显残酷的故事，堪比鲁迅的《五猖会》——小孩子大清早就起来，要坐船去看戏，三道明瓦窗的大船已经泊在河埠头，笑着跳着正待出发，父亲却要他背书，背不出就不准去，"我至今一想起，还诧异我的父亲何以要在那时候叫我来背书"。

这两个童年故事都写得很好，然而与鲁迅《朝花夕拾》非虚构的单纯的忆旧不同，史铁生虚构的叙事别有三样追求：

首先，小说家要带出对命运的网结（或命运之门）的思考与议论；

其次，小说里的小孩子在伤心时仍有母亲的安慰（尽管这伤心也源于母亲）；

最后，小说里的"我"成年后，已从绝望中走了出来，依然长存着并不虚无的盼望。

三、第 30 节的结尾

于是我们可以清楚地看到,这一篇起于童年却不止于童年,而是归结到一扇门(这一章名为"童年之门"),归结到命运之神。第 30 节讲完了,是以这样两段结尾的,这才是整一节的压轴之论——

>……男孩儿蹲在那个又大又重的洗衣盆旁,依偎在母亲怀里,闭上眼睛不再看太阳,光线正无可挽回地消逝,一派荒凉。
>
>我平白地相信,这样的记忆也会是小姑娘 O 的记忆。无论在南方,还是在北方,小姑娘 O 必会有这样的记忆,只是她的那个院子也许更大、更空落,她的那块草地也许更大、更深茂,她的那片夕阳也许更大、更寂静,她的母亲也如我的母亲一样惊慌地把一个默默垂泪的孩子搂进怀中。不过 O 在其有生之年,却没能从那光线消逝的凄哀中挣脱出来。总是有这样的人,在残酷的春天我常感觉到他们的存在,在无论是繁华还是偏僻的地方这世界上处处分布着他们荒凉的祈盼。O,无论是她死了还是她活着,从世界为我准备的那个网结上看,她都是蹲在春天的荒草丛中,蹲在深深的落日里的执拗于一个美丽梦境的孩子。
>
>O 一生一世没能从那春天的草丛中和那深深的落日里走出来,不能接受一个美丽梦境无可挽回地消逝,这便是 O 与我的不同,因故我还活着,而 O 已经从这个世界上离

开。Z呢？在那个冬天的下午直至夜晚，他并没有落泪，也没有人把他搂进怀中，他从另一扇门中听见这世界中的一种消息，那消息进入一个男孩儿敏感的心，将日益膨胀喧嚣不止，这就是Z与我以及与O的不同。看似微小的这一点点儿不同，便是命运之神发挥它巨大想象力的起点。

四、礼拜日

这个童年故事，被删改后，收录在部编版《语文》六年级下册里，作为第9课，名为《那个星期天》。

主要的删改有二：其一是把文中5处"礼拜日"都改成了"星期天"；其二是把两处"蹲"改成了"坐"。

倘若把29、30两节完整收录，名称保持原样，就叫29、30，标题看上去像贝多芬的某些作品名一样，多有意思！这样的数字标题还有一个隐含的功用，会吸引读者在课外去找《务虚笔记》整本书来读。就课文内容而言，六年级的学生读了这个小孩子故事的前前后后，也定然会被"虚无""网结""盼望""另一扇门"等词语所吸引，引发许多有益的人生思考。

退一步说，即便如此节选了，即便要加一个题目，也当是"那个礼拜日"而非"那个星期天"，文中的5处"礼拜日"也当全部恢复原貌，要知道，史铁生写过《关于詹牧师的报告文学》《原罪·宿命》，还写过一篇小说就叫《礼拜日》，在《务虚笔记》中也专门提到过这篇小说。

一周共七日，第七日是礼拜日，也就是安息日。在安息的日子里，孩子盼望游戏盼望出去玩耍，是理所当然的；在安息的日子里，母亲忙得团团转，劳作不休，忘了之前的应许，忘了陪伴孩子，是不应该的——这几层意思，必须透过"礼拜日"一词，以健笔写出。用"星期天"，则无法写出以上几层意思。

五、蹲

再来看"蹲"，文中史铁生总共用了 8 次，依次如下：

①我蹲在土地上用树枝拨弄着一个蚁穴
②我蹲在草丛里翻看一本画报
③我蹲在草丛里看她们，想象她们的家
④我蹲在她身边，看着她洗
⑤母亲发现男孩儿蹲在那儿一动不动，发现他在哭，在不出声地流泪
⑥男孩儿蹲在那个又大又重的洗衣盆旁，依偎在母亲怀里
⑦⑧她都是蹲在春天的荒草丛中，蹲在深深的落日里的执拗于一个美丽梦境的孩子

什么是蹲？蹲不同于站（站是人立着），也不同于坐（坐是臀部有着落），蹲是虚坐，虽然屈两膝如坐，但臀部悬空而不着地。

这个姿势意味着什么？蹲着，意味着肌肉是紧张的，精神

也不放松，因为随时可以立起来。曹操《苦寒行》"熊罴对我蹲，虎豹夹路啼"，用一个"蹲"字写出猛兽随时可能攻击人的凶险；杜甫《东屯月夜》"数惊闻雀噪，暂睡想猿蹲"，用一个"蹲"字写出天寒不成寝的夜晚，好似猿一样蹲缩着假寐了一会儿。

《务虚笔记》这一章里，作家要呈现一种前定历史观——每一个人的处境都是被规定了的，每一个人都被编织在一个既定的网结上，看不到自己的由来与去处。比如女教师O，她后来遭遇的一切早已注定，"就在几十年前那个寒冷的下午，小姑娘O的归宿已不可更改。如果你站在四岁的O的位置瞻望未来，你会说她前途未卜，你会说她前途无限，要是你站在她的终点看这个生命的轨迹你看到的只是一条路，你就只能看见一条命定之途。所有的生命都一样，所有的人都是这样……"

但此人自己并不知道这种命定，他心存他的盼望。既然说到了盼望，史铁生接着就讲了"我的第一次盼望"的故事，借着这个故事，归结到女教师O的凄哀，归结到下面这句："O，无论是她死了还是她活着，从世界为我准备的那个网结上看，她都是蹲在春天的荒草丛中，蹲在深深的落日里的执拗于一个美丽梦境的孩子。"

无论如何，"蹲"处不能用"坐"，一旦坐下，肌肉和神经就都放松了，盼望就淡漠乃至消失了——

孟浩然坐观垂钓者，无何，徒有羡鱼情；

李白独坐敬亭山，无他，只与山相看两不厌；

元稹《行宫》里的白头宫女，无聊，只能闲坐说玄宗。

男孩儿的6个"蹲"字是为了引出女教师O（小女孩O）的2个"蹲"，为什么必须是蹲？因为蹲着的人可能站久了累了，但还在热切地盼望着，时刻准备着起身出发。小男孩儿是多么渴想着跟着妈妈出门啊，同样的，小女孩O也有自己的执念，文中的8个"蹲"字，一个都不能少。

传说有一幅《寒江独钓图》，孤舟，蓑笠翁，鱼已出水，一线钓丝忽然从中而断，鱼竿仍弯，钓翁之手依然上扬，然而一瞬间，讶异之色满脸。有无知者见钓丝断了，径自以点墨续上，自以为是，而画境顿失。

改"蹲"为"坐"，不亦以点墨续钓丝乎？

附：

务虚笔记[1]

29

那无以计量的虚无结束于什么？结束于"我"。

我醒来，我睁开眼睛，虚无顷刻消散，我看见世界。

虚无从世界为我准备的那个网结上开始消散，世界从虚无由之消散的那个网结上开始拓展，拓展出我的盼望，或者随着我的盼望拓展……

---

[1]. 史铁生：《务虚笔记》，作家出版社，2011年1月，第44~46页。

30

我还记得我的第一次盼望。那是一个礼拜日,从早晨到下午,一直到天色昏暗下去。

那个礼拜日母亲答应带我出去,去哪儿已经记不清了,可能是动物园,也可能是别的什么地方。总之她很久之前就答应了,就在那个礼拜日带我出去玩,这不会错;一个人平生第一次盼一个日子,都不会错。而且就在那天早晨母亲也还是这样答应的:去,当然去。我想到底是让我盼来了。起床,刷牙,吃饭,那是个春天的早晨,阳光明媚。走吗?等一会儿,等一会儿再走。我跑出去,站在街门口,等一会儿就等一会儿,我藏在大门后,藏了很久,我知道不会是那么简单的一会儿,我得不出声地多藏一会儿。母亲出来了,可我忘了吓唬她,她手里怎么提着菜篮?您说了去!等等,买完菜,买完菜就去。买完菜马上就去吗?嗯。这段时光不好挨。我踏着一块块方砖跳,跳房子,等母亲回来。我看着天看着云彩走,等母亲回来,焦急又兴奋。我蹲在土地上用树枝拨弄着一个蚁穴,爬着去找更多的蚁穴。院儿里就我一个孩子没人跟我玩儿。我蹲在草丛里翻看一本画报,那是一本看了多少回的电影画报,那上面有一群比我大的女孩子,一个个都非常漂亮。我蹲在草丛里看她们,想象她们的家,想象她们此刻在干什么,想象她们的兄弟姐妹和她们的父母,想象她们的声音。去年的荒草丛里又有了绿色,院子很大,空空落落。母亲买菜回来却又翻箱倒柜忙开了。走吧,您不是说买菜回来就走吗?好啦好啦,没看我正忙呢吗?真奇怪,该是我有理的事呀?不是吗,我不是一直在等着,母亲不是答应过了吗?整个上午我就跟在母亲腿底下:去吗?去吧,走吧,怎么还不走呀?走吧……我就这样念念叨叨地追在母亲的腿底下,看她做完一件事又去做一件事。我还没有她的腿高,那两条不停顿的腿至今都在我眼前晃动,它们不停下来,它们好几次绊在我身上,我好几次差点搅在它们中间把它们碰倒。下午吧,母亲说,下午,睡醒午觉再去。去,母亲说,下午,准去。但这次怨我,怨我自己,我把午觉睡过了头。醒来我看见母亲在洗衣服。要是那时就走还不晚。我看看天,还不晚。还去吗?去。走吧?洗完衣服。这一次不能原谅。我不知道那堆衣服要洗多久,可母亲应该知道。我蹲在她身边,看着她洗。我一声不吭,盼着。我想我再不离开半步,再不把觉睡过头,我想衣服一洗完我马上拉起她就走,决不许她再耽搁。我看着盆里的衣服和盆外的衣服,我看着太阳,看着光线,我一声不吭,看着盆里揉动的衣服和绽开的泡沫,我感觉到周围的光线渐渐暗下去,渐渐地凉下去沉郁下去,越来越远越来越缥缈,我一声不吭,忽然有点儿明白了。我现在还能感觉到那光线漫长而急遽的变化,孤独而惆怅的黄昏到来,并且听得见母亲咔嚓咔嚓搓衣服的声音,那声音永无休止就像时光的脚步。那个礼拜日。就在那天。母亲发现男孩儿蹲在那儿一动不动,发现他在哭,在不出声地流泪。我感到母亲惊慌地甩了甩手上的水,把我拉过去拉进她的怀里。我听见母亲在说,一边亲吻着我一边不停地说："噢对不起，噢，对不起……"那个礼拜日，本该是出去的，去哪儿记不得了。男孩儿蹲在那个又大又重的洗衣盆旁，依偎在母亲怀里，闭上眼睛不再看太阳，光线正无可挽回地消逝，一派荒凉。

我平白地相信，这样的记忆也会是小姑娘O的记忆。无论在南方，还是在北方，小姑娘O必会有这样的记忆，只是她的那个院子也许更大、更空落，她的那块草地也许更大、更深茂，她的那片夕阳也许更大、更寂静，她的母亲也如我的母亲一样惊慌地把一个默默垂泪的孩子搂进怀中。不过O在其有生之年，却没能从那光线消逝的凄哀中挣脱出来。总是有这样的人，在残酷的春天我常感觉到他们的存在，在无论是繁华还是偏僻的地方这世界上处处分布着他们荒凉的祈盼。O，无论是她死了还是她活着，从世界为我准备的那个网结上看，她都是蹲在春天的荒草丛中，蹲在深深的落日里的执拗于一个美丽梦境的孩子。

O一生一世没能从那春天的草丛中和那深深的落日里走出来，不能接受一个美丽梦境无可挽回地消逝，这便是O与我的不同，因故我还活着，而O已经从这个世界上离开。Z呢？在那个冬天的下午直至夜晚，他并没有落泪，也没有人把他搂进怀中，他从另一扇门中听见这世界中的一种消息，那消息进入一个男孩儿敏感的心，将日益膨胀喧嚣不止，这就是Z与我以及与O的不同。看似微小的这一点点儿不同，便是命运之神发挥它巨大想象力的起点。

六年级：魔鬼夜访沈从文，商讨一碗腊八粥及写作与人生

∞

1923年，沈从文来到北京，在北京大学旁听，也曾参加燕京大学的入学考试，求学谋生无路，遂以《史记》和《圣经》为自学教材，试着以写作养活自己。1924年底，他在《晨报副刊》投中了第一篇文章《一封未曾付邮的信》。1925年，他井喷式地写，一年里发表了60多篇，在形式与内容上做了各种各样的尝试，这些作品多为谋生而作，后来他自己也不太满意，有不少未收入文集。

《腊八粥》写于1925年12月，沈从文自认为要到1929年

他的作品方才成熟起来[1]，但是从《腊八粥》里依然可以看出一个二十出头的年轻作家在探索自己的语言风格。沈从文讲故事的能力极强，所用的语言又很特别（也许是因为方言入文的缘故，未必全合文法），沈氏语言如水一般跳荡着，会有炫目的粼粼波光，但读者渐渐地就习惯了这水上的行旅，进而爱上他独特的表达与含蓄其中的一往情深。

《腊八粥》被收录在部编版《语文》六年级下册，节选了前半部分，节选部分改动了57处，删除句子2处。试举一例：

> 初学喊爸爸的小孩子，会出门叫洋车了的大孩子，嘴巴上长了许多白胡胡的老孩子，提到腊八粥，谁不口上就立时生一种甜甜的腻腻的感觉呢。把小米，饭豆，枣，栗，白糖，花生仁儿，合并拢来糊糊涂涂煮成一锅，让它在锅中叹气似的沸腾着，单看它那叹气样儿，闻闻那种香味，就够咽三口以上的唾沫了，何况是，大碗大碗的装着，大匙大匙朝口里塞灌呢！

课文是：

> 初学喊爸爸的小孩子，会出门叫洋车了的大孩子，嘴巴上长了许多白胡子的老孩子，提到腊八粥，谁不是嘴里

---

[1]. ［美］金介甫：《凤凰之子：沈从文传》，符家钦译，中国友谊出版公司，*1999年11月*，第*159*页。

就立时生出一种甜甜的腻腻的感觉呢。把小米、饭豆、枣、栗、白糖、花生仁合拢来，糊糊涂涂煮成一锅，让它在锅中叹气似的沸腾着，单看它那叹气样儿，闻闻那种香味，就够咽三口以上的唾沫了，何况是，大碗大碗地装着，大匙大匙朝嘴里塞灌呢！

单是第一段，改动就有 7 处。同题作品在中国文学里可选的有很多，我以为，与其让沈从文伤筋动骨，不如另选其他作家的就是了；倘若对其他作家的也不满意，编辑大可以自己动手写一篇，收入教材，岂不快哉？

沈从文先生（1902 — 1988）入土久矣，他一生"不相信权力，只相信智慧"，他漫谈写作的文章也有不少，于是有了下面这篇假想对话录。

问题 1：沈从文先生，你的作品入选小学语文教材，你是否觉得高兴？

沈从文：即或有一两个作品给你们留下点好印象，那仍然不能不说是失败。我因为作品能够在市场上流行，实际上近于买椟还珠。你们能欣赏我故事的清新，照例那作品背后蕴藏的热情却忽略了；你们能欣赏我文字的朴实，照例那作品背后隐伏的悲痛也忽略了。

问题 2：《腊八粥》写了乡村里一家人的生活，为什么你选择这个题材？

沈从文：对于农人与兵士，怀了不可言说的温爱，这点感情在我一切作品中，随处皆可以看出。我从不隐讳这点感情……就我所接触的世界一面，来叙述他们的爱憎与哀乐，即或这支笔如何笨拙，或尚不至于离题太远。因为他们是正直的，诚实的，生活有些方面极其伟大，有些方面又极其平凡，性情有些方面极其美丽，有些方面又极其琐碎，——我动手写他们时，为了使其更有人性，更近人情，自然便老老实实地写下去。

问题3：请谈谈乡村题材与城市教育的关系。

沈从文：我和你虽然共同住在一个都市里，有时居然还有机会同在一节火车上旅行，一张桌子上吃饭，可是说真话，你我原是两路人。提到这一点你不用误会，不必难受，我并没有看轻你的意思……我实在是个乡下人。说乡下人我毫无骄傲，也不在自贬，乡下人照例有根深蒂固永远是乡巴佬的性情，爱憎和哀乐自有它独特的式样，与城市中人截然不同！他保守，顽固，爱土地，也不缺少机警，却不甚懂诡诈。他对一切事照例十分认真，似乎太认真了，这认真处某一时就不免成为"傻头傻脑"。

问题4：《腊八粥》全文共114行，节选了前56行，节选部分改动了57处，删除句子2处，对此，你怎么看？

沈从文：整理四五十年前旧作时，总是删来删去，凡是"粗野"的字句必删去，"犯时忌"的也必删去，"易致误解处"更必删去，结果不少作品磨得光溜溜的，毫无棱角"是特征"，也不免就把"原有特征"失去了。又原来文法不通顺处,或地方性习惯上说得通,但照文法专家算得不合文法处,也加以一一整理,末了自然通顺多了,可是某些好处,也必然消失无余。

问题5:你如何看待文字同思想的关系?一篇作品里的文字是否都要用心推敲?

沈从文:单是文字同思想,不加雕琢同配置,正如其他材料一样,不能成为艺术,你是很明白的。要选择材料,处置它到恰当处,古人说的"推""敲"那种耐烦究讨,永远可以师法。金刚石虽是极值钱的东西,却要一个好匠人才磨出它的宝光来,石头虽是不值钱的东西,也可以由艺术家手上产生无价之宝。一切艺术价值的形成,不是单纯的"材料",完全在你对于那材料使用的思想与气力。

问题6:有人认为你的作品个人风格过于独特,不合大众趣味,你怎么看?

沈从文:倘若我作品不合你们的趣味,事不足奇,原因是我的写作还只算是给我自己终生工作的一种初步的试验。你们欢喜什么,了解什么,切盼什么,我一时尚注意不到。我虽明白人应在人群中生存,吸收一切人的气息,必贴近人生,方能扩大他的心灵同人格。我很明白!至于临到执笔写作那一刻,可不同了。我除了用文字捕捉感觉与事象以外,俨然与外界绝缘,不相粘附。我以为应当如此,必需如此。一切作品都需要个性,都必需浸透作者人格和感情,想达到这个目的,写作时要独断，要彻底地独断！（文学在这时代虽不免被当作商品之一种，便是商品，也有精粗，且即在同一物品上，制作者还可匠心独运，不落窠臼，社会上流行的风格，流行的款式，尽可置之不问。）

问题7：请问你最初是怎么学习写作的？

沈从文：初到北京时，对于标点符号的使用，我还不熟习。身边唯一师傅是一部《史记》，随后不久，又才偶然得到一本破旧《圣经》。我并不迷信宗教，却欢喜那个接近口语的译文，和部分充满抒情诗的篇章。从这两部作品反复阅读中，我得到极多有益的启发，初步学会了叙事抒情的基本知识，可是去实际应用自然还远。当时想读书，无学校可进，想工作也无办法，只有每天到宣武门内京师图书馆分馆去看书取暖，不问新旧，凡看得懂的都翻翻。消化力既极佳，记忆力也特别好，不少图书虽只看一二次，此后三十年多还得用。同时和在乡村小城市时一样，还有更多机会阅读"社会"这本大书。

问题8：在你心目中，一部理想作品的样貌是怎样的？

沈从文：这世界上或有想在沙基或水面上建造崇楼杰阁的人，那可不是我。我只想造希腊小庙。选山地作基础，用坚硬石头堆砌它。精致，结实，匀称，形体虽小而不纤巧，是我理想的建筑。这神庙供奉的是"人性"。作成了，你们也许嫌它式样太旧了，形体太小了，不妨事。我已说过，那原本不是特别为你们中某某人作的。

问题9：你如何看待自己、作品、读者的关系？

沈从文：照近十余年来一般习惯，是"抢读者"，或用各种式样为有权有势者捧场凑趣抢大读者，或用前进姿势抢小读者，我兴趣不在此。一时之间读者有无是件小事。我的理想是慢慢地写，慢慢地求进步，目前无读者，无出路，不足介意。我却希望好好写三十年，到二十世纪末还有读者。读者如不能从我作品取得做人气概，至少还可望从我作品中取得一点做文章技巧。

问题10：作家、作品、读者的关系，你可有进一步的表达？

沈从文：有什么人能用绿竹作弓矢，射入云空，永不落下？我之想象，犹如长箭，向云空射去，去即不返。长箭所注，在碧蓝而明静之广大虚空。

明智者若善用其明智，即可从此云空中，读示一小文，文中有微叹与沉默，色与香，爱和怨。无著者姓名。无年月。无故事。无……然而内容极柔美。虚空静寂，读者灵魂中如有音乐。虚空明蓝，读者灵魂上却光明净洁。

问题11：如今有不少人选择了"躺平"（教育界也有），对这类现象，你是怎么评价的？

沈从文：能明白人之所以为人兽性与神性的两方面，就一定会好好地来活个几十年，不至于同虫蚁一样了。世界上必照例有些愚妄人乐于在地上爬，以为手足同时贴地走动时最方便，姿势又最美丽。我们自己若知道必须站起来才像个人，尤其是站起来后两只手方可好好使用到各种工作方面去，世界才有个更好的明日，我们应当自己振作，凡事从自己起始。想征服人类的愚妄，是必需先从战胜自己一切弱点开始，方有结论的。

问题12：从文先生，非常感谢你接受采访，最后，可否请你专门给中小学老师写一段寄语？

沈从文：你当前的工作虽十分卑微，工作意义却实在重大。能坚忍强毅毫不含糊地去面对当前困难，纵不是与狡诈贪狠的敌人作战，实俨然和"民族积习""社会弱点"作战。若能经受得住任何挫折，不逃避变质，永远照所信所守支持下去，日月流转，人事亦必然因之有新陈代谢，如此做事对国家有益无益未可知，然如此做人，总还像个"人"！

附注：
十二段应答依次出于以下作品：
1. 习作选集代序
2. 《边城》题记
3. 习作选集代序
4. 《复徐盈》书信（198202）
5. 给一个写诗的
6. 习作选集代序
7. 《沈从文小说选集》题记
8. 习作选集代序

9. 给一个军人
10. 生命
11. 给一个广东朋友
12. 给一个在芒市服务的小学教员

七年级：插在郭沫若《天上的市街》上的三把刀

∞

远远的街灯明了，
好象闪着无数的明星。
天上的明星现了，
好象点着无数的街灯。

我想那缥渺的空中，
定然有美丽的街市。
街市上陈列的一些物品，
定然是世上没有的珍奇。

你看，那浅浅的天河，
定然是不甚宽广。
那隔河的牛郎织女，
定能够骑着牛儿来往。

> 我想他们此刻，
> 定然在天街闲游。
> 不信，请看那朵流星：
> 那怕是他们提着灯笼在走。[1]

普通读者倘若知道了郭沫若这首诗原作名叫《天上的市街》，吃惊之后，恐怕都会有一点上当的感觉吧，从小在语文课本里熟读与背诵的，一直都是《天上的街市》呀。

诗是精粹的语言艺术，能否点铁成金，往往就在一两个关键的字，这就是为什么诗人要推敲，会为一字而苦吟。此诗被收录到七年级上册语文教材里，注释说"略有改动"，编辑的窜改共有 3 处，让这首诗的容貌变得不如初见了，试一一论之。

一、标题

这首诗共四节，诗心缜密而有序，从每一节与诗题的对应中可以看出。诗题为《天上的市街》，第一节从街灯而起，以一列灯与星的叠影，将人们的视角与思绪引向天上；第二节承一个"市"字，天上有陈列的物品，有可买卖的珍奇；第三节转写河边的牛郎织女，估计天河就在天街边吧；如此便得出第四节二人"在天街闲游"，"天街"正是"天上的市街"的头尾缩写，合得干净利落。由诗歌内容的组织反观，诗题必须是

---

[1]. 郭沫若：《郭沫若全集 文学编 第一卷》，人民文学出版社，1982 年 10 月，第 194 页。

"天上的市街",不可更改。

有人会问,既然诗题里的"市街"不可颠倒,那为什么第二节里出现了两次"街市"呢(估计这也是编辑修改诗题的凭依),答案也许要从韵里寻求。此诗每节二、四句有或紧或宽的中华新韵——第四节的"游"与"走",第三节的"广"与"往",第二节的"市"与"奇"(衣支韵),第一节的"星"与"灯"(庚青韵)。正是出于对韵脚的考虑,诗人在第二节的第二行最后用了"街市",第三行开头"街市"再次出现,形成恰当的节奏。

市街与街市,意思都是街道,但有一点细微的差别,就是前者侧重在街本身,后者侧重街道上的交易买卖,读者可以自行判断一下,此诗的侧重点究竟落在何处。此外,读原诗的标题"天上的市街",会有一种基于语音的自然联想,一个同音词"世界",一个近音词"时间",前者是宇,后者为宙,合起来就是宇宙,站在人间思考天上,不就是思考宇宙吗?

二、在第三节第三行添一"着"字

不知为何,编辑要在第三节第三行硬添一个"着"字,拆"隔河"一词而成一个词组,要知道,"隔河"二字同韵也同调。

一方面,"隔河"是对古诗《迢迢牵牛星》"盈盈一水间,脉脉不得语"的缩略表达,以简单硬朗的现代方式,一扫哀婉柔媚之气;另一方面,"隔河"谐音"隔阂",写出二人的状态,为下一句的"骑着牛儿来往"张本。

硬添一个"着"字,就像弈棋自填一气,好好一片活棋,顿时失了生机。

三、在第四节第四行删"那怕"二字

"那怕"二字,可以从三方面来分析其用。

首先,第三节开始,隔行插入 a 韵,八行里共有 7 个 a 韵字(四"那"、二"他"、一"怕"),在朗读的时候,不知不觉地穿插着"啊",仿佛一次又一次的赞叹,这正是一般人在抬头望天的时候最常发出的声音。

其次,从词义来看,"那"指上行提到的流星;"怕"是或许,表疑虑或猜想。在未到结尾之前,读者会下意识地认同诗里的那种确定性,第二、三、四节抒写天上景象,埋伏了 5 个"定"字(4 个"定然"、1 个"定能"),确凿而分明,毋庸置疑。到了最后一句,忽然出现"那怕是……"句式,将之前的确定性轻轻摇动。一丝遥测,几分揣摩,因为这一切都发生于天上,到了诗歌的末了,归结为一个渺小凡人的猜想:是啊,怎能如此确定呢?

最后,要从诗歌节奏来体会。江弱水《向百年新诗致敬》里的 10 位诗人,排名第一的就是郭沫若,称他的《女神》是"新诗人印在大海边的新沙上的第一行脚印",这位在一片新领域的领头人,岂会感觉不到一种自由的晕眩?因为自由是从章法而来,而现代汉诗挣脱了所有的形式束缚,如同一个人脱离了旧制度的全部律法,所以新诗必须得有新的律法——新诗不再是哼唱型节奏,而是说话型节奏,以顿来形成节奏感,一般以两字或三字连在一起为一顿。

《天上的市街》四节里每一行的顿,依次为 3434、3344、3344、3345。为什么最后一句不像前三节那样是四顿,而是全

诗仅有的长长的五顿呢？"那怕是/他们/提着/灯笼/在走"，形式与内容密不可分，也许诗人希望有心的读者，能留意上一行最后"那朵流星"，目光流转，注视着它缓缓划过天际，熄灭之时，尚余一缕长长的彗尾……音节之长暗示着流星之长，睹彗星者，有慧心否？

关于新诗的节奏，诗人卞之琳说得最明了：

> 在白话格律体新诗里，可能也需要不同字数"顿"的参差交错，而除非为了有意要达到特殊效果的场合，不能行行都用一样安排的不同字数"顿"，例如一律用三二、三二或二三、二三或三二、二三或三三、二二或二二、三三等等。
>
> 我这种主张看起来复杂，实际上很简单，用起来也很自由……我想既不能再调平仄，也不能照排轻重，可能还用得着以二字"顿"和三字"顿"为骨干，进一步在彼此间作适当安排，以补"顿"或"音组"本身内整齐不明显（倒也自由）这一点不足吧？[1]

"在彼此间作适当安排"——有多少好诗人一辈子的经营，就在这一句话里；有多少好诗，牺牲于鲁莽编辑的刀下；又有多少"我不想做这样的人"的好孩子，错失了一睹好作品原貌的机会呢？

---

[1]. 卞之琳：《雕虫纪历》，人民文学出版社，*1984年6月第2版*，第*14*页。

十年级：屏除丝竹入中年：契诃夫《套中人》《醋栗》和《关于爱情》

∞

1898年，契诃夫写了3篇有关联的小说：《套中人》《醋栗》和《关于爱情》，关联的形式是十日谈式的——几个人在一起，每人讲一个故事。

一、小三部曲

兽医伊凡和中学教师布尔金一起去打猎而误了时辰，夜宿村长的堆房，布尔金讲了同事别里科夫的故事，是为《套中人》。

次日，他俩继续打猎一天，在地主阿列兴家避雨，沐浴更衣后的晚上，伊凡讲了自己弟弟尼古拉的故事，是为《醋栗》。

第三天早餐后，还在下雨，无法外出，大家谈到爱情，主人家阿列兴讲起了自己的暗恋故事，一直讲到雨霁云开，是为《关于爱情》。

中译本的篇幅，3篇小说依次为16页、13页、11页，字数递减，适合一气读完。然而每一篇都首尾完备而形神俱足，完全可以独立存在。《套中人》被删节后改名为《装在套子里的人》，一直收录在高中语文教材里，很少有人知道这是契诃夫"小三部曲"中的一篇。

既然每一篇都是独立的，为什么契诃夫要以十日谈的形式把这三篇串在一起？《契诃夫小说全集》里，写于1898年的还有《在朋友家里　故事》《姚尼奇》《出诊》几篇，并没有用讲故事的方式将它们串在一起。于是可以有一个合理的推测，这3篇打包在一起，是因为一些内在的共同点。那么，共同点是什么呢？

二、温故

为了寻找共同点，有必要重温这3篇小说的梗概。

《套中人》：别里科夫，一位总是称赞过去的希腊语教师，像寄居蟹或蜗牛那样极力缩进自己的硬壳。他有一种古怪的习惯——常到同事们的住处静坐一两个小时，像是访问又似侦察，身边的人都怕他。后来，旁人想撮合他与瓦连卡的婚事，几近成功，然而他的监视与告密行为惹恼了瓦连卡的弟弟，他被推滚下了楼梯，此后一蹶不振，1个月后就去世了。

《醋栗》：尼古拉·伊凡内奇，19岁起在税务局工作，老想着怎样到乡间去（因为他的童年在乡间），拼命节省，不断攒钱，终于买下一个庄园，种上了醋栗。"去年我去探望他"，他老了、胖了，"傍晚我们正在喝茶，厨娘端来满满一盘醋栗，放在桌子上。这不是买来的，而是他自己家里种的，自从栽下那些灌木以后，这还是头一回收果子。尼古拉·伊凡内奇笑起来，默默地瞧了一忽儿醋栗，眼泪汪汪，激动得说不出话来。然后他拈起一个果子放进嘴里，瞧着我，露出小孩子终于得到心爱玩具后的得意神情，说：多么好吃啊！他贪婪地吃着……我看见了一个幸福的人，他的心心念念的梦想显然已经实现"。

《关于爱情》：主人公就是讲述者阿列兴，爱上了法庭副庭长（已经40多岁）的妻子安娜，安娜是个年轻、漂亮、善良的知识女性。两人的精神之恋延续了十来年，直至庭长调往外省，举家迁走为止。临告别时，"我们俩都失去了原有的精神力量，我搂住她，她把脸贴在我的胸口上，眼泪从她的眼睛里流下来；我吻她的脸、肩膀、沾着泪痕的手，啊，我跟她是多么不幸啊！我对她说穿，我爱她……我们就分别了，从此不再相见。火车已经开了。我坐在隔壁一个包房里（那里空着没人），在那儿一直哭到火车开到下一站。然后我就步行回到索菲诺村"。

三、哀感中年

契诃夫写过各个年龄段的人。9岁的男孩万卡被送到鞋匠铺子做学徒（《万卡》）；23岁的准新娘娜嘉离家出走（《新娘》）；年轻文官米佳因车祸而上了报纸，竟欢喜得四处昭告

(《喜事》);青年乐师将一个裸女装在自己的低音琴盒里,而后又丢失了她(《爱情和低音提琴》);善于牟利的老头子崔布金,后来被儿媳妇赶出家门,晚景凄凉(《在峡谷里》)。

而这3篇里的配角与主角,多是年过四十的人。

请先看看3位讲述者的形象——兽医伊凡·伊凡内奇,一个高而瘦的老人,留着很长的唇髭,吸着烟斗;中学教师布尔金,身材不高却挺胖,头顶完全光秃,黑胡子长得几乎齐腰;地主阿列兴,四十上下,个子与头发都很长,与其说像地主,不如说像教授或者画家,白衬衫很久不洗,拦腰系绳子算是腰带,靴子上沾满了泥浆和麦秸。

再看小说的主角——

《套中人》中的别里科夫,早过了40岁,却没有成家,"这时候我们才感到奇怪:不知怎的,他生活里的这样一件大事,我们以前竟一直没有理会,完全忽略了"。在校长太太的带领下,大家开始撮合他与瓦连卡的婚姻,可惜他积习难改,爱没有学成,死反而提前来到,不久就去世了。

《醋栗》中的尼古拉·伊凡内奇,一个梦想贯穿了青年到中年:"他年纪已经过了四十,可是仍旧读报上的广告,攒钱。后来我听说他结婚了。他仍然打定主意要买一个有醋栗的庄园,娶了一个年老而难看的寡妇,对她一点感情也没有,只是因为她有几个钱罢了",不出3年,妻子死了,他终于买下了一个庄园,在40多岁时实现了自己的梦想。

《关于爱情》中的阿列兴讲述的是自己的爱情,这段暗恋始于他大学毕业后三五年,22岁的安娜已为人妇,"我们彼此之间没有说穿我们的爱情，而是胆怯地、严密地把它掩盖起来。我们害怕那些足以泄露我们的秘密的事情。我温柔而深切地爱着她……这样做正当吗？"对方是有夫之妇，阿列兴在矛盾中持续着无望的爱情，持续了大约有10年，当他们不得不离别的时候，阿列兴大约40岁。

少年哀乐过于人，而中年人的情感会隐藏得很深，"哀感中年"这个主题在这3篇小说里也隐藏得很深，不易被读者察觉。小结一下共同点——这3篇小说里的主角都是中年人，此其一也；都涉及他们的情感生活，此其二也；3位主角的爱情与婚姻，没有一个是称心如意的，此其三也。

四、何谓幸福生活

除了涉及中年人的情感之外，契诃夫的《套中人》《醋栗》和《关于爱情》还有一个共同的主题：探讨何谓幸福生活。

说到幸福生活，我们自然会想到亚里士多德《尼各马可伦理学》，此书商务版的"译注者序"中有一段意味深长的话，大意是伦理学并不适合青年人，"人也许是到了中年，尤其在对于人生与社会有了些体验后，才适合开始读这样的书。而且，也许最好是过几年再读一遍，反复读几遍。因为，其中的道理，需要反复地读才能领悟"（廖申白）。这番话虽针对《尼各马可伦理学》，其中的道理也适用于契诃夫的这3篇小说。正是在年龄的意义上，《套中人》收录进中学语文教材里未必是最合适的（固然有其社会教育意义）。为什么？因为中年感怀无法激起少年人的共鸣。

倘若中学语文教材里选的是关于成长之迷惘的作品，探讨少年情感与朦胧爱情，有着青草样的忧郁与红花样的青春，比如艾特玛托夫的《白轮船》，茨威格的《家庭教师》或《情网》，汪曾祺的《受戒》，或者赫尔曼·黑塞的某一篇文章，这样的语文书一定会让少年人爱不释手，这样的语文课又多么令人期待！

1898年，契诃夫近40岁，一位中年作家反思中年，在小说里探讨何谓幸福生活再合适不过了。这是中年人必须思考的问题，年届不惑者要在思考中总结人生上半场，直面人生下半场的种种选择。小说里的3位主角，在行动中呈现了各自的中年困惑与中年选择——

别里科夫有他自己的人生哲学，结合自己半辈子的生活经验，他认为幸福的首要前提是安全感，所以他的口头禅是"千万别闹出什么乱子来啊"，把一切都装在套子里，那样才稳稳妥妥，甚至思想也不例外。

尼古拉的幸福取决于一个属于自己的庄园，里面必须栽有醋栗，他的幸福理想实现了，但在他哥哥的眼中，分明看到了3头猪：尼古拉的肥狗活像一头猪；尼古拉的厨娘活像一头猪；尼古拉呢，"皮肉松弛，他的脸颊、鼻子和嘴唇向前突出，眼看就要像猪那样呼噜呼噜地叫着，钻进被子里去了"。

阿列兴不断地思考着幸福问题，认为自己的爱情会破坏安娜一家的幸福生活，而且倘若与她结合，能把她带到哪儿去呢？无非是把她从一种平庸生活拉到另一种平庸生活而已。安娜也被幸福问题折磨着，常常自问：这种爱情会给阿列兴带来幸福吗？一方面，她希望阿列兴能找到合适的年轻爱人；另一方面，她又无法停止与阿列兴的相恋。

那么，到底什么是幸福呢？每个人的答案不尽相同，甚至同一个人在不同时候的答案也会不同。亚里士多德说得很透彻："在生病时说它是健康，在穷困时说它是财富，在感到了自己的无知时，又对那些提出他无法理解的宏论的人无比崇拜。"亚里士多德区分了3种生活（享乐的生活、政治的生活、沉思的生活），而以沉思的生活为第一好的生活。若是以此来衡量3位主人公的话，他们并不拥有政治的生活与沉思的生活：尼古拉的后半辈子大概过着享乐的生活；别里科夫与阿列兴甚至连享乐的生活都没有，只有被生活裹挟的压抑与痛苦。

对于这个问题，小说中有一位人物也给出了自己的回答："不要心平气和，不要让自己昏睡！趁年轻、强壮、血气方刚，要永不疲倦地做好事！幸福是没有的，也不应当有。如果生活有意义和目标，那么，这个意义和目标就断然不是我们的幸福，而是比这更合理、更伟大的东西。做好事吧！"伊凡是用恳求的声调对阿列兴说这番话的，这番话似乎也是契诃夫对所有读者说的，高尔基说契诃夫好像站在路边对走过的人说，"你们可不能再这样生活下去了"，正如伊凡讨厌看到街市太平、房屋安静，讨厌看到一家人围着桌子喝茶——这在他眼中就是麻木不仁，因为这样的生活是建立在其他不幸者的重担之上的。然而新的生活、真正幸福的生活，究竟是怎样的呢？小说里的人物似乎并没有得着一个明确的方向。

五、自由

这 3 篇小说里的人们只有隐隐约约的感觉,他们幸福与否取决于全体国民是否自由。

布尔金说埋葬了别里科夫以后,他们的表情是凝重的,心里却高兴得很,"那种心情,在很久以前我们还是小孩子的时候,每逢大人出了家门,我们在花园里跑上一两个钟头,享受充分自由之际才体验过。啊,自由呀,自由!哪怕有享受自由的一点点影子,哪怕有那么一线希望,就使得人的灵魂生出翅膀来,难道不是这样吗?"

伊凡讲完了弟弟的故事后,开始了自我责备,觉得自己其实和弟弟区别不大:"这天晚上我才明白我也满足和幸福……我在吃饭和打猎的时候也教导别人该怎样生活,该怎样信仰,该怎样管好老百姓。我也说学问是光明,教育是必不可少的,但是目前对普通人来说,能读会写也就足够了。我说自由是幸福,缺了它如同缺了空气一样,是不行的,然而应当等待——是的,我常这样说,可是现在我要问:为什么要等?"

阿列兴从来没有自由过,因为家里负债,他大学毕业就不得不回农庄子承父业,若要不赔钱,要么就用农奴或雇农,要么亲自下地带着全家一起干,"中间道路是没有的",渐渐地,他成了一个彻底的农民,为土地所累,忙得连洗澡的工夫都没有。他招待伊凡和布尔金一起洗澡,小说里用了一两句话来呈现这个操劳而不自由者的状态——往自己身上擦肥皂,他四周的水变成像墨水那样的深蓝色了。

六、要一奉十

隔了100多年,在另一个国度重读这3篇小说,有几分吃惊,也有几分被打动。

吃惊的,是看到自己恰成了(至少有几分相似)小说里被否定的人:迷恋古代的语言,喜欢乡下的庄园,像踩着轮子的松鼠那样忙个不停。

被打动的,则是留意到了在小说角落一闪而过的几个小配角,他们的悲欢极容易被忽略。张爱玲说8岁的时候第一次读《红楼梦》只看见一点热闹,以后每隔三四年读一次,逐渐得到人物故事的轮廓、风格、笔触,中年以后只看见人与人之间感应的烦恼。张爱玲说:"个人的欣赏能力有限,而《红楼梦》永远是要一奉十的。"我想,契诃夫也是要一奉十的,他的叙事缓缓展开,都雅从容,读者在他不紧不慢的讲述中,得着了一点高明的启示:一个好故事含有多个故事。

《套中人》开篇就提到伊凡和布尔金在村长家的堆房里过夜,顺便就谈到了村长的妻子玛芙拉,她健康也不笨,可一辈子没有离开过村子,一直守着炉灶,只有夜间才到街上去走一走,这才引出了"那种性情孤僻、像寄居蟹或者蜗牛那样极力缩进自己的硬壳里去的人,在这个世界上是不少的",展开别里科夫的故事。临近结尾,说完了别里科夫,两人刚盖好被子打算睡觉,忽然听见轻微的脚步声:吧嗒,吧嗒……那是玛芙拉在走路……

《醋栗》里伊凡在讲弟弟的生平(节约到了近乎吝啬)时,

不禁感慨金钱就像伏特加一样能把人变成怪物,顺口就举了两个例子:

"从前我们城里有过一个病得快死的商人。临终前,他叫人端来一碟蜂蜜,把他所有的钞票和彩票就着蜂蜜一股脑儿吞下肚去,叫谁也得不到。

"有一次我在火车站检查畜群,正巧有个马贩子失足摔在火车头底下,压断了一条腿。我们把他抬到急诊室里,血不停地流着,真是吓人。可是他却一个劲儿地要求把他的腿找回来,老是放心不下,原来在那条压断的腿所穿的靴子里有二十个卢布,千万别丢失才好。"

镶嵌在《醋栗》里的这两则极短篇让人过目难忘,布尔金提醒"您岔到别的事情上去了",作为读者的我却很偏爱这样的旁逸斜出。

《关于爱情》的话题是由阿列兴家的使女彼拉盖娅而起的,彼拉盖娅在《醋栗》里就已登场,惊鸿一瞥:"伊凡·伊凡内奇和布尔金在房子里遇到一个使女,是个年轻的女人,长得那么美,他们俩不由得同时站住,互相看了一眼。"她殷勤地给客人们送来了毛巾和肥皂,待他们洗好澡后,又不出声地在地毯上走着,温柔地微笑,用盘子端来了加果酱的茶;夜深了,他们的床已经由美丽的彼拉盖娅铺好被褥……此间绵密的针脚似可以用石黑一雄的小说名来形容 —— 远山淡影:《醋栗》里 4 处留下了她的身影,一直要到《关于爱情》里才有了一番交代。设想一下,要是单单取出一篇《关于爱情》,那么上一集里如许伏笔,尽都落了空,那多可惜!契诃夫确实是把这 3 篇作为一个整体来构思的。

美丽的彼拉盖娅的爱情一定也很美好吧——抱歉,并非如你我所料。她爱上了一个胖脸小眼睛的厨师,喝醉了还有暴力行为,她不想嫁给他但又舍不得他……于是大家开始谈到爱情,引出了阿列兴自述心事。到了小说结尾,契诃夫使用了幻术一般的叠影之法,他是这么写的:"他们想到他在包房里同她告别,吻她的脸和肩膀的时候,那个年轻的女人的神情该多么悲伤。他们俩都在城里看到过她,布尔金甚至跟她相识,认为她长得很美。"——就这样,安娜绝美的哭态与彼拉盖娅的容颜叠化在了一起,何等高明的笔法呀!

如果你重读一遍《套中人》,以心证心,就能体察契诃夫的细腻文心——两个猎人,伊凡听布尔金讲《套中人》,听者伊凡的形象在开篇第二小段就写明了:高而瘦,吸着烟斗……而讲述者布尔金"在房里干草上躺着,在黑暗里谁也看不见他"。请留意:《套中人》是一个在黑暗中讲述的故事,直到整个故事讲完了,讲述者方从堆房里走出来。契诃夫希望读者与伊凡一样,认真地听这个故事,故事终了,中学教师布尔金的现身,有一点谢幕的意思。《套中人》在黑暗中讲述,那么《醋栗》和《关于爱情》是在什么时辰、怎样的环境与背景中讲述的呢?想通了这一点,对3篇的整体性就能领悟得更深。

另外值得一提的是,我最近养狗之后方才懂得的——狗是警觉的,主人的一举一动它都知道,主人到哪里它就到哪里,即便在夜间也不例外。试看契诃夫是怎么写的:"中学教师从堆房里走出来。这人身材不高,却挺胖,头顶完全光秃,他的黑胡子长得几乎齐到腰上。有两条狗跟着他一块儿走出来。"你瞧，就连写狗，契诃夫都写得那么好。

有一次契诃夫对蒲宁说："你知道我的书还会被人家读几年？七年。"

"为什么七年？"

"那就七年半好了。"

蒲宁安慰道，你的作品就像酒一样，时间越久就变得越好。

蒲宁是对的，直到今天，我们还在读契诃夫。

《同一堂课》：我所看见的语文与教育

∞

《同一堂课》不容易，邀了22位学者、艺人来当3天的代课老师，在海峡两岸暨港、澳地区22所小学，各自使出十八般武艺，给孩子们上出自己心目中理想的语文课。这样，既有真人秀的情境进入与动态捕捉，也有"同文同宗、同根同脉"的文化倡导，加上学者、艺人的明星效应，颇可一看。本以为会剪出22堂课，不料只有11期节目，每期时长仅50多分钟。这样的精简源于一个提前布置的创意——每期节目有指定的主题，由两人执教，剪辑在同一期里，构成呼应的关系；也有一点对垒的意思，看看谁上得更好，就更吸引人了。

新近播出的两期，第一期"李白"主题，孟非执教《峨眉山月歌》，张大春执教《夜宿山寺》；第二期"父母"主题，徐帆执教《背影》，冯仑执教《我的母亲》。在中国大陆教育界，展示课或竞赛课也会这样做，范围更小而难度更大，指定的多是具体的篇目，多人上同一篇课文，便于评委、观众比较，称之为"同课异构"。

以语文课的眼光来打量，在节目里可以看到一些巧思，比如孟非以三个成语（两小无猜、青梅竹马、刻骨铭心）开场，引入孩子们对李白影响力的认识，由已知知识导向将学的内容，很符合认知的规律；又如徐帆以合拢左右两块黑板，连缀起"背影"两个大字作为全课的结束，就是在真正的教学比武现场，这样的收尾也是相当漂亮的；遭遇冷场稍多的冯仑，也能不急不躁地慢慢施展开来，对照名册认识每一个学生，后来把学生名字打印出来，用磁铁吸在黑板上，在名字下面贴出该生的作业，令人一目了然。

我们知道，讲座是容易的，课堂教学则复杂困难得多，而课堂教学的难度与学生的年龄成反比。就目前已经出场的4人来看，张大春老师的教学难度最大，因为他面对的是二年级的学生。但他毕竟做过大学老师，有教学经验，能从容地应对教室里的突发事件，几件事情都处理得很好：一开始找来找去找不到黑板擦，学生戏道"用手擦"，他也就乐而开笑，以手掌擦去黑板上的字；后来正在大谈甲骨文时，第一排的调皮孩子把凳子晃啊晃，"砰"的一声摔倒，张大春老师把他扶起之后，顺势就宣布了第一条班规——禁止摔倒在地上；小组歌咏赛，絮冉同学委屈而哭，他在课后单独找她安慰开导——请留意蹲下身子与孩子对谈这一细节。张大春老师真的很懂教育，在极其有限的屏幕呈现里，他的寥寥数语让人印象很深："我对孩子没有什么奖励的，求知就是求知。"（教育观）"最有效的语文教育，原则是——作——实际地去写。"（写作观）"所有的字，跟我们人一样，是有年龄差距的，有些字很老了，像这个'雨'就很老，四五千年以前就有了。"（关于汉字的见解）"特立合群。"（自铸伟词以赠别，振奋人心的解释与勉励）

当然，观众们也都知道，一档电视节目是一个系统工程，需要一班人马，涉及方方面面，主角（代课老师）的个人发挥固然是亮点所在，然而决定节目水准高低的关键人物是导演与编剧。两期看下来，能感觉到，陈涤、奶猪、陆伟几位，既懂拍摄也略通教育。因为生活即教育，因材施教里"材"的含义是双重的：既是指人（学生），也是指教材（生活中可使用的资源），所以因地制宜、就地取材最要紧。关于这一点，本节目的导演和编剧心里都明白。

第一期里让同一个李白统摄起海峡两岸的课堂，请张大春回到故乡济南，回到自己父辈读书的小学去上课，带着孩子们走出制锦市街小学的校门，到不远处的大明湖泛舟游览，激发一首绝句的诞生；在台湾屏东，结合排湾人吾拉鲁滋部落的音乐传统，来咏唱李白的诗。第二期里让朱自清《背影》与胡适《我的母亲》两两相对，请大陆企业家冯仑去台湾执教胡适的文章；在贵州枫香镇纸房小学，则因陋就简，以讲台为月台，让孩子们一个个攀爬，重现父亲艰难的背影，以小学附近的溶洞为暗室，播放新录制的采访视频……这些都是令人击节赞叹的好创意。

然而，这些教学内容是否值得像《南方周末》总编辑王巍

所说长年"开启经典语文示范课程推广活动",我有点不以为然,理由有三:

第一,前两期里,内容上存在明显的硬伤。

三峡位于长江中上游,孟非说成了上游;徐帆告诉孩子们朱自清写《背影》之后不久,他的父亲就去世了,事实上朱父逝世于1945年,是在《背影》完成20年以后。

第二,执教者不是专业教师,缺乏一些教学常识。

比如《背影》的课堂里,朗读一遍之后,徐帆提问道:"你们觉得这篇文章里头,这个父亲好吗?"如果接受过教育学的训练,就知道向全班提问,问题中的人称应该用"你"而不是"你们",因为使用"你们"的问题没有指向个体;题干"这个父亲好吗"也没有思考价值,因为答案只有预设的一个"好"字,孩子们果然也是这么回答的。接着,徐帆马上问了第二个问题:"那你们的父亲是什么样子的?"这比第一个问题更糟糕,因为把它放在这里起的是反作用,干扰了孩子们进入文本。细心的观众可以发现,孩子们马上就沉默了,一时不知道该如何回答。

又比如,冯仑要孩子们填写"妈妈的时间表",也缺乏教育学的提前考量。有经验的教师知道,布置一项教学任务之前,要充分了解学情,万一某个孩子父母离异或者已经失去母亲了,他就没法完成这项任务。果然,尽管班级人数很少,这样的情况还是发生了,有的是妈妈不在身边,有的是爸爸妈妈离婚了……这些失败的教学设计本都可以避免,看来摄制组少了一位从教育专业方面来把关的成员。

第三，节目中只有一些教学的零星片段，而教学示范最重要的是过程示范。

一线教师想了解的是具体的过程，比如张大春是如何给二年级的孩子讲解平仄的？孟非如何指导3个小组用音乐形式来唱出李白？作词作曲过程中教师提供了怎样的帮助？徐帆是以怎样的方式在第3天就召集起10位家长的（有几位平时一年才回家一两次）？一个普通教师是否具备这样的召集能力？冯仑带孩子们上街去卖亲手做的石花冻，石花冻的制作需要哪些材料与设备，制作需要多长时间，与其他学科的安排会不会有冲突？海峡两岸的教师为了转换简体、繁体的板书，操练了多久……这些才是一线教师们想要得到示范的地方。真实的教育不是蒙太奇，无法跳过过程而直达结果，真实的教育是连续不断的长镜头。

那么，《同一堂课》有没有教育学的意义呢？有的。

首先，这个节目重新激活了一个悠久的教育学观念："教育即生活，教育即生长。"（杜威）语文课堂可以在任何地方发生。

其次，代课教师原本的专业立场可以给传统课堂以跨界的启发。大陆地区尤其缺乏戏剧教育，艺人演员在表演指导方面胜过普通一线教师。

最后，也是最有价值的一点，在于提供了活生生的校园环境、教室设施的第一手视觉素材，使我们可以研究含在其中的教育观念与隐蔽课程，摄像机事无巨细地录下了一切，这就有了研究与学习的可能——不知观众是否留意到了，以"教育无它，爱与榜样"为宗旨的屏东县泰武小学，曾被评为"全世界最美丽的小学",镜头里展示出校园里的原住民文化元素、草坪上的小木屋、教室里一圈的矮柜与书架、宽大舒适的木质课桌椅……凡此种种,有心人不妨做一深入研究,自会有许多发现。

语文维生素

的

8

在汉语中,有一个字,每天都会用到很多次,不过呢,往往被忽略,甚至不太能注意到它的存在,这个字就是——的。

早在1927年,鲁迅先生就特别强调了"的"字的重要,为此他专门写了一段话——这段话里总共用了5个"的"字,是评价画家陶元庆的艺术的。鲁迅是这样写的:"我想,必须用存在于现今想要参与世界上的事业的中国人的心里的尺来量,这才懂得他的艺术。"一连串的"的"字,就像在跳踢踏舞一样。

诗人、翻译家黄灿然也说过,"的"字是现代汉语的脉搏,尤其在现代诗里。比如顾城的《一代人》,总共就两句,里面有一个很轻的但是很重要的"的"——

> 黑夜给了我黑色的眼睛
> 我却用它寻找光明

又比如食指的《相信未来》,忧郁而优雅的长句里,"的"字营造了很好的节奏感——

> 当蜘蛛网无情地查封了我的炉台
> 当灰烬的余烟叹息着贫困的悲哀

今天想讲的一首诗,题目就叫《的》[1],作者是熊秉明。

的

> 翻出来一件
> 隔着冬雾的
> 隔着雪原的
> 隔着山隔着海的
> 隔着十万里路的
> 别离了四分之一世纪的
> 母亲亲手
> 为孩子织的

---

[1]. 熊秉明:《诗与诗论》,文汇出版社,1999年6月,第23页。

沾着箱底的樟脑香
的
旧毛衣

整首诗就是一个长句，缩短之后的主干是"翻出来一件……旧毛衣"。翻出来和旧毛衣之间，有9行，用了8个"的"——与毛衣直接相关的有3个——为孩子织的/沾着箱底的樟脑香/的/旧毛衣。

另外5个"的"，与母亲相关。再重读一下，你听一听，5个"的"字，有没有对应的字？

隔着冬雾的
隔着雪原的
隔着山隔着海的
隔着十万里路的
别离了四分之一世纪的
母亲

听出来了吧，5个"的"字，对应着4个"隔"字和1次别离，由近到远，逐渐扩展的空间，后面连着的是四分之一世纪的时间。

谁和谁隔这么远的空间和时间？母亲在那头，这头的人呢，显然是"我"，但是这个"我"是隐藏起来的，藏在哪里呢？藏在一件旧毛衣的后面。

我们想继续问:这件毛衣什么时候织好的呢?现在翻出来是打算再穿吗?还是只是偶然取出看看,寄托思念?如今还有可能再见到织毛衣的人吗……无尽的思念,难言的情感,由这么多的"的"字串联了起来。

亲爱的朋友,如果请你来写一首《的》,你会写些什么呢?

寻隐者不遇

松下问童子,
言师采药去。
只在此山中,
云深不知处。

很多人记得这首诗,是因为最后两句写出了日常生活的感受——哎呀,有一样东西明明知道就在房间里,可怎么找也找不到;或者有一个句子明明知道就写在这本书里,可怎么翻也翻不着——只在此山中,云深不知处。

题目叫"寻隐者不遇",到底有没有这么一位隐者呢?答案是:有的。那么,有没有谁见过这位隐者呢?答案是:没有。读了这首诗,我们可以领悟一个简单而深刻的道理,用6个字来概括就是：存在，但不可见。

存在，但不可见。就像狐狸对小王子所说的：本质的东西，用眼是看不见的；只有用心才能看见。

好，言归正传，让我们来到这首诗里面。首先，贾岛的这首诗带给我们一个疑问：寻隐者，为什么会不遇？

有两种可能。

第一种可能，是因为这一次寻访并没有约好时间。我们知道，农耕社会里的人们，日出而作，日落而息，不太讲究时间的精确；像机械钟这类计时器，要到明朝晚期才传入中国。这位唐代的诗人去拜访隐者，没有精确的时间约定，自然就遇不到了。

第二种可能，就像我们一开始所说的，因为这是一位真正的隐者，他远离尘嚣，甚至可能是超脱于尘世，普通人没有见过他，无论如何也找不到他。

刘备三顾茅庐，前两次都不遇；王子猷雪夜访戴，划了一夜的船，都已经到门口了又回来，同样是不遇；而诗歌里的这位隐者，比孔明、戴逵更超然也更神秘。如果是第二种可能的话，那么，无论你去寻多少次，永远都是不遇的。

以上是寻隐者不遇的两种可能。

其次，要留意到，这首诗全是由对话组成的，来来去去总共有 3 次问答，这个特点值得留意。这是一首对话诗，后面 3 句都是童子的回答。如果把当时的场景复原，可能是这样的：

师父在吗？ —— 采药去了。

去哪儿采药了？ —— 喏，这座山上。

在山上的什么地方啊？——呃，那我可不知道。

诗人"问"，童子"言"，五言绝句，20个字里面，有四分之三是童子的声音。

最后要知道，一首好诗，就像一个设计得很精巧的谜语。诗句就是谜面，答案藏在里面，不是所有的人都能解得出。如果把这首诗当成一个谜语来猜，谜底也许不止一个。

我们来看，题目是"寻隐者不遇"，是不是就像题目所说的，真的没遇见？如果有读者是这么认为的，那么就要被贾岛暗暗地嘲笑了。一个优秀的读者，是不会被作者瞒过去的。不遇？分明遇见了啊，你看，第一句里有松，第二句里有药，第三句里有山，第四句里有云。松、药、山、云，合在一起，隐者就在其中啊，隐者就在松下、药旁、山里、云间。诗人去寻找，就寻见了。对不对？贾岛和读者开了个玩笑，题目里的"不遇"只是虚晃一枪而已。

现在我要来揭晓第二个谜底，这个谜底，连诗人自己也不知道。杭州有一块很有名的三生石，上面刻着一个故事：李源的朋友圆泽，后来化身为一个牧童，与他在葛岭再次相遇。按照这个思路，诗人所寻访的隐者，没有隐藏，只是转化，化为什么呢？就化身为面前的这个童子，大大方方地和他说着话。

隐者施展了一个小小的花招，隐藏在背后的是一片柔情，可惜诗人竟然没有懂得。亲爱的读者，你读懂了吗？

两株枣树,三种猜想

∞

除了"救救孩子"以外,鲁迅最广为人知的大概是《野草》里的这个句子了:在我的后园,可以看见墙外有两株树,一株是枣树,还有一株也是枣树。这是散文诗《野草》的第一篇,《秋夜》的第一句。

有同学就说了,如果在学校里这么写作文的话,早就挨老师批了,大笔一挥,直接改成:"后园墙外有两株枣树。"

莫非鲁迅不懂得写作要精练?多写几行是不是为了多些稿费?或者只是跟读者开个玩笑?不要说普通读者了,就连当年写《鲁迅批判》的李长之先生也不理解这个句子,认为简直堕入恶趣。

但鲁迅这样写,也许有他的道理,关于这两株枣树,有三种合理的猜想。

第一种猜想,是从心理学的角度出发的。

让我们站在京城西三条胡同的那个后园,抬头往墙外看,一看,有两株树,这是第一印象。然后呢,定睛看其中一株,什么树?哦,是枣树。转眼看另外一株的时候,心中有一点期待,希望是别的什么树,相映成趣,那该多好……没想到转眼看过去,竟然也是一株枣树。嘻,连树都这么单调!我们知道一切景语皆情语也,环境等于心境,从中不难体会,作者的心里是多么孤独多么寂寞。这是从作家心理的角度来猜想。

第二种猜想,是从电影语言的角度来思考的。

把摄影机架在后园,对着墙外,首先是一个远景镜头,"墙外有两株树";接着镜头推近、推近,推成一个特写,"一株是枣树",停顿几秒之后镜头慢慢地摇动,"还有一株也是枣树",第二个特写;然后呢,镜头开始向上移,"这上面的夜的天空,奇怪而高,我生平没有见过这样的奇怪而高的天空。他仿佛要离开人间而去,使人们仰面不再看见"。请看,《秋夜》的开头,完全符合现代电影语言的逻辑,有远景有特写,随着镜头的推拉摇移,带着你进入情境,从容地观察打量——明白了这一点之后,你是不是有点佩服大先生鲁迅了?

刚才提到的第一种心理学的猜想,只是聚焦于《秋夜》的第一句;第二种电影语言的猜想,则是把《秋夜》的前三句放在一起来观察。那么,如果把枣树的问题放到整篇散文诗中来看呢?

于是就有了第三种猜想,是从文学的角度,确切地讲,是从人称代词的角度来做研究。

《秋夜》总共 10 个小节。第一节写两株枣树,第二节写秋夜的天空,第三节用了不少篇幅写一种小小的粉红的花朵,第四节、第五节重新回到枣树。第四节是这样写的,请留心观察:"枣树,他们简直落尽了叶子。先前,还有一两个孩子来打别人打剩的枣子,现在是一个也不剩了,连叶子也落尽了。他知道小粉红花的梦,秋后要有春;他也知道落叶的梦,春后还是秋。他简直落尽叶子,单剩干子……"

指代两株枣树用的是"他们","他们"只出现了两次,随后另一株枣树就被撇下不再提及了。第四节后面的代词,全部都是单人旁的"他",他的外貌,他的心情,他所知道的小粉红花的梦,而指代小粉红花的恰恰是女字旁的"她"。所以,读得足够仔细的话,就能看出这株枣树不爱另一株枣树,他只爱小粉红花。正因为枣树和枣树之间的隔阂,所以只能这样写——在我的后园,可以看见墙外有两株树,一株是枣树,还有一株也是枣树。

亲爱的朋友,以上三种猜想,你同意哪一种呢?

最短的诗

∞

　　西班牙画家达利做过一个有史以来最短的演讲。"我的演讲将会很短,"他说,"就这些。"然后他就坐下了。中国诗人北岛则写过一首有史以来最短的诗歌,题目叫《生活》,内容只有1个字:网。这首诗和另外13首短诗,都写于20世纪70年代,总标题为《太阳城札记》。

　　为什么生活的内容就是网呢?

　　如果我们以诗解诗,可以在《太阳城札记》的另外两首短诗里找到线索——一首名为《劳动》,内容就5个字:手,围拢地球;另一首名为《人民》,诗句只有2行:月亮被撕成闪耀的麦粒/播在诚实的天空和土地。把3首诗放在一起的话,可以读出生活的艰辛,极重的劳苦。想一想,无论是《一千零一夜》里上了年纪的每天撒4次网养活一家人的渔夫,还是范仲淹目睹的"君看一叶舟,出没风波里"的江上渔者,都活得不容易。你我也一样,每天都得撒网,每天都得劳作。

同样是以诗解诗,如果把《生活》与另一首《自由》放在一起,意味就不同了。《自由》:飘/撕碎的纸屑——如果自由如纸屑一样撕碎与飘零,那么这自由也是很有限的,风再大,纸屑终究要飘落地面,撕碎纸片的手与地面的距离,构成那一点点自由的空间,万有引力之下,何等有限。那么"生活"呢?网。天罗地网,无处可逃。清代桐城派的梅曾亮写过一篇《观渔》,说的是同样的意思,池塘里的鱼,跳来跳去再三挣扎,终究会被一网打尽。不要忘记,这14首小诗被统称为《太阳城札记》,《太阳城》是17世纪康帕内拉的作品,和托马斯·莫尔的《乌托邦》一样,都主张取消私人空间,一切由主管人员来管理和分配,住宿服装、吃饭睡觉……样样都要管。这样的生活,是被一张网给笼罩的。

以上只是随感,重点在后面。

优秀的文学作品会超越它的时代,常常像一个预言,说出了将来的事情。鲁迅《铸剑》里的黑衣人预言着黑客的出现,安徒生《老头子做事总不会错》里的老头子预言着换客的到来,那么北岛的这首《生活》呢——早在20世纪70年代,就预言了互联网时代的降临。我们知道,网络向公众开放是在20世纪90年代;1996年,"Internet"一词才流传开来;而在今天,许多人的口头禅就是"请问Wi-Fi密码是多少",生活离不开网络,断网了就无法生活。《生活》:网。这首诗写得多么超前。

另外,这首诗也呼应着"六度分隔理论"(Six Degrees of

Separation)。哈佛教授斯坦利·米尔格拉姆做过连锁信的实验，证明了只要通过5个中间人，就能让任意两位陌生人取得联系。生活不是单线的，生活是交织在一起的关系网。

好诗因为凝练而包容——《生活》：网。值得一提的还有，这是一位中国诗人所写的中国诗，所以还呈现了中国的地域特点，答案呢，也就一个字，镶嵌在《太阳城札记》的另外一首短诗里。亲爱的朋友，你能找到吗？

远和近

∞

远和近，说的是距离。

在一本图画书里，临睡前的小兔子让大兔子"猜猜我有多爱你"。小兔子说，爸爸啊，我对你的爱有从地球到月亮那么远呢；兔爸爸回答说，我也爱你，爱你一直爱到月亮那里，再从月亮上爱回到这里。父子彼此相爱，何等美好！有意思的是，这一种最为贴近的父子之爱，反倒要用最远的天地间的距离来丈量。

图画书《猜猜我有多爱你》简单而美丽，顾城的诗《远和近》就不简单了，里面也有爱，也有距离。诗歌只有6行，是这样写的：

> 你
> 一会看我

一会看云

> 我觉得
> 你看我时很远
> 你看云时很近

　　仅仅24个字，既有空间几何，更有情感几何。云朵下面的两个人，目光可以交流，可见物理距离很近；可是心理距离呢，反倒很远。人与人近在眼前，心和心却如隔云端……为什么说顾城的诗略显复杂呢——因为诗歌里的你和我，目光流转，顾盼之间，忽远忽近，感觉就像钟摆一样在晃动。有爱吗，似乎有；距离呢，在变化着。顾城的《远和近》，让人捉摸不定。

　　同样名为《远和近》，美国作家托马斯·沃尔夫的小说就更加复杂了。小说写一位刚刚退休的火车司机，去小镇上寻访一对母女——20多年来，每天他的火车经过小镇，就远远地看到这对母女在小屋的门廊向他招手，天天如此，从不改变，一看到她们，司机就感到幸福。在退休那天，他去找她们……但是，当他来到镇上，敲开小屋的门，见到的是一位憔悴老太怀疑的目光，老太的女儿也带着敌意。司机的幸福感一下子烟消云散了。他没有多逗留，结结巴巴地说了再见，就离开了。火车司机的这种体验，如果用顾城的方式来表达，那就是"我觉得/你们看我时很远/你们看火车时很近"——真奇怪，为什么我们总是更容易爱远方的朋友，而很难去爱身边的近邻呢？题目都是《远和近》，托马斯·沃尔夫的小说比顾城的诗更复杂，因为诗歌里主角的物理距离相对固定，只有心理距离发生变化；而小说中的物理距离和心理距离都在变化，有点像反比例函数，当物理距离变小时，心理距离反而增大了；而且，小说中还有一个时间的变量，20多年积累的亲近感与幸福感，最终毁于一旦。

以上三则作品，复杂程度渐次增加，都还不难理解；而第四则关于"远和近"的作品，就复杂到了难以理解的程度。

这就是美国作家霍桑所写的《威克菲尔德》。主人公威克菲尔德与妻子住在伦敦，一天借口出门旅行，到家附近的一条街上租了房子，戴了假发，乔装成犹太人，从此隐居在那里，一住就是20年。20年来，他每天都能看见自己的家，也常常看见自己的太太孤独地进进出出。大家都以为他在远方出意外了，没有人知道他就藏在离家这么近的地方。到了失踪的第20年，在一天傍晚，他不声不响地回家了，就像什么也没发生过一样。威克菲尔德为什么要这么做呢？连他妻子也不知道。

《威克菲尔德》令人费解之处在于：他和家的距离，要说近呢，相当地近；要说远呢，极其遥远。第四则探讨"远和近"的作品，似乎在告诉我们，远就是近，近等于远。

亲爱的朋友，以上四则作品，不知哪一则离你最远，哪一则贴你最近呢？

出处的伦理:《背影》里的时间问题

∞

《背影》里的时间问题,可以做成一个课堂上的智力游戏。

文章开篇就说:"我与父亲不相见已二年余了,我最不能忘记的是他的背影。那年冬天,祖母死了,父亲的差使也交卸了,正是祸不单行的日子。我从北京……"——那年冬天发生了一系列的事情:祖母去世,父亲离职,父子在徐州相会后一同回老家扬州奔丧,丧事完毕后,父子在南京浦口火车站分别,于是有了父亲买橘子的经典一幕。

这时候问孩子们第一个问题:那年是哪一年?

答案不难找,因为文章里写得很明白,"我那年已二十岁",加上注释里朱自清的生卒年(1898—1948),就可以推算出那年是 1917 年。

接着问孩子们第二个问题:本文写于哪一年?

既然那次相见是1917年冬天,开篇又说与父亲不相见已经二年余了,那么写作本文的时间,就应当是1919年底或1920年初。

思路很好,可惜答案不对!老师请孩子们拿起笔来,在文章末尾写下一行字:1925年10月在北京。这是原文发表时作者自己标注的写作时间与地点,教材里没有把这一行字收录,也许是无心之失吧。待孩子们写好之后,老师问道:这样的话,一个问题就冒出来了……话音刚落,敏捷的孩子已经有反应了:这样的话,文章的开头就包含了两个年份!买橘子那年是1917年;与父亲上一次的相见,从写作之时(1925年10月)回溯两年多,应该是1923年!

不错。老师呼应孩子们的发现,继续补充材料:1923年2月,朱自清离开台州,前往温州十中教书,到了暑假,就回扬州探望父母,时间是1923年7月。也就是说,在浦口火车站父亲买橘子送别之后,到朱自清写《背影》之前的七年多时间里,父子并非没有见过面。

所以啊,读《背影》的开头时要留心会意,在时间光标的移动上,它与《百年孤独》的开头可以一比,都有3个时间点。还记得《百年孤独》的开头吗?老师引述道:"许多年之后,面对行刑队,奥雷良诺·布恩地亚上校将会回想起,他父亲带他去见识冰块的那个遥远的下午。"时间A是叙述开始的此刻;时间B是未来的某个时刻,上校在许多年之后面对行刑队时;时间C则越过时间A的起点,回到了过去,回到了上校的童年。

而《背影》的开头呢，时间A是动笔的此刻（1925年10月），时间B是与父亲上一次见面之时（1923年7月），时间C则向更久远的过去漫溯（1917年冬）。

听到这里，一个孩子忍不住插嘴：教材里应该加两个注释，把时间A、时间B告诉我们。

是的。老师肯定道，有了注释就可以避免误会。结尾处的"我北来后，他写了一信给我"，是指1925年8月底，朱自清来到北京，开始在清华大学任教；注意，1917年他是回北京大学念书。如果没有注释，这两个时间都是去北京，很容易混为一谈的。可见，朱自清收到父亲的信，应该是在1925年9月或10月，正是这封信促动了他写《背影》一文。

说到这里，第三个问题来了：请猜一猜，朱自清写了本文之后，与父亲是何时再相见的？

一个孩子说：他很想念父亲，父亲身体又不好，估计写好《背影》不久，他就会去探望父亲，说不定1926年初，会从北京回扬州老家过年。

另一个孩子说：我有一种不祥的感觉，说不定他后来没能与父亲见面，因为父亲信里说"大去之期不远矣"，说不定……没来得及再见面。

还有别的猜测吗？见没有别的发言了，老师说：请再次拿起笔，记录朱自清父亲的姓名与生卒年——朱鸿钧（1869—1945）。呀，孩子们边写边惊叹，朱鸿钧写信的时候，离大去之期还有整整20年！

一个孩子嚷道：1945年，这是时间D，也可以加到注释里面去!

有道理。老师说,这20年间,朱自清至少回过扬州两次与父亲见面,一次是1930年7月,另一次是1932年8月。朱自清对父亲的感情很深,根据《朱自清年谱》的记载,1937年10月20日,因扬州家中经济困难,朱自清向学校借款100元,汇父80元。1945年9月2日,朱自清在昆明得悉父亲于本年4月9日去世,悲痛万分,谢绝金岳霖当晚之邀宴。[1]

好,总结一下,朱自清在《写作杂谈》中说过:"散文虽然也叙事、写景、发议论,却以抒情为主。这和诗有相通的地方,又不需要小说的谨严的结构,写起来似乎自由些。"[2]这是20世纪40年代的观点;如今我们知道,对于叙事类的散文(非虚构类作品)来说,事实的核查(作者是如何取得这些材料的)是很要紧的,非虚构类的文学作品要跟新闻报道一样严谨。巧得很,朱自清在《写作杂谈》的结尾就提到了新闻写作:"新闻事业前途未可限量,一定需要很多的人手。现在已经有青年记者协会,足见写作的青年已找出这条路。从社会福利上看,新闻的写作价值绝不在文艺的写作之下,只要是认真写作的话。"

严谨的作者与编者都不会轻视信息的来源问题,细究《背影》里的时间问题,不仅让孩子们更加了解朱氏父子,也让孩子们的思维变得更严谨。正如写作教师罗伊·彼得·克拉克

---

[1]. 参见姜建、吴为公:《朱自清年谱》,光明日报出版社,*2010年11月*,第*165*、*252*页。

[2]. 朱乔森编:《朱自清全集》第二卷,江苏教育出版社,*1988年8月*,第*105~109*页。

(Roy Peter Clark)在《出处的伦理》一文中所说的:"更细致地注意信息的来源可以加深作者与读者之间的关系,还可以让读者与调查对象有机会能够更加深刻地理解故事讲述的过程。"[1]

---

[1] [美]马克·克雷默、温迪·考尔编:《哈佛非虚构写作课:怎样讲好一个故事》,王宇光等译,中国文史出版社,2015年10月,第244页。

汪曾祺《昆明的雨》里的两个句号

∞

说到编辑的改动,汪老是有自己看法的。1982年,他写过一篇《说短——与友人书》,里面有这样一段:

> 他们读小说都是抓空儿。他们在码头上、候车室里、集体宿舍、小饭馆里读小说,一面读小说,一面抓起一个芝麻烧饼或者汉堡包(看也不看)送进嘴里,同时思索着生活。现代小说要符合现代生活方式,现代生活的节奏。现代小说是快餐,是芝麻烧饼或汉堡包。当然,要做得好吃一些。

等《光明日报》刊出来,编辑把"汉堡包"都改成了"面包",1982年,估计见过汉堡包的国人很少,编辑有编辑的考虑。但根据汪朗的回忆,汪老"十分恼火,认为这样一改,文章的味儿就没有了。面包哪里都是,一点也不现代,只有汉堡包才能体现他想表达的意思。等到这篇文章结集出版时,他坚决将'面包'改回为'汉堡包'。'老头儿'就是这样较真"[1]。

汪曾祺《昆明的雨》被收录到语文教材八年级上册里,第16课的注释里标注着"略有改动"。我翻出汪曾祺原著,对照着读,想看看这位"堪称当代文坛一绝"的作家之文章,到底被编辑动了怎样的手术。

对照之后,发现有两处改动:

一、原作中的"滴溜"被改成了"滴溜儿"。为了添一个儿化音的尾缀,硬植入一个字,到底有没有这个必要?读者可以有自己的判断。

二、近结尾处,两个句号都被改成了逗号。

如果不对照原文,即便很仔细的读者,也会忽略这两个逗号,"四十年后,我还忘不了那天的情味,写了一首诗",因为这几句实在太正常了,正常到不会有人去注意标点。然而,汪曾祺的原文却是——"四十年后。我还忘不了那天的情味。写了一首诗"。

为什么汪曾祺在这里用的是两个句号呢?答案也许可以从他和朱德熙的友谊中去寻找。

1992年9月20日,北京大学举办朱德熙教授追思会,汪

---

[1]. 汪朗、汪明、旺朝:《老头儿汪曾祺:我们眼中的父亲》,中国青年出版社,2012年1月,第175页。

曾祺有一篇发言《怀念德熙》[1]，温和含蓄。而他们的友谊之深，汪明《君子之交坦荡荡》一文里有过说明：

> 朱德熙去世后，有一天晚上，爸一边自斟自饮，一边作画，突然间，家里人都听见他号啕大哭起来，凄厉的哭声令人心惊肉跳，因为从来都没有听他发出过这样的声音。走进爸的房间，只见他泪流满面，不能自持。桌上铺着一张画，已被泪水浸透，画上题写：遥寄德熙。在朱德熙的追思会上，爸写了《怀念德熙》的文章，文章不长，语气也平和。爸把对朱德熙的怀念深深埋在心底。[2]

回到《昆明的雨》，如果汪曾祺看到了人教版编辑的改动，会不会答应呢？估计是不会的。

也许他在落笔之时，就希望逢着一位处处留心的读者——读一句，看到一个句号，就停顿好一会儿（四十年后。哦，整整四十年过去了，持续了四十年的珍贵友谊）；再读一句，又看到一个句号，就再停顿好一会儿（我还忘不了那天的情味。那天的情味究竟如何呢？是怎样的情、何等的滋味呢？）；然后再来读那首他写给朱德熙的诗（这首诗一直挂在朱德熙家里）：

---

1. 见附。
2. 汪朗、汪明、汪朝：《老头儿汪曾祺：我们眼中的父亲》，第351~352页。

莲花池外少行人，
野店苔痕一寸深。
浊酒一杯天过午，
木香花湿雨沉沉。

前面三句，每一句都有一个偏旁是三点水的字，到了末句，三个三点水偏旁的字加上一个"雨"。整首诗水汽氤氲，湿漉漉而沉甸甸的情谊啊。

总结一下，《昆明的雨》结尾的妙处全在较长的停顿，而较长的停顿有赖于两个句号，改成逗号，虽顺溜了，但也轻松地滑过去了。

附：

怀念德熙[1]

德熙原来是念物理系的，大学二年级，才转到中文系来。他的数学底子很好。这样，他才能和王竹溪先生合作，测定一件青铜器的容积。

[1.] 本篇原载 1992 年 10 月 29 日《人民日报海外版》，又载《方言》1992 年第四期（11 月 24 日出版，文字略有不同）；原为 1992 年 9 月 20 日在北京大学举办的"朱德熙教授追思会"上的发言。初收《汪曾祺散文随笔选集》，沈阳出版社，1993 年 6 月。——原书注
汪曾祺：《汪曾祺散文全编》（全 6 卷），人民文学出版社，2019 年 5 月，第 1567~1568 页。

我和德熙在大学一年级时就认识。我们的认识是因为在一起唱京剧。有时也一同去看厉家班的戏。后来云南大学组织了一个曲社，我们一起去拍曲子，做"同期"，几乎一次不落。我后来不唱昆曲了，德熙是一直唱着的。他的爱好影响了他的夫人何孔敬。他们到美国去，我想是会带了一枝笛子去的。

德熙不藏字画。他家里挂着的只有一条齐白石的水印木刻梨花，和我给他画的墨菊横幅。他家里没有什么贵重的摆设，但是窗明几净一尘不染，瓶花灯罩朴朴素素，位置得宜，表现出德熙一家的审美趣味。

同时具备科学头脑和艺术家的气质，我以为是德熙能在语言学、古文字学上取得很大成绩的优越条件。也许这是治人文科学的学者都需要具备的条件。

德熙的治学，完全是超功利的。在大学读书时，他生活清贫，但是每日孜孜，手不释卷。后来在大学教书，还兼了行政职务，往来的国际、国内学者又多，很忙，但还是不知疲倦地从事研究、写作。我每次到他家里去，总看到他的书桌上有一篇没有写完的论文，摊着好些参考资料和工具书。研究工作，在他，是辛苦的劳动，但也是一种超级的享受。他所以乐此不倦，我觉得，是因为他随时感受到语言和古文字的美。一切科学，到了最后，都是美学。德熙上课，是很能吸引学生的。我听过不止一个他的学生说过：语法，本来是很枯燥的，朱先生却能讲得很有趣味，常常到了吃饭的钟声响了，学生还舍不得离开。为什么能这样？我想是德熙把他对于语言，对于古文字的美感传染给了学生。一个人感受到工作中的美，这样活着，才有意思。

德熙是个感情不甚外露的人，但是是一个很有感情的人。他对家人子女，第三代，都怀有一种含蓄、温和，但是很深的爱。对青年学者也是这样。我不止一次听他谈起过裘锡圭先生，语气中充满感情，好像他发现了一个天才。

德熙对师长是很尊敬的，对唐立厂先生、王了一先生、吕叔湘先生，都是如此，他后来是国际知名的学者了，但没有一般的"后起之秀"的傲气。我没有听他说过一句关于前辈的刻薄话。

德熙乐于助人，师友中遇有困难，德熙总设法帮助他"解决问题"。因此他的人缘很好。不少人提起德熙，都说"朱德熙人很好"。一个人被人说是"人很好"并不容易。我以为这是最高的称赞。

德熙今年72岁（他、李荣和我是同年），按说寿数也不算短，但是他还有许多工作可以做，他应该再过几年清闲安静的日子，遽然离去，叫人不得不感到非常遗憾。

忽然路灯亮了,像是轻轻地拍了拍手

∞

黄昏 [1]

青灰色的黄昏,
下班的时候。
暗绿的道旁的柏树,
银红的骑车女郎的帽子,
橘黄色的电车灯。
忽然路灯亮了,
(像是轻轻地拍了拍手……)

---

[1]. 汪曾祺:《汪曾祺全集 八 其它》,北京师范大学出版社,1998年8月,第4页。

空气里扩散着早春的湿润。

周日在解放路新华书店,跟一群孩子读《黄昏》。

他们发现了这首短诗里色温的变化:黄昏始于"青灰",延展在"暗绿"的冷色中,从一个女孩"银红"的帽子开始,有了暖色,"橘黄色的电车灯"增加了一点暖意,路灯亮了,就觉得更暖和一些了。

问:"像是轻轻地拍了拍手",更多的是承上,还是启下?

答:承上,是对路灯亮了的解释。

问:为什么路灯亮了,像是轻轻地拍了拍手?

提问者预期的回答,大意是一种微弱的提醒,因为击掌声(听)与明亮感(视),有联觉;若有孩子提到声控照明,则告知这首诗载于1957年6月号《诗刊》,当时国内尚未有这种技术。

一个小男孩站起来说:拍手要用两个手掌,也就是两个面。一盏路灯是一束光,亮了的一瞬间,那束光投在地面上,会有一个圆圆的光面(就像舞台灯光投下来的效果),就在那一刻,就在两个面(光面与地面)接触的那一刻,像是轻轻地拍了拍手。

若是汪曾祺先生听到这般的理解,恐怕会慨然引为忘年知音吧。

偶有会意

镜中三叠

∞

《镜中》与《梅妃传》

一次坐地铁，眼尖的朋友看到对面女孩的手袋上印着《镜中》诗句，就拍了下来。黑色的手袋，一行小字依稀是"纪念张枣"，较大的一行可以看到"南山"，也许是《镜中》的最后一句。

镜中[1]

只要想起一生中后悔的事

梅花便落了下来

比如看她游泳到河的另一岸

比如登上一株松木梯子

危险的事固然美丽

不如看她骑马归来

面颊温暖

羞惭。低下头,回答着皇帝

一面镜子永远等候她

让她坐到镜中常坐的地方

望着窗外,只要想起一生中后悔的事

梅花便落满了南山

    这首诗写于1984年,几十年过去了,年轻人依然喜欢,魅力何在?是因为一种容易理解的古典意味,一些关于爱情的往事;是因为一个深深追悔而又淡然自持的男子画外音,追叙着一位矫捷又不失温婉的女子;还是因为"悔"与"梅"声旁一致,韵与"美"同,叠加出"每每"(往往、常常)之意;或者是因为接通了诗的源头《诗经》,梅花、面颊、皇帝、南山,

---

[1]. 张枣:《张枣的诗》,颜炼军编,人民文学出版社,2020年8月第2版,第43页。

呼应着《秦风·终南》:"终南何有?有条有梅。君子至止,锦衣狐裘。颜如渥丹,其君也哉!"

诗人西渡在《读诗记》里指出,这首诗的头尾四行构成镜框,中间八行是青春的镜像。此诗迷人的特质乃在"回忆将来",后悔是青春的特质,也是青春的骄傲,只有拥有未来的人才有资格后悔。这首诗是青春寄赠给未来的一枝梅花——正因为字里行间的青春洋溢得几乎要满出来,所以才持续地吸引着年轻人。诗人解诗,令人赞叹。

然而若只看镜中,易被幻象吸引,抬眼望望镜框之外,别有几个故事在。

这首诗的情感单一浓烈(后悔),主要意象简单明确(镜子、梅花、南山),两个人物(她、皇帝即回忆者)或三个人物(她、皇帝、回忆者),她做了一些事(游泳、登梯、骑马),随后坐了下来。

唐宋传奇中有一则《梅妃传》,讲述唐玄宗的妃子江采蘋,为杨贵妃嫉恨,迁于冷宫,后死于"安史之乱"兵火,埋骨温泉池东梅株旁,托梦告知玄宗,终以妃仪易葬。读过《梅妃传》之后,就会产生一种感觉,觉得《镜中》是一首角色诗,是以唐玄宗口吻,追忆着他心爱的梅妃。试看《镜中》与《梅妃传》对应的语句:

> 只要想起一生中后悔的事(上自命驾,令发视。才数株,得尸,裹以锦裯,盛以酒槽,附土三尺许。上大恸,左右莫能仰视。视其所伤,胁下有刀痕。上自制文诔之,

以妃礼易葬焉）

梅花便落了下来（性喜梅，所居阑槛，悉植数株，上榜曰梅亭。梅开赋赏，至夜分尚顾恋花下不能去。上以其所好，戏名曰梅妃）

比如看她游泳到河的另一岸（温泉不到，忆拾翠之旧游；长门深闭，嗟青鸾之信修。忆昔太液清波，水光荡浮）

比如登上一株松木梯子

危险的事固然美丽（后竟为杨氏迁于上阳东宫。后上忆妃，夜遣小黄门灭烛，密以戏马召妃至翠华西阁，叙旧爱，悲不自胜。既而上失寤，侍御惊报曰："妃子已届阁前，当奈何？"上披衣，抱妃藏夹幕间）

不如看她骑马归来（密以戏马召妃）

面颊温暖（淡妆雅服，而姿态明秀，笔不可描画）

羞惭。低下头，回答着皇帝（妃乃自作《楼东赋》，略曰……君情缱绻，深叙绸缪。誓山海而常在，似日月而无休。奈何嫉色庸庸，妒气冲冲。夺我之爱幸，斥我乎幽宫。思旧欢之莫得，想梦著乎朦胧。度花朝与月夕，羞懒对乎春风）

一面镜子永远等候她（玉鉴尘生，凤奁香殄）

让她坐到镜中常坐的地方（懒蝉鬓之巧梳，闲缕衣之轻练。苦寂寞于蕙宫，但凝思乎兰殿）

望着窗外，只要想起一生中后悔的事（妃有《萧兰》《梨园》《梅花》《凤笛》《玻杯》《剪刀》《绮窗》七赋）

梅花便落满了南山（信摽落之梅花，隔长门而不见）

梅妃爱梅，有梅亭，作《梅花》赋，被皇帝戏称为"梅精"，埋骨于梅树下……比照之后，她的故事与《镜中》所叙几乎丝丝入扣，唯有"登上一株松木梯子"似无对应，再仔细想一想——

一方面，"株"字在《梅妃传》里出现了4次，每次随这个量词而来的就是"梅"，而"登上一株松木梯子"这一句里的"木"也出现了4次，何木？梅也。梅，梅，梅，梅！隐藏于其间的情感之强烈，堪比李尔王怀抱死去的考狄利娅时所呼喊的5个"never"。那么，又为何用一个"松"字呢——松者，木旁有公——主人公乃唐玄宗也。

另一方面，翻阅《梅妃传》可知，赠橙一事发生于唐玄宗与梅妃情深意浓之时，若将文中"破橙"二字视作字谜的谜面，那么把"橙"字破开，解为"登木"（登上一株松木梯子），似乎也是恰当的（上命破橙往赐诸王。至汉邸，潜以足蹑妃履，妃登时退阁。上命连宣，报言："适履珠脱缀，缀竟当来。"久之，上亲往命妃。妃曳衣迓上，言胸腹疾作，不果前也。卒不至。其恃宠如此）。

将《镜中》与《梅妃传》叠影，诗中许多疑难之处都涣然冰释。尽管梅妃未载于正史，《梅妃传》是一部传奇小说，然而诗中的人与事都有了明确的指向，"皇帝"一词也不显得突兀了，写的就是圣主朝朝暮暮情。宛转蛾眉，君王掩面，唐玄宗既失杨贵妃，又失梅妃，只要想起一生中后悔的事，梅花便落满了南山。

《牡丹亭》折射于《镜中》

莎士比亚故居略显清冷的后花园里,某条不起眼的小径旁,立着两个小小的铜像,汤显祖与莎士比亚相视而立,下镌"汤翁故里·中国抚州赠"。两位剧作家同年(1616年)而卒,都爱写梦,都擅长写鬼魂,也都常引猥亵语入剧中,若是相遇,当有不少共同语言吧。汤显祖的"临川四梦"以《牡丹亭》居首,故事略显奇幻:

杜宝在四川南安任太守已经三年,16岁的女儿杜丽娘趁着父亲下乡劝农,去官衙几近废弃的后花园寻春,观之不足,徒留春情惘然。回房间打盹入梦,梦见自己与一书生在后花园牡丹亭畔欢会,兴正浓时,被母亲唤醒;然而难忘梦境,次日独自再去后花园寻梦,追忆梦中欢会,伤心自怜,从此思念成疾,自画一像留存,到了中秋便亡化了。三年后,书生到南安,在梅花观拾得檀匣里的写真画作,深情呼唤,唤出女子香魂与许多浓情厚爱,他着人掘坟,女子起死回生,二人同去临安,经历了不少考验,终于归第成亲。

展开情节时,汤显祖别出心裁,用了"双梦记"(不逊于博尔赫斯)——男女主人公都曾出现在对方的梦境里,但不知道自己被对方梦到过,更不知对方姓名。

剧中第一个梦是男主角柳春卿做的(他是柳宗元之后,二十过头,家住岭南)。他梦到一园梅花树下,立着个美人,不长不短,如送如迎,说道:"柳生,柳生,遇俺方有姻缘之分,发迹之期。"醒来后,他深信不疑,遂改名为柳梦梅,把原名"春卿"作为表字。然而,女主角杜丽娘对此梦境并不知情。

然后才是杜丽娘的梦,这个梦太有名,一提起《牡丹亭》,人们就想起她的游园惊梦,"原来姹紫嫣红开遍,似这般都付与断井颓垣……"值得留意的是,当日"惊梦",次日"寻梦",书中是分成两则来写的,中间还插入一则"慈戒"(母亲劝女儿不可去空冷无人之处,当在学堂看书或做针线),而杜丽娘所惊、所寻的实为同一个白日梦,区别只在于——

当日是先游园,回房后在梦中入园,是一个睡着了的白日梦;次日是人在园中,回忆梦境,是一个清醒的白日梦。

同一个梦,分两次来描画,也许是嫌书生的第一轮"行来春色三分雨,睡去巫山一片云"还不够,再加上第二轮"好一会分明,美满幽香不可言",增色添彩,这才将她在春阳之下的欢会之意写得酣畅淋漓。然而,男主角柳梦梅对此梦境并不知情。

杜丽娘要什么时候才知道书生的姓名呢?是到了冥间,待判官查了阴阳簿,方得知"有个柳梦梅,乃新科状元也。妻杜丽娘,前系幽欢,后成明配。相会在红梅观中,不可泄露"。

至于柳梦梅呢,他的知情有一个渐进的过程。他拾得画作,见画中女子出落天然而不掩国色,只觉似曾相识(因他之前梦见过);读到画上题诗:"近睹分明似俨然,远观自在若飞仙。他年得傍蟾宫客,不是梅边在柳边",加上她有半枝青梅在手,愈觉得与自己有渊源,于是早晚玩之拜之叫之赞之,终于唤出香魂,发誓聘其为妻后,方才从对方口中得知其家世与姓名。

《牡丹亭》的读者,若来看张枣《镜中》,恍然间会觉得这是杜丽娘自述之极简版(她俏皮地用了现代汉语和第三人称),诗人但丁描述过这种感觉:

> 好像一个人在梦中看到异象,
> 在梦醒了以后,印上的激情还是留下,
> 而其他的事情却一点不能记起;
>
> ——《神曲》天堂篇[1]

在这首现代汉诗里,这位古典丽人平静而客观地讲述她的故事,虽未和盘托出,但保留了一些激情的痕迹:

"只要想起一生中后悔的事,梅花便落了下来",为什么?因为杜丽娘于次日寻梦时,见园中有大梅树一株,忽然起念:"我杜丽娘若死后,得葬于此,幸矣!"她死后,父亲杜宝在赴任扬州前,因女儿遗言,就葬她在梅树下,将此花园改作梅花观,使人守护,直至柳梦梅出现。在杜丽娘暗香浮动的生平里,梅花不仅是她的自指,也出现在爱人的名字里。

"比如看她游泳到河的另一岸",何解?须知杜丽娘因相思而亡,有三年在黄泉下,在凄清的彼岸世界里孤单等待,她的幽魂初次上来时,所吟的第一句便是"泉下长眠梦不成"。

---

[1] [意] 但丁:《神曲》,朱维基译,上海译文出版社,1984年2月,第252页。

"比如登上一株松木梯子"——松木梯子者,花根木节也,是从地府回人间的途径。在她揭晓了自家身份之时,柳梦梅问她:"既然虽死犹生,敢问仙坟何处?""怕小姐别有走跳处?""则怕惊了小姐的魂怎好?"她答道:"花根木节,有一个透人间路穴。俺冷香肌早偎的半热。你怕惊了呵,悄魂飞越,则俺见了你回心心不灭。"这才有了柳梦梅与守观的石道姑秘议,央侟儿癞头鼋发掘,使杜丽娘从地下重回人间。

"危险的事固然美丽,不如看她骑马归来"——柳梦梅后来因此被捕入狱,"犯人一名,柳梦梅,开棺劫财者斩",何等危险!然而为了爱人能重归人世而甘愿冒着生命危险,这爱的勇气与爱的行动,又何等美丽!

而她呢,尽管在地下也依然面颊温暖,连判官都惊奇道:"瞧了你润风风粉腮,到花台酒台?溜些些短钗,过歌台舞台?笑微微美怀,住秦台楚台?因甚的病患来?是谁家嫡支派?这颜色不像似在泉台。"

最后总算一切都澄清了,皇帝传旨,命杜丽娘将这前亡后化的事情奏上。丽娘羞惭,低下头,回答着皇帝:"万岁!臣妾二八年华,自画春容一幅。曾于柳外梅边,梦见这生。妾因感病而亡。葬于后园梅树之下。后来果有这生,姓柳名梦梅,拾取春容,朝夕挂念。臣妾因此出现成亲。哎哟,凄惶煞!这底是前亡后化,抵多少阴错阳差。"

"一面镜子永远等候她/让她坐到镜中常坐的地方"[1]——指的是最要紧的一件信物。杜丽娘在病中自画己像,将镜中的相貌画成一幅画,长久保存下来:"(照镜叹介)轻绡,把镜儿擘掠。笔花尖淡扫轻描。影儿呵,和你细评度:你腮斗儿恁喜谑,则待注樱桃,染柳条,渲云鬟烟霭飘萧。眉梢青未了,个中人全在秋波妙,可可的淡春山钿翠小。"正是凭着这幅画,才有了永远的等候,才帮助柳梦梅找到了她。

"望着窗外,只要想起一生中后悔的事/梅花便落满了南山",在她的梦里,书生方登场时,执着柳枝搭讪:"姐姐,你既淹通书史,可作诗以赏此柳枝乎?"杜丽娘拒绝题诗,次日寻梦时便已后悔:"春归人面,整相看无一言,我待要折,我待要折的那柳枝儿问天;我如今悔,我如今悔不与题笺。"她补写了一首,题在自己的画作上,三年之后,那位广东书生终于读到了——柳梦梅是岭南人,岭之南即南山也。

在《镜中》看看《牡丹亭》,会油然而起"则为你如花美眷,似水流年"之慨叹;将《牡丹亭》折射于《镜中》,梅花便落满了南山。然而《牡丹亭》并非悲剧,而是一出悲喜剧,

---

[1]. 剧中还有一处重要的镜子,皇帝判断杜丽娘是人是鬼的方式,就是用一面古镜照形,照后确定是人无疑——
(内)听旨:朕闻人行有影,鬼形怕镜。定时台上有秦朝照胆镜。黄门官,可同杜丽娘照镜。看花阴之下,有无踪影回奏。
(末应,同旦对镜介)女学生是人是鬼?
【北喜迁莺】(旦)人和鬼教怎生酬答?形和影现托着面菱花。
(末)镜无改面,委系人身。再向花街取影而奏。(行看影介)
(旦)波查。花阴这答,一般儿莲步回鸾印浅沙。
(末奏)杜丽娘有踪有影,的系人身。

先悲后喜，闹中多有谐趣。

比如柳书生对着画儿狠狠地叫："美人！美人！姐姐！姐姐！"一片深情痴狂之态，引人发笑；接着又加上一句"叫的你喷嚏似天花唾"，大凡国人都知道这个民俗（别处的呼名，会引发此人的喷嚏），而这等内心独白，引出美人打喷嚏的情景，很有喜剧效果。

比如启坟之后，给杜小姐灌的还魂酒里，兑的是男子裤裆烧成的灰，杜小姐如果知道，估计不一定会愿意喝吧。

又比如杜小姐害了相思病，老师陈最良开的药方是："俺看小姐一肚子火，你可抹净一个大马桶，待我用栀子仁、当归，泻下他火来。这也是依方：之子于归，言秣其马。"按照这个解释，骑马原来是骑马桶！骑马归来即成如厕归来，诗意顿失而笑意盎然。

乍一看，从梅花落了下来，到落满了南山，已然一生过去了，多么悲凉；然而没有关系，因为看到全景就明白了，这是一个死而复活的故事——无论是游泳或登梯，骑马或照镜，都只是暂时的，而复活的盼望是长久的，有人在永远等候她，她也必从死里复活，出死入生。

《镜中》与《牡丹亭》一样，悲情只有两三分，而欢乐倒有七八成。其主旨呢，与其说呼应着《秦风·终南》，倒不如说更接近《召南·野有死麕》："有女怀春，吉士诱之。"让一切大胆地发生在阳光下，汤显祖不仅跟莎士比亚很要好，说不定跟布努埃尔也谈得来，杜丽娘不就是一个活脱脱的白昼美人嘛。《春天读诗》的第四季里，钟立风读的是《镜中》，白先勇读的是《牡丹亭》,这二位并没有发觉,他们读的是同样的故事,这岂止是一个巧合呢。

周朴园的追悔

有言道:将事隐秘,乃上帝的荣耀;将事察清,乃君王的荣耀。

在文学的世界里,作者如上帝,创造了一系列文学人物;而读者如君王,有权将这些文学人物纳入自己的视域,每一次阅读就是一次新的人口普查与性格研究。研究文学,至少有两点明显的好处:其一,可以让人在一个全息的小世界里获得对生活的整体理解;其二,让人领会到文学人物的局限,进而领会到自身的局限。有些隐秘的事,读者知道,作品中有些人物知道,但作品中的另一些人物并不知情。

例如《哈姆雷特》剧中,王后乔特鲁德新寡不久,就嫁给了先夫的弟弟克劳狄斯。她因匆匆改嫁(先王逝世不到两个月)而被哈姆雷特斥责,也有一些悔悟,然而可惜的是,直到剧终她误饮毒酒而亡,都不知道与自己同床共寝的正是杀害丈夫的凶手。

例如《西游记》里唐僧师徒已取到了经五千零四十八卷,然而九九八十一难还少一难,所以被放在通天河西岸,被老鼋沉水,经书、衣服、鞍辔俱湿,挣扎着到东岸后又遭恶劣天气,飞沙走石一夜不停。遭遇此事，孙悟空心里明白，羁留于此是因九九之数未完，此乃取经的最后一场考试；然而唐僧、八戒与沙僧都以为只是又一次的意外遇险。

又如契诃夫《带小狗的女人》，古罗夫与安娜相恋于中年，他们约会的地点换了又换，雅尔塔、斯城、莫斯科，他们密议了很久，想要摆脱这种必须躲藏、欺骗、分居两地、很久不能见面的处境。这一切，他们瞒着各自的爱人。这部小说的结尾很有名，常为人称道："似乎再过一忽儿，解答就可以找到，到那时候，一种崭新的、美好的生活就要开始了，不过这两个人心里明白：离着结束还很远很远，那最复杂、最困难的道路现在才刚刚开始。"古罗夫与安娜，也许会共同开始新的生活，也许会回到各自原先的轨道，随着时间的流逝，他们会默默地做出自己的选择，然而我们无从知道后续的隐秘了，身为读者的我们，所知也是有限的。

曹禺《雷雨》里有三件隐秘的事。其中的两件，开场第一幕就在鲁贵（鲁四凤的父亲，周家的仆人）和四凤的对话中慢慢揭开了：

第一件隐秘的事，大少爷周萍与使女四凤的关系不一般。最近半年，他为她买衣料，赠她戒指，半夜用汽车送她回家，这些都被鲁贵看在眼里。周萍还跟鲁贵当面提过四凤，没有在鲁贵面前着意隐瞒他和四凤的亲密关系，也许是因为鲁贵是四凤的父亲。

第二件隐秘的事更加骇人，在父亲周朴园不在家的两年间，周萍与后母繁漪的关系不一般。鲁贵告诉四凤，自己亲眼看到繁漪靠在周萍身上哭,在前年秋天的一个半夜:"我就是乘着酒劲儿,朝着窗户缝,轻轻地咳嗽一声。就看这两个鬼飕一下子分开了,都向我这边望:这一下子他们的脸清清楚楚地正对着我,这我可真见了鬼了。"

以上两件隐秘的事,有四个人知道:鲁贵知道,周萍知道,四凤和繁漪也都知道彼此和周萍的关系。读《雷雨》要知道,周萍是剧中的一号男主角,全四幕的核心动力就是8个字——周萍要走,繁漪不让。周萍要逃避,要终止一段错误的关系,他打算即刻离开家,到父亲的矿上去工作,日后再找机会接四凤过去;繁漪则要紧抓周萍不放(按作者的出场设定:她会爱你如一只饿了三天的狗咬着它最喜欢的骨头,她恨起你来也会像只恶狗狺狺地),因四凤已成了情敌,而繁漪又有把柄落在鲁贵的手里(鲁贵为了钱,不希望四凤离开周公馆),所以繁漪让鲁贵叫远在济南的鲁妈(四凤的母亲)专程来到天津(剧中未提,种种迹象表明),带走四凤。

周萍和繁漪按照各自的计划在行动,没想到,坐着火车远道而来的鲁妈带来了更遥远的第三件隐秘的事——她叫梅侍萍,曾是周家在无锡时的使女,为周朴园生下了两个孩子,长子叫周萍,萍字就袭自"梅侍萍"。

第三件隐秘的事在30年后揭开,本来也没有什么,虽有情感上的激动,但到了这把年纪,他们有经验来面对了。周朴园后来要寄两万元给梅侍萍,要周萍认生母,甚至也不反对梅侍萍回来住。问题真正的严重性在于,周、梅的重逢,将第一件隐秘的事二度引爆,炸出了之前看不到的更为可怕的内核——

周萍与四凤都是梅侍萍所生，他们是异父同母的兄妹，而四凤已有了三个月的身孕。男主角周萍为了躲避一个他知道的乱伦而陷入了另一个他不知道的乱伦，这就有点接近古希腊的命运悲剧了。四凤无法接受如此残酷的现实，主动触电线而死，周冲为救她也死了，周萍随后开枪自尽，繁漪与梅侍萍先后发了疯，住进了周宅改建的疯人院。

周朴园是不幸的，在一天之内，他的两个儿子死了，现任妻子疯了，一年之后前任妻子也疯了，另一个儿子不认识他，此后十年间也从未回来探望母亲。《雷雨》的序幕和尾声，说的就是十年以后，只剩下周朴园孤身一人，去疯人院探望繁漪和梅侍萍，并期待自己的另一个儿子鲁大海有朝一日可以回来。

然而细考他的处境，忽然发现他在不幸之中有万幸，此话怎讲？因为前两件隐秘的事，对他一直都是隐藏着的，所以从头到尾，周朴园都不知道繁漪有了外遇，也不知道长子周萍的双重乱伦。

他忙于矿上的工作，两年未曾回家，回家这三天也还是忙得不可开交：准备搬新家，卖旧屋；吩咐人给繁漪抓药，为她联系德国脑病专家克大夫来看病；谈话一个接着一个（三个罢工代表、工程师、王局长、周萍、周冲、鲁大海……），既要安排大儿子周萍去矿上的工作，还要远程指挥应对矿上的罢工……

那天半夜两点多，他已经在书房里休息了（因为繁漪发烧厉害，所以分房休息），听到繁漪在客厅里大喊"朴园、朴园"，出来看到一片混乱的场面，繁漪、周萍、周冲竟然都在，听到繁漪说"我请你见见你的好亲戚"，赫然看到白天已经说好离开的梅侍萍和四凤也在。他的第一反应是，自己的隐秘已被公开，繁漪知道了他与梅侍萍的往事。他并不惧怕，只是悔恨地对前妻说："侍萍，我想你也会回来的。"接着沉重地对长子说："萍儿，你过来。你的生母并没有死，她还在世上……不要以为你跟四凤同母，觉得脸上不好看，你就忘了人伦天性……萍儿，你原谅我。我一生就做错了这一件事。我万没有想到她今天还在，今天找到这儿。我想这只能说是天命。"

除了他，现场的五个人都已知道了周萍与繁漪、周萍与四凤的关系，梅侍萍与周萍进一步知道四凤有孕，周朴园当众宣布了自己和梅侍萍的关系。这位隐藏的生母一旦现身，力量巨大，大到令现场的五个人三死二疯。

然而周朴园被蒙在鼓里，他只能得出不同的理解，他理解的思路大致是这样的——听繁漪拉着四凤说"这是你的媳妇，你见见"，后来四凤就冲了出去，他以为四凤与周冲在恋爱，被繁漪揭穿了才羞愤而出，周冲也跟着赶了出去。周朴园欲了解详情，想当然地以为周萍知道，于是他问周萍："萍儿，这是怎么回事？"

接下来的一切都发生得太快，电光石火间，四凤触电线身亡，周冲为搭救亦亡。周朴园觉得这是意外之灾，百忙之中，他还要安慰几近疯癫的繁漪；接着是鲁大海来闹；而周萍呢，并未向父亲解释什么，就在书房开枪自杀了。周萍所学专业是矿业，去矿上正合适，周朴园也已为他写好了介绍信，即刻就要出发，为什么要自杀呢？神定之后，周朴园的猜测不外乎以下两种：要么是兄弟情深，周萍见弟弟身亡，伤心欲绝，所以随之而去;要么是自己白天批评他的言语过重:"公司的人说你总是在跳舞场里鬼混,尤其是这两三个月,喝酒、赌钱,整夜不回家……将近三十的人应当懂得自爱!"如果周萍因后者而死,周朴园就更加后悔了。

周朴园早年留学德国,回国创业,事业有成而自律甚严,在妻儿面前威严却不失关爱,50多岁忽然遭此家庭变故,他依然勉力经营自己的生活。《雷雨》尾声的场景已是十年以后,他依然尽心照料着失去心智的两任妻子。

在他的一生中,用情最深的,当是梅侍萍吧,序幕中写他到了医院,下意识地先去探望梅侍萍。第二幕中,周朴园与梅侍萍将认未认时的对话,是《雷雨》中最有张力的选段,让观众看得简直喘不过气来:

鲁侍萍　我倒认识一个年轻的姑娘姓梅的。

周朴园　哦?你说说看。

鲁侍萍　可是她不是小姐,她也不贤慧,并且听说是不大规矩的。

周朴园　也许,也许你弄错了,不过你不妨说说看。

鲁侍萍　这个梅姑娘倒是有一天晚上跳的河,可是不是一个,她手里抱着一个刚生下三天的男孩。听人说她生前是不规矩的。

周朴园　(苦痛)哦!

鲁侍萍　她是个下等人,不很守本分的。听说她跟那时周公馆的少爷有点不清白,生了两个儿子。生了第二个,才过三天,忽然周少爷不要她了,大孩子就放在周公馆,刚生的孩子她抱在怀里,在年三十夜里投河死的。

周朴园 （汗涔涔地）哦。

鲁侍萍 她不是小姐,她是无锡周公馆梅妈的女儿,她叫侍萍。

周朴园 （抬起头来）你姓什么?

鲁侍萍 我姓鲁,老爷。

周朴园 （喘出一口气,沉思地）侍萍,侍萍,对了。这个女孩子的尸首,说是有一个穷人见着埋了。你可以打听得她的坟在哪儿么?

鲁侍萍 老爷问这些闲事干什么?

周朴园 这个人跟我们有点亲戚。

鲁侍萍 亲戚?

周朴园 嗯,——我们想把她的坟墓修一修。

鲁侍萍 哦——那用不着了。

周朴园 怎么?

鲁侍萍 这个人现在还活着。

周朴园 （惊愕）什么?

鲁侍萍 她没有死。

周朴园 她还在?不会吧?我看见她河边上的衣服,里面有她的绝命书。

鲁侍萍 不过她被一个慈善的人救活了。

周朴园 哦,救活啦?

鲁侍萍 以后无锡的人是没见着她,以为她那夜晚死了。

周朴园　那么，她呢？

鲁侍萍　一个人在外乡活着。

周朴园　那个小孩呢？

鲁侍萍　也活着。

周朴园　（忽然立起）你是谁？

鲁侍萍　我是这儿四凤的妈，老爷。

周朴园　哦。

鲁侍萍　她现在老了，嫁给一个下等人，又生了个女孩，境况很不好。

周朴园　你知道她现在在哪儿？

鲁侍萍　我前几天还见着她！

周朴园　什么？她就在这儿？此地？

鲁侍萍　嗯，就在此地。

周朴园　哦！

鲁侍萍　老爷，您想见一见她么？

周朴园　不，不。谢谢你。

鲁侍萍　她的命很苦，离开了周家，周家少爷就娶了一位有钱有门第的小姐。她一个单身人，无亲无故，带着一个孩子在外乡什么事都做。讨饭，缝衣服，当老妈，在学校里伺候人。

周朴园　她为什么不再找到周家？

鲁侍萍　大概她是不愿意吧？为着她自己的孩子，她嫁过两次。

周朴园　嗯,以后她又嫁过两次。

鲁侍萍　嗯,都是很下等的人。她遇人都很不如意,老爷想帮一帮她么?

周朴园　好,你先下去。让我想一想。

鲁侍萍　老爷,没有事了?(望着朴园,眼泪要涌出)老爷,您那雨衣,我怎么说?

周朴园　你去告诉四凤,叫她把我樟木箱子里那件旧雨衣拿出来,顺便把那箱子里的几件旧衬衣也捡出来。

鲁侍萍　旧衬衣?

周朴园　你告诉她在我那顶老的箱子里,纺绸的衬衣,没有领子的。

鲁侍萍　老爷那种绸衬衣不是一共有五件,您要哪一件?

周朴园　要哪一件?

鲁侍萍　不是有一件,在右袖襟上有个烧破的窟窿,后来用丝线绣成一朵梅花补上的?还有一件,——

周朴园　(惊愕)梅花?

……

侍萍姓梅,一朵朵爱情的梅花绣在他绸衬衣的袖襟上;让房间的窗户关上成为一种习惯,只因梅姑娘做产时受不得冷风;红木书桌和那个有镜台的柜子,从无锡搬到天津,一直保持着30年前的陈设,只因这是梅姑娘喜欢的家具,就连她的照片也是永远放在同一个地方。不知是迫于怎样的压力啊,他竟然未能保护妻儿，让梅姑娘抱着刚生的第二个孩子在年三十夜里投河了。后来的他在家中威严如皇帝，"他的意见就是法律"，但他却向儿子请求原谅："我一生就做错了这一件事。"这句话，在他自己的心里不知默默说过多少次。文学的盘根错节里有着奇异的恩典，诗人张枣定然在某处发现了《雷雨》的秘道，以一首《镜中》写尽了周朴园的自白。

附：

镜　中

只要想起一生中后悔的事
梅花便落了下来
比如看她游泳到河的另一岸
比如登上一株松木梯子
危险的事固然美丽
不如看她骑马归来
面颊温暖
羞惭。低下头，回答着皇帝
一面镜子永远等候她
让她坐到镜中常坐的地方
望着窗外，只要想起一生中后悔的事
梅花便落满了南山

西蒙之死的灵感来源

∞

《蝇王》里呈现了好几个人的死亡（胎记小孩、西蒙、Piggy、飞行员），其中第九章中的西蒙之死极为触目惊心。该章的标题名为"窥见死尸"，含义是双重的：西蒙登到山顶，发现传闻中的野兽原来是一名逝世多日的飞行员，身体随着风吹动的降落伞而时起时伏——西蒙窥见了死尸；而当他在黑暗中奔下山想要传递这个讯息时，自己却被"窥见"而变成了"死尸"，信使不幸殒命，让人悲叹。西蒙遇害的情形，并非威廉·戈尔丁（William Goldimg）百分之一百的新发明，而是有其灵感来源的，龚志成在译序里点出其与《酒神》有近似之处，然未细加说明，其中的渊源，本文略作一些补充。

欧里庇得斯（约前480—约前406）这出悲剧的全称为《酒神的伴侣》，说的是酒神巴克科斯（又名"狄俄倪索斯")化作凡人,来到亡母的家乡忒拜,为了报复他母亲的姐妹们——因为她们否认他为宙斯所生——使她们在山林游荡,狂歌乱舞地膜拜酒神。忒拜国王彭透斯惊闻此情,要立即制止这伤风败俗的狂欢,他男扮女装,还加长了头发来到现场,不幸遭到了丧失理智的狂女们的围攻,为首的恰恰是自己的母亲。为了便于与《蝇王》比较,以下征引完整的四小节,叙述者为剧中的一位报信人,他在向歌队长汇报当时的情况[1]:

> 那声音又在鼓励她们。卡德摩斯的女儿们认出了分明是巴克科斯的命令,她们就向上冲,像斑鸠那样快——我是说他母亲阿高厄和她的姐妹以及全体女信徒。她们跑过溪水汹涌的峡谷,跑上悬崖,受了神的灵感而发狂。她们看见我的主人坐在枞树上,就爬到对岸耸立的石头上,先用石子使劲扔过来,用枞树枝扔过来打他;有的甚至用神杖对着彭透斯扔过来——多么残忍的打击啊;好在都没有打中,因为那可怜人虽然陷入圈套,无法逃命,却高高在上,她们尽管卖力气,也打他不中。最后她们像雷电一样劈下了一些橡树枝,用这些杠杆,不是铁打的,来撬那树根。但是她们白费力气,于是阿高厄嚷道:"来,狂女们,围着树站着,抓住树枝,好捉拿这只爬在树上的野兽,免得他泄漏了神的秘密的歌舞仪式。"她们许多只手抓住枞

---

[1]. [古希腊]欧里庇得斯:《罗念生全集·第三卷·欧里庇得斯悲剧六种》,罗念生译,上海人民出版社,*2007年4月*,第384~385页。

树,把它从地里拔起来,彭透斯坐在高处,就从那顶上跌下来,他一声声地痛哭,知道厄运临头了。

她母亲作祭司,首先动手献祭,向他扑过来;他从头发上把带子扯下来,好让不幸的阿高厄认识他,不至于把他杀死。他摸着她的下巴说道:"母亲呀,是我,是你的儿子彭透斯,你在厄喀翁家中生下的孩子!啊,母亲,可怜可怜我吧,别为了我的罪过,把我,把你的儿子杀死!"

但是她嘴吐泡沫,眼珠乱转,神经不正常,她已被巴克科斯迷住了,不听她儿子的话。她抓住他左边的小膀子,踏在这不幸的人胸上,把他的胳臂扯下来,不是倚靠自己的力气,而是倚靠神力,她的手才变得这样灵巧。伊诺在对面用力,把他的肉撕下来,奥托诺厄和整队的女信徒也扑上来。多么嘈杂的声音!他在尽力呻吟,她们却在欢呼。有一个女人拿着一只胳臂,还一个拿着一只脚,上面还有皮靴;他的肋肉被撕光了;她们把彭透斯的肉抛来抛去,每一只手都染了血。

他的尸体分散在各处,有一块压在粗刺刺的石头下,还有一块埋在林中树叶深处——不容易寻找。他那可怜的头被他母亲弄到手,把它当一只山上狮子的头穿在神杖的尖端,举起来走过喀泰戎深山,让她的姐妹们在后面跳狂女舞。她正在进城,为这不幸的狩猎而狂喜,频频呼唤巴克科斯,她的打猎的伴侣,追捕的助手,胜利的赏赐者——在他的帮助之下,她赢得的只是眼泪。

对照起来便不难看出,戈尔丁确实从中觅取了不少灵感:群体的迷狂,把人当作"野兽",众人围攻一人,当场就置人于死地,受害者的呻吟对比着施暴者的欢呼,人人参与了屠杀……特别值得一提的是,彭透斯的头被穿在杖端,这个情节略加转化后,出现在《蝇王》第八章"献给黑暗的供品"里:"杰克举起了猪头,把它柔软的喉咙插进木棒的尖端,尖端捅穿死猪的喉咙直到它的嘴里。他往后靠一靠,猪头挂在那儿,沿着木棒淌下涓涓的血水。"

斯威布(Gustav Schwab,1792—1850)在《希腊的神话和传说》里也有一节专写彭透斯,受难现场与欧里庇得斯所写的相差不大;奥维德(Publius Ovidius Naso,前43—17)的《变形记》里有一章名为"彭透斯不信奉巴克科斯",结尾片段有一些不同,内容是这样的:

> 半山坡上有一块平地,四周树木环抱,平地上没有树,从四面都看得见。这里正在演礼,彭透斯张着他那双污蔑神明的眼睛正在看,他的母亲第一个看见了他,像发了疯似的向他奔去,用葡萄藤条狠命抽她的儿子,一面抽,一面喊道:"姐妹们,你们两个,快来呀,看那头大野猪闯进我们地里来啦,我一定要用枪扎死他。"所有的人像发了疯一样一拥而上,她们从四面八方一齐聚拢,追那吓得发

抖的彭透斯……[1]

奥维德所写的段落里,有"野猪"与"用枪扎",熟读奥维德的文学博士戈尔丁,也撷取了这两点要素,用在了《蝇王》里。

有经验的读者都明白,这样的写作绝非抄袭,灵感的流变与意象的传承,汇成了绵延不绝的文学江河。有兴趣者不妨查阅钱锺书《宋诗选注》里对陆游"山重水复疑无路,柳暗花明又一村"的追溯,在中国古典文学中也有同样的印证。

---

[1] [古罗马]奥维德:《变形记》,杨周翰译,上海人民出版社,*2016年4月*,第*97*页。

泣尽这烦心的生命：读西渡《他出去痛哭……》

∞

宛如四幅小小的砖雕，这首有景致的叙事诗，讲述了四个故事，故事里的主角，都在哭。

这首诗读起来很容易，文字也是明白的，第三节里的诗人因"无路可去"而大哭一场，那是人之常情，可以理解；可是其他三位的哭泣，理解起来就有几分困难了：墨子看到白丝被染成了不同的颜色，杨朱不知道自己该选择哪条路，彼得想起了那人对他说的话……之前到底发生了什么，这些有什么可哭的呢？

单单停留于故事层面，无法得知哭泣的理由，我们得循着哭声，进到典故一层去寻找。

墨子在染坊里背着手

一边踱步,一边沉思;
灵巧的染匠之手
把洁白的素丝浸入
黄的、蓝的、红的缸。
墨子久久地看着
黄的、蓝的、红的彩丝,
于是他就出去痛哭。

《墨子》第三篇《所染》,有这样的记载:"子墨子见染丝者而叹曰:染于苍则苍,染于黄则黄。所入者变,其色亦变。五入必,而已则为五色矣。故染不可不慎也……"墨子见丝可染,由此推论,国亦有染,士亦有染,于是为此而忧心。这种忧心是如此沉重,在《淮南子·说林训》被简化为两句:"墨子见练丝而泣之,为其可以黄可以黑",后又被简化为一个成语——"墨子泣丝"。

杨朱来到多歧的路口,
停住了脚步,一边沉思。
一些人踏上其中的一条
毫不犹豫,另一些
踏上另一条,同样毫不犹豫。
杨朱想了又想,不知
把他的脚踏上哪一条
于是他就坐下来痛哭。

诗的第二节也与一个成语有关——"歧路亡羊",典出《列子·说符》。杨子之邻人走失了一只羊,多人追寻却未能找回,只因道路分岔,"歧路之中又有歧焉",杨子戚然变容,由此领悟,"大道以多歧亡羊,学者以多方丧生",求道者极易误入迷途,一生心血白费,怎能不哭?在《淮南子·说林训》里,杨朱的事迹是与墨子并列的:"扬子见逵路而哭之,为其可以南可以北;墨子见练丝而泣之,为其可以黄可以黑。"

> 一个诗人接着来到。
> 太阳正在落山,道路
> 在山的面前消失。
> 诗人下了车驾,一边踱步
> 一边沉思:这一天这一年
> 这一生他无路可去。
> 于是他就坐下来痛哭。

顺理成章的,诗的第三节牵引出第三个成语——"穷途之哭",语本《晋书·阮籍传》:"时率意独驾,不由径路,车迹所穷,辄恸哭而反。"车行无路,无论是一个现实场景,还是某段人生隐喻,都是让人沮丧悲伤的。

> 彼得坐在院子的一角,
> 背着火光,一边想着心事。
> 一个侍女进来,指认他;

彼得说:"我不认得这人。"
走到门口,另一个侍女
认出他。他说:"我不识这人。"
一个男人跟着指认,他仍说:
"我不认得。"这时鸡就叫了,
彼得想起那人对他说的话,
于是他就出去痛哭。

彼得三次不认耶稣,在四福音书里都有记录,和合本《圣经》在1919年才定稿,里面的故事还来不及酿为成语,倘若要为此情此景安一个汉语中已有的成语,也许可以用"三对六面"。《路加福音》里是这样写的——

> 他们拿住耶稣,把他带到大祭司的宅里。彼得远远地跟着。他们在院子里生了火,一同坐着;彼得也坐在他们中间。有一个使女看见彼得坐在火光里,就定睛看他,说:"这个人素来也是同那人一伙的。"彼得却不承认,说:"女子,我不认得他。"过了不多的时候,又有一个人看见他,说:"你也是他们一党的。"彼得说:"你这个人!我不是。"约过了一小时,又有一个人极力地说:"他实在是同那人一伙的,因为他也是加利利人。"彼得说:"你这个人!我不晓得你说的是什么。"正说话之间,鸡就叫了。主转过身来看彼得。彼得便想起主对他所说的话:"今日鸡叫以先,你要三次不认我。"他就出去痛哭。(《路加福音》22:54—62)

彼得之所以痛哭，是因为他之前有过豪言："主啊，我就是同你下监，同你受死，也是甘心！"在危急时刻，也是他拔出刀来，削掉了大祭司仆人马勒古的右耳，然而血气之勇过去之后，他不敢继续承认自己认识耶稣，他软弱了。"主转过身来看彼得"，并不是审判官的怒容，而是一个心碎了的朋友无言的凝望，这种凝望让彼得与真实的自我诚实相对，这种凝望让他痛哭。

这四则人生小景，都有一位默默无语的沉思者，沉思者都震惊于一个发现的巨大，巨大得仿佛一场内心的十二级地震，震出了难以言表的爱与哀愁。诗人西渡把他们放在一起，让我们认识到，无论是谁，无论他有多么坚强，人生中都会遇着软弱的时刻，伤心如孩童，绝望号啕，直愿泣尽这烦心的生命。

然而我们不要因为个人经历的共鸣，仅仅沉溺于诗里的情感，当退开几步，留意诗里的技艺。

首先是手。一开头"墨子在染坊里背着手"，第三行出现了"灵巧的染匠之手"，一动一静，两种不同的手对应着；而读者如果读过奥登与莎士比亚，看到"染匠之手"，就会有别样的他乡遇故知之感。

其次是色彩。在读这首诗之前，也许我们从未觉得墨子的黑，"把洁白的素丝浸入"这句，提醒我们当在此处留意，想一想，一位为兼爱而奔走的和平主义者，他是怎样的一番面貌呢——风尘仆仆，日晒雨淋，他的面目黧黑；"黄的、蓝的、红的缸"，这种色彩的浸染，甚至让我们联想到第二节里迷失的羊是白色的，杨朱是红色的。

再次是名字。需要思考一下,为什么其余三节都直陈其名,第三节却不用阮籍,而代之以"诗人"?落日、道路、停车、缅想……一个合理的猜测,这样的情景,也许不单单是阮籍的经历,还有许多诗人也感受过:

悔相道之不察兮,延伫乎吾将反。回朕车以复路兮,及行迷之未远。(屈原)
单车欲问边……长河落日圆。(王维)
风吹黄埃起,落日驱征车。(白居易)
向晚意不适,驱车登古原。夕阳无限好,只是近黄昏。(李商隐)
……

于是这里不用阮籍,而用涵盖更广的"诗人"。我们常说起承转合,一首诗有没有劲道,要看腰部有没有发力,"转"很要紧,第三节转向了广阔的时空,悠久的诗史,更有古典意味。

最后是彼得。诗人稍稍调整了彼得的坐姿,让他背着火光(《圣经》里是"坐在火光里"),彼得没有离开光,然而他的脸面向着黑暗。这一细微处的调整,可以借用陈从周先生的一段评语:"正如云林小品,其不经意处,亦即全神最贯注处,非用极大心思,反复推敲,对全景作彻底之分析解剖,然后以轻灵之笔,随意着墨,正如颊上三毛,全神飞动。不经意之处,要格外经意。"

那么，为什么要把彼得放在最后呢？因为彼得出去痛哭之后，故事尚未结束，后来，耶稣复活了，向门徒显现，他以彼得能理解的方式来教育，这种教学方式只为彼得一人而设。我想，在这首诗里，诗人把彼得放在最后，也许是为了让我们读到更多。

附：

他出去痛哭……[1]

西渡

墨子在染坊里背着手
一边踱步，一边沉思；
灵巧的染匠之手
把洁白的素丝浸入
黄的、蓝的、红的缸。
墨子久久地看着
黄的、蓝的、红的彩丝，
于是他就出去痛哭。

---

[1]. 选自西渡：《天使之箭》，上海教育出版社，2020年7月，第93~94页。

杨朱来到多歧的路口,
停住了脚步,一边沉思。
一些人踏上其中的一条
毫不犹豫,另一些
踏上另一条,同样毫不犹豫。
杨朱想了又想,不知
把他的脚踏上哪一条
于是他就坐下来痛哭。

一个诗人接着来到。
太阳正在落山,道路
在山的面前消失。
诗人下了车驾,一边踱步
一边沉思:这一天这一年
这一生他无路可去。
于是他就坐下来痛哭。

彼得坐在院子的一角,
背着火光,一边想着心事。
一个侍女进来,指认他;
彼得说:"我不认得这人。"
走到门口,另一个侍女
认出他。他说:"我不识这人。"
一个男人跟着指认,他仍说:

"我不认得。"这时鸡就叫了,
彼得想起那人对他说的话,
于是他就出去痛哭。

问人生到此凄凉否?

∞

希罗多德《历史》第三卷第十四章里 Psammenitus 的事迹,被蒙田引为素材用在《论悲伤》一文中。蒙田的转述如下:

> 传说埃及国王 Psammenitus 被波斯国王 Cambyses 击败俘虏以后,看到女儿成了囚犯,穿了奴婢的衣服,被人使唤去打水,走过面前,周围的朋友都流泪哀号,他自己默不作声,一言不发,眼睛盯着地面;不一会儿又看到儿子被人拉走处死,他依然保持原来姿势;但是窥见自己的一名男仆夹在俘虏队伍中,他捶打脑袋,痛苦异常。[1]

---

1. [法] 米歇尔·德·蒙田:《蒙田随笔全集》,马振骋译,上海书店出版社,2009 年 3 月,第 4 页。

以上内容,本雅明同样很感兴趣,在《讲故事的人》一文里也援引了,本雅明是这样写的:

> 埃及国王Psammenitus战败于波斯国王Cambyses,为其擒拿。Cambyses立意羞辱他的俘虏。他下令把Psammenitus置于大道旁,观看波斯军队凯旋。他还安排埃及国王观看其女儿沦为女佣,走向井边以水壶取水。当此时,埃及人不堪此惨状,皆哀叹唏嘘。Psammenitus则孑然伫立,一言不发,木如泥塑,两眼紧盯着地面。少顷,他瞥见儿子随同俘虏行列被拉去行刑,仍是不动声色。可是,当他在俘虏中认出一个又老又贫的用人,竟拳击脑门,悲恸至极。[1]

蒙田引得简洁,本雅明则录入了更多的背景,让人得知这一切是源于波斯国王的羞辱,而那个用人是"又老又贫的"。翻开希罗多德《历史》原书,看到的既非"男仆"也非"用人",而是"伙伴",原段如下:

> ……看到他的儿子被押着去受死,而那些和他一起的埃及人都在哭泣和悲伤的时候,只有他和看到他女儿的时候的表情没有什么不同。当这些人也从这里走过的时候,恰好里面有一个吃喝玩乐的伙伴。这是一个上了年纪的人,

---

1. [德]瓦尔特·本雅明:《启迪:本雅明文选》,[德]汉娜·阿伦特编,张旭东、王斑译,生活·读书·新知三联书店,2012年7月,第101页。

他被剥夺了全部的财产而沦为乞丐。因而他来到阿玛西斯的儿子 Psammenitus 和其他的埃及人所在的地方，向那些士兵们行乞。Psammenitus 看到这个情景，眼泪夺眶而出，他号啕大哭，一边呼唤他的伙伴的名字，一边敲打自己的脑袋……[1]

无论如何，这确实是令人费解的——为什么埃及国王女儿遭罪、儿子赴死都不哭，单单为一个伙伴而哭？优秀读者会不由自主地使出浑身解数来给出一个合情合理的解释。蒙田解释道："事实是他已经达到悲愤的极点，任何微小的刺激都会冲破他坚忍的篱笆。"[2] 勇求新解的本雅明自然不会就此止步，他一口气给了三种别样的解法：

一、但我们可以说，埃及国王不为有贵族血统者的遭遇所动，因为那也是他的厄运。

二、或者，许多实际生活中我们不为所动之事一搬上戏台，我们看了便为之触动。在埃及国王眼里，他的老佣仅是一个角色。

三、再者，巨痛储蓄已久，一有松弛便爆发。看到老

---

[1] [古希腊] 希罗多德：《历史》，徐松岩译注，上海三联书店，2008 年 2 月，第 150 页。
[2] 此句在本雅明《讲故事的人》中的译文为："因为他满腔悲痛，只须有毫厘之增便决堤而泄。" 见 [德] 瓦尔特·本雅明：《启迪：本雅明文选》，第 101~102 页。

佣不啻是松弛。[1]

推敲这三种解法,第一种以"贵族血统说"将父亲与儿女笼而统之,更像观棋者语,而非局中人所感,因为对于往事只堪哀的当事者来说,同为阶下囚的儿女经过眼前,满溢心胸只是亲情血肉,贵族血统之类恐怕早已抛诸脑后了吧。

第二种提出"角色说",人生如戏,诚然如此,然而也不妨反驳一句:既然老伙伴可以视作角色,那么儿女何尝又不可视作角色呢?

第三种"松弛说"有几分道理,不过松弛也就是松动,这种说法和蒙田的解释也相差不远。

希罗多德《历史》原书中记载,波斯国王也颇为不解,派使者去问:"为什么在你看到你的女儿受到虐待而你的儿子前去受死的时候,你既不哭泣也不喊叫……对一个和你非亲非故的乞丐却又如此尊敬呢?"Psammenitus 答曰:"我自己的灾难太深重,远不是哭泣所能表达的,但是我的朋友的不幸遭遇使我为之落泪。因为当一个人失去了荣华富贵,在年事已高的时候,却又落到四处乞讨的境地,任何人都会为之伤心落泪的。"——在我看来,Psammenitus 的回答胜过蒙田与本雅明的解释,换句话说,初级哀痛以叹息传达,中等哀痛以泪水传达,极度哀痛则将人石化——以东方的诗来印证,"问君能有几多愁?恰似一

---

[1] [德] 瓦尔特·本雅明:《启迪:本雅明文选》,第 *102* 页。

江春水向东流"的浩荡哀痛之前,李煜写的是这样两句:"雕栏玉砌应犹在,只是朱颜改。"后人多看到这两句里的"不变与变",参考同为亡国之君 Psammenitus 的自我表白,我们可以在"雕栏玉砌应犹在,只是朱颜改"两句里,读出一个极度哀痛者的容颜石化、表情石化、肉心石化,雕栏也罢玉砌也罢,都是一堆石头,"朱颜改",改成了什么?石头!

希罗多德《历史》第三卷第十四章有一个让人放松的结尾,波斯国王"随即颁布了一道命令,把 Psammenitus 的儿子从那些即将受死的人中间提出来,把 Psammenitus 本人从城外带到他的面前来",忐忑不安的读者稍稍得了一些安慰,继续往下读第十五章,十五章的开头是这样的:

> 使者去迟了,未能救出 Psammenitus 的儿子,他是第一个被碎尸的……

行到水穷处,坐看云起时

∞

黄晓丹出了新书《陶渊明也烦恼》,原计划来杭州做发布会,因为她临时被拉去命题而取消了。于是想起她的第一本书《诗人十四个》的杭州发布会,在单向空间,黄晓丹主讲,心理分析师庄磊和我担任嘉宾,很愉快的一场活动,已经是两年前的事了。

《诗人十四个》第21~23页,讲到王维的"行到水穷处,坐看云起时",到底好在哪里?黄晓丹说她的理解来自一个联想,源于她在长广溪湿地的一次漫步。起初以为水面与苇丛是无尽的,不料走到尽头却是很小的一潭死水,深感失望,正失望之时,忽然看到来时路上的蒹葭,天边的乌云正在酝酿着一场雷雨,于是得着一个妙悟:"也许,'行到水穷处,坐看云起时'是说在人类意志失效的时候,自然界中却蕴含着一种转化的可能……忽然觉得眼前的一潭死水正在升腾转化，为云为雨，变成江河湖海。也正是受此启发，我才不再把王维看作一个闲情作家，而看到了他诗中转化对立面、获得心灵自由的阐释可能。"[1]

黄晓丹为这两句提供了一个现代新解，给人启发，她老师的老师顾随先生说陆游"山重水复疑无路，柳暗花明又一村"与王维这两句颇相似，但是陆游"那十四字真笨"，行到水穷处，坐看云起时，"是调和，随遇而安，自然而然，生活与大自然合二为一"，亦非悲哀，亦非快乐，不觉欢喜但真是欢喜，这便是顾随心目中的享福了。他接着稍稍作了几句引申，说了一番道理，我私下觉得这番道理说得实在太好，最好趁人年幼时就能领受。顾随这样说："天下值得欢喜的事甚多，而常忽略过去。不必拍掌大笑，只要自己心中觉得受用、舒服即可。"

关于"行到水穷处，坐看云起时"，我也有一点愚见。

简单寻常的10个字以奇异方式组合，俨然成了一个万花筒，每看一次就得着一次新鲜的感受，为什么咀嚼不尽？这文字的魔法一定有背后的原因。我想了想，也许是因为以下三点：

首先，"行到水穷处"涉及空间，"坐看云起时"涉及时间。若并列的诗句中兼摄时空，往往会具备触动人心的力量，例如李白的两句"君不见"，"黄河"涉及空间，"白发"涉及时间；

---

[1] 黄晓丹：《诗人十四个》，北京联合出版公司，2019年7月，第21~23页。

杜甫的"国破山河在"涉及空间,"城春草木深"涉及时间;"白日依山尽,黄河入海流"(王之涣),"春潮带雨晚来急,野渡无人舟自横"(韦应物)等大都如此。时空交汇,于某一时刻在某一定点,就会凝聚出一个存在的漩涡,深深卷动,将读者吸入此时此地,不得不共鸣。

其次,"行到水穷处"是动的,"坐看云起时"就安静了下来。动而后静,歇了手头的工作,给人休息之感,很能安慰读到此诗的劳苦众生。这里所含的意境,与穆旦《秋Ⅱ》[1]中的句子仿佛:

> 你肩负着多年的重载,
> 歇下来吧,在芦苇的水边:
> 远方是一片灰白的雾霭
> 静静掩盖着路程的终点。

也使人想起《诗篇》23篇:他使我躺卧在青草地上／领我在可安歇的水边——多么安抚人心的句子呀。

最后,这两句之所以动人,还因为其中包含着两种相反相成的人生质素:全力以赴,随遇而安。人生要不要全力以赴?当然要!人生是一场又一场的战斗,顾随说在人生的战场上要七进七出。那么人生该不该随遇而安?太应该了。因为日光之

---

1. 穆旦:《穆旦诗文集》(全2册),人民文学出版社,2018年4月第3版,第340页。

下快跑的未必能赢，力战的未必得胜，智慧的未必得粮食，明哲的未必得资财，灵巧的未必得喜悦——所临到众人的是在乎当时的机会。

愿你我日日全力以赴，夜夜随遇而安。

也不富足也不贫

∞

《理想国》第 4 卷中,苏格拉底与阿得曼托斯有一段有意思的对话,苏格拉底认为一个手艺人或贫或富,都会导致他原有的技艺退化。假设一个陶工变富了,他就不再勤苦地对待他的手艺,在懒惰与马虎中成为一个日益蹩脚的手艺人;而如果他意外陷入贫穷,那么他会连购买工具器械的经费都没有,导致工作做不好,想把手艺传给下一代也难。

富人因为奢侈懒散而要求变革,穷人因为粗野低劣也要求变革,在苏格拉底看来,贫富两极分化,无论哪一极都会有害于一个城邦。他未必主张完全均贫富,但主张城邦的成员分工明确,各司其职,而城邦是由真正的富有者来统治的,统治者(即城邦的护卫者)的富有不是黄金,而是幸福所必需的善和智慧的生活。

既然太富不好，过穷也不好，那么一个人拥有多少财富才是幸福的呢？想起曾经与一位极其富裕的朋友吃饭聊天，言谈中他流露出有许多忧虑之事，时常面色凝重，两三个小时里难得有一两次笑容，他是幸福的吗？从表情上来看，很难给出肯定的回答。写到这里，我也想找出一位身边的很穷的朋友，想来想去竟然想不出来（看来现在果然是共同富裕了）。

财富与幸福的关系，前人多有研究，"赚更多的钱会让你感觉更幸福吗？"估计七八成的人会说"是"。确实，有钱可以减少一些痛苦，也能带来一点幸福，但并不像我们想的那么多。财富的不断增长并未带来幸福感的增长，以我自己的亲身经历来看，这句话是有道理的——记得小时候求一个自己的房间而不得，大学毕业时很羡慕身边有人买得起手机，工作几年换了新单位，新单位可以领一台旧的台式电脑（人人都有），至今还忘不了当时的欢天喜地……而如今呢，不仅小时候在物质上的渴想已经全部实现，借用黄灿然的一句诗，甚至"我心中的闪念一一实现"，自问有没有觉得更幸福？似乎跟原来差不多，而心绪是平静的。若有人问：你可以列出如今的一个幸福时刻吗？我想，陶渊明写尽了我对如今的幸福时刻的感受：少学琴书，偶爱闲静，开卷有得，便欣然忘食。见树木交荫，时鸟变声，亦复欢然有喜。常言五六月中，北窗下卧，遇凉风暂至，自谓是羲皇上人。

都说一个人的幸福感源于两种比较——与昨日之我的比较，与身边可比者的比较。故乞丐不会嫉妒皇亲国戚，但会嫉妒讨得更多的另一个乞丐。然而如今我甚愿不做比较，不与别人比，亦不与昨日之我比，只求今日尽力就好。先哲亚古珥所求的两件事，正是人间幸福的两个前提：其一，使虚假和谎言远离自己；其二，使自己也不富足也不贫。

张爱玲写错了,生命是一袭华美的袍,爬满的不是"蚤子"

∞

20年前,我一时兴起,把张爱玲的《天才梦》作为现代文语段阅读素材,收录到一份期中考卷里,引来毁誉参半,毁者曰:"这么稀奇古怪难以捉摸的文章怎么可以用作语段阅读?"誉者说:"太好了太好了,我们竟然可以在试卷上读到张爱玲了!"

我的教书生涯始于1996年,三五年后忽然有了妙悟,断定初中学生的起始读本,最适宜的有二:一是丰子恺的《缘缘堂随笔》,一是张爱玲的《流言》。《缘缘堂随笔》里的一篇《吃酒》,写一位西湖边钓虾的酒徒,简直是神品,每个热爱江南的人都应当一读再读。读丰子恺能培养慈悲心,其文中的慈绳爱索,能将少年人牵引到美善之地。读张爱玲能培养中国心

(想一想为什么),现代中国文学中最细腻的文笔,最准确的观察与捕捉,都可以在她的笔下找到。

1939年,张爱玲19岁,在上海《西风》杂志征文中获第13名,如今前12名的文章都已湮没无闻,独有《天才梦》依然熠熠生辉,每个读过的人都会记得那个漂亮的结尾:

> 生活的艺术,有一部分我不是不能领略。我懂得怎么看"七月巧云",听苏格兰兵吹bagpipe,享受微风中的藤椅,吃盐水花生,欣赏雨夜的霓虹灯,从双层公共汽车上伸出手摘树颠的绿叶。在没有人与人交接的场合,我充满了生命的欢悦。可是我一天不能克服这种咬啮性的小烦恼,生命是一袭华美的袍,爬满了蚤子。[1]

如今我们都懂得,应激(stress)会增加烦恼与疾病。应激源有三种:灾难、重大的生活变化、日常生活里的小麻烦(堵车、队伍很长、一堆作业、牙膏掉落、无处充电、微信不回,诸如此类)——第三种最常见的应激源,被张爱玲以一个妙喻写出,试问谁能比她写得更好?

然而,读到最后一句的最后一词时,总会有咯噔之感。"蚤子"是一个不常见的词,看上去有点奇怪,读起来也不顺口,寻思着也许是沪上方言或安徽用法,亦未可知也。直到2019年

---

[1]. 张爱玲:《流言》,北京十月文艺出版社,*2019年6月*,第3页。

国内印出了《华丽缘》，读到里面的一篇《对现代中文的一点小意见》，有这样几句："《张看》最后一篇末句'虱子'误作'蚤子'，承水晶先生来信指出，非常感谢，等这本书以后如果再版再改正。这篇是多年前的旧稿，收入集子时重看一遍，看到这里也有点疑惑，心里想是不是鼓上蚤时迁。"[1]——方才明白原来这个怪怪的词是作家的笔误。

《天才梦》在《流言》里列于第一篇，张爱玲也珍惜自己的得奖之作，专门为此写过一小则《论写作天才梦附记》，第二段云："又，《我的天才梦》获《西风》杂志征文第十三名名誉奖。征文限定字数，所以这篇文字极力压缩，刚在这数目内，但是第一名长好几倍。并不是我几十年后还在斤斤较量，不过因为影响这篇东西的内容与可信性，不得不提一声。"[2]

1940年印制的《西风》第48期杂志，封面上印着"纪念征文名誉奖第三名《天才梦》"，因为三位名誉奖之前还有十位获奖者，与张爱玲所记是吻合的。《西风》杂志三周年征文，以"我的……"为题，以现金百元悬赏征文，共收到685篇，最后获奖的13篇，由西风社结集出版，时间是1940年10月，书名就叫《天才梦》。

---

[1]. 张爱玲：《华丽缘》，北京十月文艺出版社，*2019年6月*，第*187*页。
[2]. 同上，第*182*页。

跳蚤和虱子,各有各的名诗

∞

张爱玲在纠正自己笔误的时候说:"《张看》最后一篇末句'虱子'误作'蚤子',承水晶先生来信指出,非常感谢,等这本书以后如果再版再改正。这篇是多年前的旧稿,收入集子时重看一遍,看到这里也有点疑惑,心里想是不是鼓上蚤时迁。"

国人看到"蚤"字的第一联想,多半是时迁的绰号"鼓上蚤",这个绰号取得好,汪曾祺有过分析——跳蚤本来跳得就高,于鼓上跳,鼓有弹性,其高可知。话说回来,谁见过鼓上的跳蚤?给时迁起这个绰号的人的想象力实在令人佩服。

若有圣手,万物皆可入诗。跳蚤和虱子这等微物,不仔细察验几乎看不见,寄生行径又引人反感,如何入诗?且看两位诗人的手段。

英国诗人约翰·多恩(John Donne)的一首《跳蚤》(*The*

Flea），让人不知该说什么才好。诗中的叙事者是一位想走捷径的未婚男子，被女方断然拒绝，他满不在乎地为自己的行径做了巧妙的辩白，辩白的起点就是一只跳蚤——

> 看看这只跳蚤，看这一点，
> 你对我的拒绝是多么肤浅；
> 它先叮了我，现又去叮咬你
> 在跳蚤的肚里，我俩的血混一起；
> 承认这一点，不能够说是
> 一宗罪、失去童贞、或羞耻，
> 但这求婚前的尽情享用，
> 将我俩的血撑满腹中，
> 天哪，实非我俩能掌控。

读着读着，竟然会觉得他的说辞也有几分道理，尽管是歪理，但沿着他的思路好像就能得出以下结论：

> 三生命共处一只弱小的跳蚤里，
> 我们几乎，不，已胜过结发夫妻。
> 这只跳蚤就是你和我，它应当
> 是我们的婚床，和婚礼殿堂；
> 父母和你不愿意，我们还是相遇，
> 且在这有生命的黑墙内隐居……

约翰·多恩最著名的诗当属《丧钟为谁而鸣》，被海明威移作小说的名字；另有《别离辞：节哀》的圆规之喻，中学里讲到《故乡》杨二嫂的时候，若能提出来给学生说一说，那该多好。就我个人而言，还是《跳蚤》这首让我读得晕眩，不知为何，越晕眩就越想再读一遍，多读一遍就又多了一层想不明白，他被称为玄学诗人，果然玄之又玄。

至于虱子的诗，要从抗日战争说起。1938年，英国诗人奥登经香港、广州，辗转到达中日战争的东南前线，穿越了大半个中国，一路写了旅行日记，回到英国后，完成了十四行组诗《战争时期》(*In Time of War*)，共27首，其中第18首是唯一一首写于中国旅途中的。据他与衣修伍德（C.Isherwood）共同完成的《战地行纪》记载，4月21日在汉口的茶会上，田汉现场赋诗：

> 信是天涯若比邻，
> 血潮花片汉皋春。
> 并肩共为文明战，
> 横海长征几拜伦？

诗歌由洪森译成英文，"为了不被比下去，奥登回应了一首他昨晚写好的十四行诗，描写的是一个死去的中国士兵。我们俩都觉得这类社交集会非常累人……"[1] 奥登的诗刊发在次日的

---

1. ［英］*W.H.奥登、克里斯托弗·衣修伍德*：《战地行纪》，马鸣谦译，上海译文出版社，*2012*年*11*月，第*144~145*页。

《大公报》上，译者唐纳（马季良）也许觉得"为他的将军和他的虱子所抛弃"这句太残酷无情了，于是改译为"富人和穷人联合起来一起战斗"¹，因为一将功成万骨枯的事实人人都知道，而将军抛弃士兵的真相却不可说出来。

卞之琳与查良铮（穆旦原名）都译过这首诗，卞先生译得冷静而客观，穆旦的译笔多带感情，一时瑜亮。

> 他用命在远离文化中心的场所：
> 被他的将军和他的虱子抛弃，
> 他给撩上了一条被，阖上了眼皮，
> 从此消失了。他不再被人提说。²

> 他被使用在远离文化中心的地方，
> 又被他的将军和他的虱子所遗弃，
> 于是在一件棉袄里他闭上眼睛
> 而离开人世。人家不会把他提起。³

一位士兵，被将军抛弃是因为他丧失了战斗力（也许是负伤而未丧命），被虱子抛弃则说明了他的死亡，因为虱子不会

---

1. ［英］*W.H.奥登、克里斯托弗·衣修伍德*：《战地行纪》，第*152*页。

2. 卞之琳：《卞之琳译文集》，江弱水整理，安徽教育出版社，*2000*年*12*月，第*171*页。这段译诗呈现了原诗*ABBA*的韵脚。

3. 《英国现代诗选》，查良铮译，湖南人民出版社，*1985*年*5*月，第*121*页。

继续逗留在一具尸体上。一行诗里所写的双重的抛弃，既让我们痛心于这位士兵的为国捐躯；也借着虱子的存在与离开，让我们凝视着血肉之躯的失温直至成为一具冰冷的尸体，从而在一切生命平等、相存相依的层面上，反思战争的意义。虱子在这行诗里的作用，不可谓不大矣。因为有了一个小如逗号的虱子，这行诗获得了一种巨大如鲸的反省力量，完全可以和黄仁宇回忆录《黄河青山》里的一段对照着看：

> 在孟拱河谷的第二天，我在桥下看到一具日兵的尸体。他的右手似乎握紧喉咙，以倒栽葱的姿态俯卧在河里。他的双脚张开，头浸在水里……
>
> 毋需多久，我就发现死者和我有许多共通点，属于同样的年龄层，有类似的教育背景。在死前一天，他还努力温习他的英文……种种事由之所以发生，是由于他出生在黄海的另一边。否则他将和我们在一起，穿我们的制服，吃我们配给的食物。在孟拱河谷这个清爽的四月清晨，蝴蝶翩翩飞舞，蚱蜢四处跳跃，空气中弥漫着野花的香味。而这名上尉的双语字典被放在矮树丛上，兀自滴着水。[1]

亲爱的朋友，如此看来，我们岂能轻视生活中的小事物，即便该物细小如一只跳蚤，即便它轻微如一只虱子呢？

---

[1] 黄仁宇:《黄河青山：黄仁宇回忆录》，张逸安译，生活·读书·新知三联书店，2001年6月，第41页。

胆敢教书

好课堂的三个外行指标

∞

一节语文课上得怎么样,坐在课堂里听课的人都可以有自己的评价。评价者是不是语文专业也许并不重要,因为一节好的语文课,会有三个明显的指标,外行也很容易判断。

首先是时间指标。

优质的课堂不会让人觉得冗长,换句话说,优质的课堂里,时间一定流逝得很快。既然钟表的滴答速度是不变的,为什么感觉上心理时间会有快有慢呢?因为对时间速度的快慢感受,取决于意识对于眼前之事的沉浸程度:沉浸得越深,时间就过得越快;沉浸得浅或者游离事外,就会嫌时间过得太慢,因为此时意识觉得厌倦就转而关注时间本身。有言道生平最长的一分钟,往往就是凝视着秒针运行一圈的60秒,读者若不信,现在就可以放下这篇文章,对着钟表亲身一试。可见,优质的课堂内容，能深深地吸引在场的人，令他们全身心地关注，浑然忘我，也浑然忘了时间。

此外，时间指标里还有一个影响因素——眼前之事。主动投入者与被动参与者的时间体验不同，前者的时间过得快，后者的时间过得慢。优质课堂，不仅有把现场的人都卷入其中的良好内容，而且具备让在场者成为主动者的活动设计，这也是让人感觉时间过得快的一个因素。

其次是笑的指标。

优质的课堂会有笑声，笑声源于行进中闪现的幽默。关于幽默，让我们重温一份简短的家谱："真理是这个家族的始祖，它孕育了常识。常识又孕育了机智（wit），后者娶了一位旁系女子，名叫快乐，两人产下一子，叫作幽默。于是，幽默成为这个杰出家族中最年轻的后生，他是那些性情迥然相异的先辈的后代，因而具有变化无常、复杂多样的脾性。人们见他时而不苟言笑，举止持重，时而放浪不羁，装束古怪；故而有时严肃得像个法官，有时却调笑得有如街头艺人。但他确实很像自己的母亲，无论心境如何，却从未忘记逗引同伴发笑。"[1] 这一定义把"幽默"的出身与性情描述得如此准确而生动，试想一下，倘若把核心词"幽默"替换为"课堂"，是不是也很好地凸显了"课堂"的渊源与风格的要素呢：真理、常识、机智、快乐，变化、复杂、持重、不羁……都会出现在课堂里。那么，课堂

---

1. ［法］埃斯卡皮：《论幽默》，金玲译，上海社会科学院出版社，1991 年 10 月第 2 版，第 43 页。

里的笑意味着什么呢？我们知道，在一个缺乏安全感的环境里一定缺乏笑声，笑体现了紧张（或者恐惧）之后重获安全的轻松愉快；一群人的笑声，也许还体现了一种有付出亦有收获的同盟关系，用庄子的话来印证，就是"相视而笑，莫逆于心"。简而言之，课堂里的笑意味着安全、愉快、自由与解放。

最后是爱情指标。

优质的课堂内嵌着一个三角形，三个角分别是教师、学生与经典作品，其中的两两关系共有三组：教师与经典的互通发生在课堂之前，称之为备课时期；学生与经典的亲近主要发生在课堂之中，也延伸到课堂之后，课后持续时间的长久取决于课堂上的推动力；教师与学生的互动也主要发生在课堂之中，围绕着经典而展开。不妨多设几个比喻，显露不同的侧重点：可以把经典作品想象成一桌筵席，师生共享盛筵，一起品尝了美好的滋味，也获得了营养；可以把经典作品想象成一块飞毯，师生的交流就在飞毯之上进行，飞行中会出现意想不到的风景，到了最后，也许会降落在预期的地点，也许会降落在预料之外的某处，无论如何，飞行是难忘的经历；还不妨进一步拟人化，把经典作品想象成一位佳偶，教师是深谙双方情况的月老，暗牵红线，让学生亲近经典，爱上经典，学生与经典融为一体之时，月老就可以功成身退了。同样是民间故事里的长辈，月老让有情人顺着自己的指引找到心仪的对象，王母则划出天河阻隔牛郎织女的会面——一节课下来，教师是催化撮合，帮助学生迷恋上了经典作品，还是设障阻隔了学生对经典作品的爱慕？这是评价课堂优质与否的爱情指标。

评价语文课的专业指标还可以列出很多：课堂的态势（固态、液态、气态），文本解读的深度与广度，教师语言的准确与简洁，学生活动的显性与隐性，内容的丰富程度，思维流的充沛量……而前文所列的三个外行指标，可以帮助普通人对一节语文课做出简易的判断。

青年教师须知：不是灌，而是转

∞

《人之初：现代蒙学四十六课》的"理性"一课里选了柏拉图的洞穴比喻，我试着用作初一的教材，孩子们非常喜欢这个故事，他们乐于把场景复原：洞穴后壁、囚徒、矮墙、背后高处的火光、执物而行的人、各种器物的投影……柏拉图讲得清清楚楚，一切都可以在教室里呈现出来。他们也会特别留意到，那个解除了禁锢而逃脱地洞的人，幸运地经过崎岖坡道，上到地面，见到从未见过的阳光。他们还发现了一些不可忽略的情节：此人并非自己挣脱，是被外力解除桎梏，硬拉着离开的；离开的时候他是痛苦的；然而到了地面高处，领略阳光与流水的抚爱之后，他再也不愿意回到地底去了。

初一的学生偏爱情节，偏爱这个逃脱者的历险；倘若没有追问，他们不太会去留意这个故事的开头第一句话："接下来让我们把受过教育的人与没受过教育的人的本质比作下述情形。让我们想象一个洞穴式的地下室……"是的,洞穴比喻是一个谈论教育的故事,所以《人之初:现代蒙学四十六课》选文的结尾处,也同样回到了教育——

> 苏格拉底:如果这是正确的,那么关于这些事,我们就必须有如下的看法:教育实际上并不像某些人在自己的职业中所宣称的那样。他们宣称,他们能把灵魂里原来没有的知识灌输到灵魂里去,好像他们能把视力放进瞎子的眼睛里去似的。
>
> 格劳孔:他们确曾有过这种说法。
>
> 苏格拉底:但是我们现在的论证说明,知识是每个人灵魂里都有的一种能力,而每个人用以学习的器官就像眼睛——整个身体不改变方向,眼睛是无法离开黑暗转向光明的。同样,作为整体的灵魂必须转离变化世界,直至它的"眼睛"得以正面观看实在,观看所有实在中最明亮者,即我们所说的善者。是这样吧?[1]

由此可以提炼出一个教育的定义:教育不是知识的灌输,而是灵魂的转向。

可见,人们常说的教师如园丁之喻并不贴切,因为园丁主

---

[1] 王尚文、郭初阳、颜炼军:《人之初:现代蒙学四十六课》,东方出版社,2016年10月,第65页。

要的工作在于浇灌。如果一定要用比喻来形容教师的职能,我觉得教师有点像一个"清早叫醒"(morning call),将一个躺平者从虚幻的梦中唤醒,起来、行动,活出自己的人生。

教师也有点像王维诗里的那个林叟,在一个人"行到水穷处,坐看云起时",轻轻地抓住这个可教时刻,适时地出现,略加点拨,一切都如此自然,以至于受教者以为是"偶然值林叟",交流一番之后,教学效果好到什么程度呢——"谈笑无还期"。我的理解,并非受教者没有回家(他一定是回家了),而是在归途以及后来的日子里,他会想起那个场景里的那番话,常常回味。"无还期"是指他在心中多次复原那个场景,从中汲取力量,获得方向感。

我觉得有点可惜,当时因为页面所限,只能选登6页,洞穴比喻后面那一段没能录入。每次我读到这不是结尾的结尾,都恨不得把《理想国》里的这一段手抄到《人之初:现代蒙学四十六课》上面去,这一段在我看来,是教师的座右铭。苏格拉底这样说:

> 于是这方面或许有一种灵魂转向的技巧,即一种使灵魂尽可能容易尽可能有效地转向的技巧。它不是要在灵魂中创造视力,而是肯定灵魂本身有视力,但认为它不能正确地把握方向,或不是在看该看的方向,因而想方设法努力促使它转向。[1]

---

1. [古希腊]柏拉图:《理想国》,郭斌和、张竹明译,商务印书馆,2020年7月,第281页。

无独有偶，我在阿尔贝特·施韦泽（Albert Schweitzer）的《敬畏生命》里读到了类似的表达，同样认为不必也不可灌输，同样有火光之喻，同样包含着因着教育而导致一种全新状态的发生。

2013年的纪录片《盗火者》里，我说的"教师应该是一个纵火者"，实取自施韦泽，他说得多么好，让人时时反顾：

> 我不相信，人们能够把他本身没有的思想灌输给这个人。通常，一切善良的思想是作为燃料而存在于人心之中的。但是，只有当火焰或火种从外部，从其他人那里投入其中时，这些燃料中的大部分才会燃烧起来，或真正燃烧起来。有时，我们的火也会熄灭，并且通过一个人的经历而重新燃起。[1]

---

[1] ［法］阿尔贝特·施韦泽：《敬畏生命——五十年来的基本论述》，陈泽环译，上海人民出版社，2017年2月，第47页。

风筝：材料、组织与奔放

∞

　　风筝制作的第一步，得准备一些材料，竹篾、薄纸（长纤维有韧性为佳）和线是少不了的；第二步是这些材料的组织，绑定竹篾，粘糊薄纸，连接线索；第三步是到户外，趁着风，一边奔跑一边把风筝放起来，可以概括为"奔放"。

　　《风筝》一文的执教，同样要经过三个步骤：

　　一、材料，找到与课文相关的必要文本；

　　二、组织，根据课文与必要文本的相关度、紧密度、显性或隐性，考虑这些文本适当的搭配组合；

　　三、"奔放"，在课堂上让孩子们全身心地参与此过程，以一线牵引，人与"风筝"彼此借力，融为一体。

一、材料

除了《风筝》一文,另外有几则重要材料,于本课而言是不可或缺的,内容如下:

材料一:鲁迅《自言自语·七 我的兄弟》。

>   我是不喜欢放风筝的,我的一个小兄弟是喜欢放风筝的。
>   我的父亲死去之后,家里没有钱了。我的兄弟无论怎么热心,也得不到一个风筝了。
>   一天午后,我走到一间从来不用的屋子里,看见我的兄弟,正躲在里面糊风筝,有几支竹丝,是自己削的,几张皮纸,是自己买的,有四个风轮,已经糊好了。
>   我是不喜欢放风筝的,也最讨厌他放风筝,我便生气,踏碎了风轮,折了竹丝,将纸也撕了。
>   我的兄弟哭着出去了,悄然的在廊下坐着,以后怎样,我那时没有理会,都不知道了。
>   我后来悟到我的错处。我的兄弟却将我这错处全忘了,他总是很要好的叫我"哥哥"。
>   我很抱歉,将这事说给他听,他却连影子都记不起了。他仍是很要好的叫我"哥哥"。
>   阿!我的兄弟。你没有记得我的错处,我能请你原谅么?

然而还是请你原谅罢！

(原刊于《国民公报》"新文艺"栏，1919年9月9日)[1]

材料二：鲁迅《自言自语·一 序》。

水村的夏夜，摇着大芭蕉扇，在大树下乘凉，是一件极舒服的事。

男女都谈些闲天，说些故事。孩子是唱歌的唱歌，猜谜的猜谜。

只有陶老头子，天天独自坐着。因为他一世没有进过城，见识有限，无天可谈。而且眼花耳聋，问七答八，说三话四，很有点讨厌，所以没人理他。

他却时常闭着眼，自己说些什么。仔细听去，虽然昏话多，偶然之间，却也有几句略有意思的段落的。

夜深了，乘凉的都散了。我回家点上灯，还不想睡，便将听得的话写了下来，再看一回，却又毫无意思了。

其实陶老头子这等人，那里真会有好话呢，不过既然写出，姑且留下罢了。

留下又怎样呢？这是连我也答复不来。

中华民国八年八月八日灯下记。[2]

---

[1]. 鲁迅：《鲁迅全集·集外集拾遗补编》，人民文学出版社，2005年11月，第119~120页。
[2]. 鲁迅：《鲁迅全集·集外集拾遗补编》，第114页。

材料三:周作人《鲁迅与弟兄》。

……散文集《野草》里的《风筝》。这篇文章流传得很广,因为我记得曾经选入教科书选本之类,所以知道的人很多,有教师写信来问,这小兄弟是谁,到底是怎么一回事?我只能回答说明,这类文章都是歌德的所谓"诗与真实",整篇读去可以当作诗和文学看,但是要寻求事实,那就要花一点查考分别的工夫了。文中说他不爱放风筝,这大抵是事实,因为我的记忆里只有他在百草园里捉蟋蟀,摘覆盆子等事,记不起有什么风筝。但是他说也不许小兄弟去放,一天发见小兄弟松寿[1]在偷偷的糊蝴蝶风筝,便发了怒,将蝴蝶的一支翅骨折断,又将风轮掷在地下,踏扁了。事隔多年之后,了解了游戏是儿童的正当的行为,心里觉得很抱歉,想对小兄弟说明这意思,可是后来谈及的时候,小兄弟却是像听着别人的故事一样,说"有过这样的事么?"什么也不记得了。这里主要的意思是说对于儿童与游戏的不了解,造成幼小者的精神上的虐待(原文云虐杀),自己却也在精神上受到惩罚,心里永远觉得沉重。作者原意重在自己谴责,而这些折毁风筝等事乃属于诗的部分,是创造出来的。事实上他对于儿童与游戏并不是那么不了解,虽然松寿喜爱风筝,而他不爱放风筝也是事实。

---

[1] 松寿:周建人。——作者注

据我所记忆，松寿不但爱放风筝，而且也的确善于糊制风筝，所糊有蝴蝶形、老鹰形的各种，蝴蝶的两眼不必说，在腿的上下两部分也都装上灵活的风轮（术语称曰风盘），还有装"斗线"，即风筝正面的倒三角形的线，总结起来与线索相联接处，也特别巧妙，几乎超过专家，因为自制的风筝大抵可以保险，不会在空中翻筋斗的。我曾经看、也帮助他糊过放过，但是这时期大概在戊戌（一八九八）年以后，那时鲁迅已进南京学堂去了。[1]

材料四：周作人《邬波尼沙陀》。

……大概我那时候很是懒惰，住在伍舍里与鲁迅两个人，白天逼在一间六席的房子里，气闷得很，不想做工作，因此与鲁迅起过冲突，他老催促我译书，我却只是沉默的消极对付，有一天他忽然愤激起来，挥起他的老拳，在我头上打上几下，便由许季茀赶来劝开了。他在《野草》中说曾把小兄弟的风筝折毁，那却是没有的事，这里所说的乃是事实，完全没有经过诗化。但这假如是为了不译吠檀多的关系，那么我的确是完全该打的，因为后来我也一直在懊悔，我不该是那么样的拖延的。[2]

---

[1]. 周作人：《鲁迅的青年时代》，河北教育出版社，*2002年1月*，第*86~87*页。
[2]. 周作人：《知堂回想录·上》，河北教育出版社，*2002年1月*，第*261*页。

材料五：周建人《略讲关于鲁迅的事情》。

……鲁迅有时候，会把一件事特别强调起来，或者故意说着玩，例如他所写的关于反对他的兄弟糊风筝和放风筝的文章就是这样。实际上，他没有那么反对得厉害，他自己的确不放风筝，可是并不严厉地反对别人放风筝，这是写关于鲁迅的事情的作者应当知道的。[1]

二、组织

以上五则材料中，《我的兄弟》与《风筝》的相似度很高，都围绕着"风筝事件"而展开，然而将二者视作毛坯与成品（或初稿与定稿），似乎不妥，因为《我的兄弟》虽不足300字，也是一个自足的成品：外在的叙事完整而明快，内心的隐情也流露无遗；所以称《我的兄弟》为第一稿，称《风筝》为第二稿，也许较为妥当。（《自言自语》里的《火与冰》，与《野草》里的《死火》，也是如此。）

两篇文章的内在结构是一致的，都含有四个部分，"风筝事件"的起承转合如一首律诗，截取《我的兄弟》里的词语，可以简要概括为：1.我不喜欢；2.我踏碎；3.我抱歉；4.他记不起。仿佛经过了再一次的发育，《风筝》中的四个部分都舒展开了，

---

[1] 周建人：《回忆大哥鲁迅》，上海教育出版社，*2001年9月*，第9页。

枝叶匀停，对照一下《我的兄弟》，《风筝》里增长的部分是很明显的：

1. 我不喜欢——交代了"不喜欢"的缘故，是出于一个传统观念，"我以为这是没出息孩子所做的玩艺"；也让读者看到了小兄弟的模样与对风筝投入的爱。

2. 我踏碎——详细呈现了小屋中的一幕，先破获，再破坏，由第一稿的128字扩充到了266字，字数翻了一倍多。

3. 我抱歉——强调自己已经人到中年，也明白了新的观念（儿童需要游戏与玩具），于是试图补过。

4. 他记不起——增补了小兄弟的表情与回应的句子：我的下坠的心。

倘若以手艺人之眼来看《风筝》的文本，其精巧的编制与细心的穿插，就像一个出自潍坊的精巧风筝，由一位在此道中浸淫多年的巧手扎成。若把《风筝》比作风筝，则"风筝事件"里的四个部分，就是四条竹篾牢牢结成的骨架；而开头（第一、二节）与结尾（第十二节）新添置的部分，就像细心贴上去的纸张，从头到尾严丝合缝，将事件之骨架完全地糊裹于其中，使之筋骨联络浑然一体。那么，用以糊裹的是什么呢？是"风筝时节"。首呼尾应的"风筝时节"，将此地此时的三个要素（北京、冬季、肃杀），对照彼地彼时的三个要素（故乡、春天、温和）。值得注意的是，"风筝事件"与"风筝时节"的交叠与贴切之处,就是童年与故乡[1]——童年是时间之外的乌托邦,故乡是空间之外的飞地;说得更明确一些,童年是时间上的故乡,故乡是空间里的童年——二者是合一的,以个人化的、非日常的、追加虚构的光色碎影,把人吸引,让人依恋。

行文至此,回头来看材料二至材料五,有一点就可以看得分明:

《自言自语·一 序》里写得很清楚,这里记录的是一位"陶老头子"的纳凉闲话,"夜深了,乘凉的都散了。我回家点上灯,还不想睡,便将听得的话写了下来";周作人说《野草》整篇读去可以当作诗和文学看;周建人说鲁迅是故意说着玩,"他自己的确不放风筝,可是并不严厉地反对别人放风筝"。

鲁迅的两位兄弟都在生活事实层面将风筝事件予以否定,鲁迅自己也说这是陶老头子所讲的昏话,在这些材料中,读者可以看明白的一点,涉及文学创作的核心秘密:虚构。

关于这一点,杨绛曾以火与光的妙喻来解释:"真人真事的价值,全凭作者怎样取用。小说家没有经验,无从创造。但经验好比点上个火;想象是这个火所发的光。没有火就没有光,但光照所及,远远超过火点儿的大小……想象的光不仅四面放射,还有反照,还有折光。作者头脑里的经验,有如万花筒里的几片玻璃屑,能幻出无限图案。《红楼梦》里那么许多女孩

---

[1] 童年与故乡:对于"童年与故乡"的书写,《朝花夕拾》是显著的,几乎每篇都是;《野草》是隐微的,潜藏在《希望》《雪》《好的故事》《过客》《死火》几篇里。古尔布兰生把自己的书命名为《童年与故乡》,显然是洞察了这二者的合一性。

子,何必个个都真有其人呢?可以一人而分为二人、三人;可以一身而兼具二美、三美。"[1]

纳博科夫说得更明确:"文学是创造,小说是虚构。说某一篇小说是真人真事,这简直是侮辱了艺术,也侮辱了真实。其实,大作家无不具有高超的骗术,不过骗术最高的应首推大自然。大自然总是蒙骗人们。从简单的因物借力进行撒种繁殖的伎俩,到蝴蝶、鸟儿的各种巧妙复杂的保护色,都可以窥见大自然无穷的神机妙算。小说家只是效法大自然罢了。"[2]

总结一下,《风筝》一文,是以一桩虚构的童年事件来呈现中年的乡愁,对儿童的重新认识,对手足情谊的怀念,以及对以往过犯的忏悔。

三、奔放

以上的材料与构想,如何实施于课堂,才能获得理想的功效呢?

有一半的功效取决于上课之前。需要提前布置,请孩子们熟读《风筝》与《我的兄弟》两个文本,如果有条件,孩子们在课前通读《野草》全书,以及《自言自语》全文七则,那就

---

[1]. 《事实——故事——真实》,见杨绛:《杨绛作品集》第三卷,中国社会科学出版社,*1993年10月*,第*146~147*页。

[2]. 《优秀读者与优秀作家》,见〔美〕纳博科夫:《文学讲稿》,申慧辉等译,上海三联书店,*2005年4月*,第*4~5*页。

再好不过了。教师可以布置几个预习思考题：

　　1.《我的兄弟》的情节含有一些要素，请从文中找出几个动词加以概括。
　　2.《风筝》中是否含有以上要素？若有，对应的分别是哪几节？
　　3.《风筝》的开头和结尾，是否有一些共同点？

　　这节课，既是文学鉴赏，也是写作研讨，以鲁迅为师来学习写作，可以分为三个板块：作品的陶造，作品的真实，作品的准确。
　　作品的陶造：课堂伊始，观察、比较《我的兄弟》与《风筝》，从两篇文章的不同之处入手，先确定前文情节的四要素，再在后文里确定对应的段落，预留半节课的时间，探讨第一板块的核心问题：与第一稿相比，第二稿增加了哪些内容？因为孩子们对两个文本都比较熟悉，预习题也提供了稳固的支架，所以比较阅读的效果可以预期，核心问题的探讨当能收获一些成果。
　　作品的真实：课堂过半，新鲜出示鲁迅两位兄弟的文章，此事并没有在现实生活中发生过，当场激起孩子们的一片惊奇，思维流自然地引向了第二板块的核心问题：你如何看待文本的真与假？这个板块所需的时间不多，然而很有意义，因为在小学阶段，孩子们很少有机会从教材与教师那里获得清晰的文体意识，对于真实与虚构、生活真实与艺术真实的关系，未经审慎的思考与辨析，《风筝》一文，正是一个绝佳的范本，帮助孩子们认识到"最真的诗是最假的话"（莎士比亚《皆大欢喜》第三幕第三场）。

作品的准确：课堂尾声，不妨请孩子们化身编辑，就《风筝》结尾处的"但是"一词的使用，与作者鲁迅有一次平等的商榷。

一节课的时间有限，只是浅尝辄止，还有许多重要的问题有待思考，比如：鲁迅是如何创造性地使用风筝线的？为什么鲁迅要在大年初一写这篇文章？写《风筝》之时，鲁迅与兄弟的情感关系是怎样的？罪感与悔改意识的源头出自哪里？赦罪的权柄掌握在谁的手里……课后，有兴趣的孩子可以进一步研究。

附：

风筝

北京的冬季，地上还有积雪，灰黑色的秃树枝丫杈于晴朗的天空中，而远处有一二风筝浮动，在我是一种惊异和悲哀。

故乡的风筝时节，是春二月，倘听到沙沙的风轮声，仰头便能看见一个淡墨色的蟹风筝或嫩蓝色的蜈蚣风筝。还有寂寞的瓦片风筝，没有风轮，又放得很低，伶仃地显出憔悴可怜模样。但此时地上的杨柳已经发芽，早的山桃也多吐蕾，和孩子们的天上的点缀相照应，打成一片春日的温和。我现在在那里呢？四面都还是严冬的肃杀，而久经诀别的故乡的久经逝去的春天，却就在这天空中荡漾了。

但我是向来不爱放风筝的，不但不爱，并且嫌恶他，因为我以为这是没出息孩子所做的玩艺。和我相反的是我的小兄弟，他那时大概十岁内外罢，多病，瘦得不堪，然而最喜欢风筝，自己买不起，我又不许放，他只得张着小嘴，呆看着空中出神，有时至于小半日。远处的蟹风筝突然落下来了，他惊呼；两个瓦片风筝的缠绕解开了，他高兴得跳跃。他的这些，在我看来都是笑柄，可鄙的。

有一天，我忽然想起，似乎多日不很看见他了，但记得曾见他在后园拾枯竹。我恍然大悟似的，便跑向少有人去的一间堆积杂物的小屋去，推开门，果然就在尘封的什物堆中发见了他。他向着大方凳，坐在小凳上；便很惊惶地站了起来，失了色瑟缩着。大方凳旁靠着一个胡蝶风筝的竹骨，还没有糊上纸，凳上是一对做眼睛用的小风轮，正用红纸条装饰着，将要完工了。我在破获秘密的满足中，又很愤怒他的瞒了我的眼睛，这样苦心孤诣地来偷做没出息孩子的玩艺。我即刻伸手抓断了胡蝶的一支翅骨，又将风轮掷在地下，踏扁了。论长幼，论力气，他是都敌不过我的，我当然得到完全的胜利，于是傲然走出，留他绝望地站在小屋里。后来他怎样，我不知道，也没有留心。

然而我的惩罚终于轮到了,在我们离别得很久之后,我已经是中年。我不幸偶而看了一本外国的讲论儿童的书,才知道游戏是儿童最正当的行为,玩具是儿童的天使。于是二十年来毫不忆及的幼小时候对于精神的虐杀的这一幕,忽地在眼前展开,而我的心也仿佛同时变了铅块,很重很重的堕下去了。

但心又不竟堕下去而至于断绝,他只是很重很重地堕着,堕着。

我也知道补过的方法的:送他风筝,赞成他放,劝他放,我和他一同放。我们嚷着,跑着,笑着。——然而他其时已经和我一样,早已有了胡子了。

我也知道还有一个补过的方法的:去讨他的宽恕,等他说,"我可是毫不怪你呵。"那么,我的心一定就轻松了,这确是一个可行的方法。有一回,我们会面的时候,是脸上都已添刻了许多"生"的辛苦的条纹,而我的心很沉重。我们渐渐谈起儿时的旧事来,我便叙述到这一节,自说少年时代的胡涂。"我可是毫不怪你呵。"我想,他要说了,我即刻便受了宽恕,我的心从此也宽松了罢。

"有过这样的事么?"他惊异地笑着说,就像旁听着别人的故事一样。他什么也不记得了。

全然忘却,毫无怨恨,又有什么宽恕之可言呢?无怨的恕,说谎罢了。

我还能希求什么呢?我的心只得沉重着。

现在,故乡的春天又在这异地的空中了,既给我久经逝去的儿时的回忆,而一并也带着无可把握的悲哀。我倒不如躲到肃杀的严冬中去罢,——但是,四面又明明是严冬,正给我非常的寒威和冷气。

一九二五年一月二十四日

成为千百个人,而仍旧保持自己:
我们一起读读小库

∞

十几年前,也就是2009年7月底,我去扬州参加"小学语文教材七人谈",7个人谈了整整3天,其中一个共识就是小学语文教材的整体质量,可以概括为4个字:短小轻薄。教材的篇幅短小,思想含量和艺术含量轻薄,因为容量有限,所以读起来就觉得寡淡,觉得无聊。

十几年过去了,情况还是那个样子,而新一代的孩子正在成长,那么新一代的家长该怎么办呢?也许得明确一点,语文不等于语文教材,语文不是语文书。那么语文是什么呢?语文是我们身处的广大的世界,语文是我们的母语和我们学习的其他语言,语文是古今中外的文学经典。

也就是说,一个孩子想要学好语文,必须在语文教材之上,对文学经典有广泛的涉猎,有深入的精读。当然,读文学经典的意义绝不仅仅只在学好语文，读文学经典的好处有很多。

首先，文学经典是精巧的艺术品，带给我们快乐和满足，一个好故事，一首好诗，一出好戏，都让我们觉得人生很美好，此生没有虚度。

其次，文学经典提供了多种多样的感受，帮助突破个人经验，进入他人的体验，美丽的、崇高的、大而可畏的、哀婉的、卑微的、幽默的、滑稽的、愤怒的……喜怒哀乐应有尽有，文学经典为孩子们提供了通行证。

再次，文学经典帮助我们认识世界，充分了解他人，培养同理心，学习爱和怜悯。那些浓缩了的虚构人物，比我们平时生活里的那些人更典型，了解那些文学人物，也就能了解和把握人性——不仅是了解人性，而且是提升人性——优质阅读让人超越普通生活的烟雾与喧嚣，每一本好书，都是一个干净明亮的地方，让读者更有智慧。

最后，文学经典提供了种种复杂的情境，而我们置身事外。文学经典鼓励我们以局外人的眼光和心境，思考种种复杂的情境，却不必急着做出判断；而反思之后做出的判断，表达是明确的，论证是清晰的。

以经典来看待读小库策划的"世代经典"系列，会发现这个系列的书都不错，书目丰富，保持一贯的高质量，值得经过教育学的转化，引入课堂。上课的12位老师，根据自己的擅长与侧重，从读小库里选了各不相同的12本书。

上课的12位老师，有3位小学老师，4位中学老师，3位大学教授，这样加起来是10位，还有2位身份有点特殊，1位既是小学老师又是大学教授，还有1位关心教育也喜欢孩子的作家。

读小库里的这12本书，每一本都让人放不下。

《黑猫》，属于恐怖文学，孩子们会很喜欢。

《阿拉伯商展》，涉及初恋问题，是很好的情感教育。

《美女还是老虎》，一种困境中的抉择。

《诗人》，具备独特的观察力和智力。

《诚实的贼》《看不见的收藏》，这两本里都有很深的怜悯。

另外像《城南旧事》《海蒂》《绿野仙踪》这3本，都是长篇，情节起起落落，人物来来去去，记录了主人公成长的点点滴滴。这几本小说，提供了成长的坐标系，可以作为孩子前进道路上的参考，不至于迷失方向。

《不要成为无聊的大人》这本书，在思考一个很难回答的问题：为什么要长大？这是需要思考的，一个人慢慢地告别了童年，能不能找到一种并不妥协的成熟状态呢？

按照古希腊的分类，文学经典可以分为小说、戏剧和诗歌，这次选择的12本书，考虑到了文体问题，以小说为主，也有戏剧——《麦克白》，也有诗歌——《四季歌》。

总而言之，文学经典能将人提向天空，也帮助人扎根大地，用路易斯（C.S.Lewis）的一句话来作为总结吧："阅读伟大的文学作品，使我成为千百个人，而仍旧保持自己。"

写于《越·读小库12讲》课程策划之后

一霎飞触的缭乱：评蔡朝阳老师
《不要成为无聊的大人》一课

∞

一位教师能为孩子们提供的珍贵服务，在于指点他们该读哪一本书。

若没有蔡朝阳老师的指定，这本书只是藏在读小库庞大的书目里，默默无闻。翻开之后才会发现它真有趣，开本很小，里面的章节也很小，100多页可以一口气翻完。

在这本书里，我第一次见到一位作家坦然描写自己的内急之事——一场隆重的生日庆典，摄像机全程跟拍时，忽然内急，狂奔在迢迢山路上，而美好的厕所在遥远的山下。正如柯文哲的讲演《生死的智慧》，以9000新台币换来的抽水马桶里的一坨大便，慨然征服了听众；小山薰堂以死死憋住不放的一泡屎，让我大笑着喜欢上了这本书，谁没有类似的经历呢？

小山薰堂采撷了自己的人生精要，如礼物一般奉献在读者面前，思想闪烁的星星点点，点燃读者自身的经验。他在书中两次提到的 serendipity（机缘凑巧），帮助我想起了之前很喜欢的一部同名电影，中文译作《缘分天注定》。小山自称是一名"船到桥头自然直"主义者，主张有目标而不拘泥，尽人事而听天命，于我心有戚戚焉，因为了解世界之大，自身的局限，有些东西是人力无法掌控的。这些人生的经验之谈，若是孩子们自幼就懂得，其间的价值是远远超过 18 元的书价的。

蔡老师用这本书上了两个小时的课。我们常追求有深度的课堂，在有限的时间与空间里，尽可能地挖掘文本，深入考究，有点像机器打桩，一锤一顿，一板一眼，姑名之以"打桩课堂"；蔡老师的这节课，带来的是一雾飞融的缭乱，以课堂形态来看，也许可以称之为"触媒课堂"，轻盈接纳之间，传花授粉已然完成。

在师、生、书的三组关系中，首先是以师为媒，让学生与此书相触，新的思想瞬间就产生了。试着读读孩子们在课前所写的句子，是纯粹的文学，也富含着自由的思想，多漂亮——

无聊

"她"往往跟"烦"搭调，常泛滥于想做某件事却做不了要去做另一件事的时候。

像长在心上的蚜虫，不根除就越长越多，直到整个心都被"她"啃光，渐渐空虚，很难受却说不出口的感觉……"她"确实令人感到糟透:说"她"烦,没"恨"那么深;说"她"不太好,并没有那么轻的分量。

——舒分

无聊是没有一个大概的范围的,其实我认为,任何事,只要从不同角度看,你都会发现它无聊的那个点。很多事做一次很新鲜,可是一直一直循环往复地去做的话,它就会让你感到无聊。

——许惟伊

其次是以书为媒,让学生与生活相触,书里写到了便利店、创意空间、策划案、金钱教育……好的,机会来了,蔡老师经营一家微店,现在面临着4个难题(如何经营一家文化创意类微店,如何多多卖书,如何卖一款茶叶,可以卖哪些周边产品),请同学们出谋划策,帮帮蔡老师。这个巧妙的课程装置,并非从天而降,而是用心制作已久,要知道蔡老师钻研过经济学,专门写过一本书,名叫《为什么不能把所有东西买回家》,喜欢"理性经济人"的概念。他在此时此地的教学技巧,极高明而道中庸,可以概括为一个悖论式的表达:教师暗暗地帮助了每一位学生,乃在他明明地化身为一个求助者。

课堂的火山就这样被激活了,思维的岩浆炽热翻腾,奔逐不息,直至最后的喷涌:

店面的改造,实体店与线上店的二分,与杂志的联合,进博物馆的妙想,饥饿营销,LOGO 的设计……原定90分钟的课,一气呵成120分钟,孩子们一直兴致勃勃,下课了还围着老师继续讨论创意。

打桩课堂与触媒课堂的形态差异,可以对比一览之:

侧重文本 —— 侧重学生;

偏向书面 —— 偏向生活应用;

审美的 —— 实际效用的;

汇聚式(百川入海)—— 发散式(月映万川);

长久缠绵 —— 瞬间交换;

渐悟 —— 顿悟;

导演型教师 —— 节目策划型教师。

倘若以蔡老师喜欢的一副对联来总结,他新提供的触媒课堂是上联:道生一,一生二,二生三,三生万物;人所习以为常的打桩课堂是下联:人法地,地法天,天法道,道法自然。

听了这节与众不同的全书阅读课,很自然地会提出一些问题(尤其是如我一般的文本原教旨主义者):书在课中的权重偏轻,解读文本的深度好像不够,诸如此类。因为深知蔡老师的思想力与志趣,我再三琢磨这节课的结构,重看这节课的课堂视频,认为情况恰恰相反,教师是在深读了这本书之后,根据这本书的精义,将文本做了浅处理。倘若不信,不妨让书本自己说话,来一一解开对这节课的种种不解。

提问一:在教育的流水线上,如何追求高效的课堂?

> 我曾参与过便利店商品的研发,这项工作给我最大的印象是:研发者并非以"顾客"为对象,而是以"便利店

进货员"为对象研发商品。

……保持恰到好处的平衡非常重要……不要由总部的人决定所有的进货种类,而是允许各便利店的店长自由地与商品研发者直接交涉,这样或许能使便利店成为更加有趣的空间。

——《无视幸福的生产》

若以教材编写者为"研发者",教师为"便利店店长",学生为"顾客",岂非同理?

提问二:教师带领孩子读书,处理文本的边界在哪里?

纸质书就是拥有这种机缘巧合发现称心之物的力量。
……
在创意枯竭,想要求助书籍时,我不会在网上选购,一定要自己去书店。书店是"机缘巧合"的宝库,哪怕只是缓缓扫视书脊,似乎也能感觉到新的思路从四面八方飞舞而来。

——《书不只用来读》

提问三:什么是有影响力的语文课?

即便是现在想来极为平常的话,由于某个特殊的时刻以及那一刻的感情,也可能会震动心灵。这是话语的魅力之一。

——《有时，话语会改变人生》

提问四：课堂策划该怎么做？

在讲授"何为策划"时，我总是告诉听众："所谓策划，就是生日礼物。"

练习的第一步是设定一个主角并进行仔细观察……接下来，要揣测让这位主角开心的时机……最后，要考虑什么礼物会令对方开心。

通过上述三步，应该可以避免"今天是那个人的生日，就送一个我喜欢的礼物好了"这样的通常做法，并能在考虑对方喜好、把握对方心情的基础上，送出一份"更棒的生日礼物"。

——《所谓策划，就是生日礼物》

欣然提笔

请在二十字以内,写一则极短篇

∞

一次好的写作课,分为三个阶段:第一阶段是写作题目的设计;第二阶段是学生写作,教师批改;第三阶段是作品讲评。

一、关于第二阶段

写作教学的评论,关于第二阶段的比较多,有两位学者的意见特别值得重视。

第一位是叶圣陶,他说出了语文教师们的心声:"中小学的作文每学期不过五六次,有些学校有大作文和小作文,加起来也不过十次光景。就学生作文能力的锻炼说,实在太少了;就教师改作文的辛劳说,实在太重了。尽管费心费力,总收不到实效,于是来了徒劳无功的共同感慨。"[1]

第二位是启功的老师陈垣,这位史学名家不愧是北京师范大学校长,他的"上课须知"九条,精辟极了,第六条是深历写作教学之苦后的回甘之言:

> (六)批改作文,不要多改,多改了不如你替他作一篇。改多了他们也不看。要改重要的关键处。[2]

仔细推敲这一条的意思,包含以下几点:
1. 学生的作文,教师必须仔细阅读,发现其不足之处;
2. 良医在望闻问切后会开出药方,良师如良医,要针对文章之病开出药方;
3. 药方即评语,可以写下,也可以当面指出,视情况而定;
4. 不去改动学生作品,很有必要的时候,也只改一二关键处。

总而言之,教师批改的心诀是:点出,但不代劳。

这位老教师的经验之谈,与一位老编辑不谋而合,理查德·托德(Richard Todd)说过:

---

[1] 叶圣陶:《大力研究语文教学,尽快改进语文教学》,《中国语文》1978年第2期。
[2] 《夫子循循然善诱人》,见启功:《启功全集》第4卷,北京师范大学出版社,2012年9月,第150页。

无论在哪种媒体工作，编辑都应该避免改写原稿，如果他们果真试图这么做，那么作家就有理由抗拒。出自编辑之手的修改从来都不如作家自己动手来得有效。如果编辑确实要添加文字，那么应该尽量保持作者的行文风格和惯用表达，本着你曾在干洗店看到的那些告示的精神："看不见的织补。"危害一篇作品，最稳妥的方式莫过于把自己的风格强加给它。[1]

我们可以假想在一次教师培训中，理查德·托德对教师们说了这番话，只要把里面的"作家/编辑"替换为"学生/教师"，完全适用在教育场景中，不信的话，请读一读这句：出自教师之手的修改从来都不如学生自己动手来得有效。

二、关于第三阶段

陈垣"上课须知"第七、八条针对写作课的第三阶段——作品讲评：

（七）要有教课日记。自己和学生有某些优缺点，都记下来，包括作文中的问题，记下以备比较。

（八）发作文时，要举例讲解。缺点尽力在堂下个别

---

[1] ［美］特雷西·基德尔、理查德·托德：《非虚构的艺术》，黄红宇译，上海译文出版社，2020年5月，第170页。

谈；缺点改好了，有所进步的，尽力在堂上表扬。[1]

当年我的指导老师也常对我说：无讲评，不写作。意思是说一个写作任务要是没有讲评反馈，那不如不布置。

那么，讲评中要注意哪些事项呢？

陈垣上文两条须知中含有五个要点：

1. 批阅的时候及时记录这次写作的优缺点并整理归类，用作讲评时候的材料；

2. 举例讲解即范文呈现，全文朗读或片段朗读，学生朗读或教师朗读，效果都会很好；

3. 众生皆有的问题，不妨当堂指出，但不必提及学生的姓名；

4. 个别学生的个别问题，私下向他指出就好；

5. 抓住一切机会，表扬优秀的学生，也表扬在进步中的学生。

三、关于第一阶段

良师的作文讲评课，仿佛优秀康复师对患者的治疗，酸麻有之，疼痛有之，安静有之，呼号有之，面红耳赤有之，豁然轻松有之。讲评以仔细批改习作为基础，而习作是以题目设计

---

[1]. 《夫子循循然善诱人》，见启功：《启功全集》第4卷，第150页。

为基础的,一次随意的命题也许有一两篇可读的习作,多次随意的命题定然会败坏写作的兴趣。读读目前小学、初中教材的作文命题与指导,怎能不令人心忧:

　　三年级上册习作《这儿真美》:花园、果园,田野、小河……我们周围有许多美丽的地方,你发现了吗?让我们把身边的美景介绍给别人吧!写之前仔细观察,看看这个地方有些什么,是什么样子的。写的时候,试着运用从课文中学到的方法,围绕一个意思写。

　　四年级上册习作《推荐一个好地方》:水乡小镇让我们赏心悦目,游乐场让我们兴奋不已,书店让我们流连忘返,村头的小树林是我们的乐园……每个人都有自己喜欢的地方,你愿意和大家分享吗?推荐一个好地方给同学吧。

　　五年级上册习作《_____即景》:朝阳喷薄而出,夕阳缓缓西沉;林中百鸟争鸣,园中鲜花怒放……大自然的变化让我们感受到世界的奇妙和美好。观察一种自然现象或一处自然景观,重点观察景物的变化,写下观察所得。根据自己的观察对象,把题目补充完整,如"雨中即景""日落即景""田野即景""窗外即景"。

　　七年级上册片段写作:九月份,由夏入秋,天气转凉,昼夜温差增大,自然景物、人们穿戴等方面也相应发生了许多变化。你注意到了吗?到生活中去细心观察、体验,选取一个场景,写一段文字,描述这些变化,别忘了取一个别致的题目。

八年级上册写作实践：每逢节日来临，人们欢声笑语，处处都洋溢着浓厚的节日气氛，你也一定沉浸在欢乐之中吧。以《节日》为题，写一篇散文。不少于500字。提示：①选一个具体的节日，可以是春节、端午节，也可以是国庆节、劳动节，还可以是其他节日。②除了描写节日的场面，还应该写出人们在节日里的心情，并表达你的感受。③注意使句子顺序合理，衔接自然，前后连贯。

我想，一板一眼按照这种所谓的指导来教写作的老师，一定会把学生引到死胡同里去的，让他们从此厌恶写作，厌恶书本，厌恶语文。

四、题目设计

什么是好的写作题目设计呢？回答这个问题，也许可以写一本书。简而言之，不外乎以下几点：

好的题目设计，能唤起一个人内在的激情，让他不能不写。

好的题目设计，是挑战，是呼召，是吸引，这个题目是具体的，题目的种种要求中蕴含着方法的指导。

好的题目设计，是应许，是承诺，是安慰，参与者知道，参与其中就能提升自己的境界。

好的题目设计，摒弃了无聊、虚假与重复，它帮助学生扎根现实生活，发现生活里的真实与内心的真实。

即便是考场作文，也可以设计得很有意思，何况是平时的习作呢。一位业已进入中年的学生,跟我回忆当年往事,说有一次考场作文让他至今难忘,那是初二第二学期期中考试的作文题,题目是这样出的:

习作尝试(30分)
按照下列要求作文,文体不限,不少于600字。
①以一个成语作为本文题目;
②引录一句诗作为本文开篇;
③用一个比喻作为本文结尾;
④文中至少有一处,使用"镜子"意象。

有段时间常常出试卷,几乎落下职业病,拿起书籍报纸,读着读着就会想,这篇不错,适合作为阅读理解材料,于是自动地开始构思题干……几乎要把自己寻常的阅读兴趣都败坏了。幸亏后来让一切语文试卷远离了我,然而职业习惯依然还在,只不过换了一种方式而已,如今是体现为一种下意识的寻思:这个点子不错,可以做一节什么样的课呢?这则材料可以储备着,到时候讲到某处时可以派用场……语文老师的自我修养,是要修养到下意识里去的。

估计不少资深同行都知道一条读写法则,运用之妙,存乎一心,得当的话即成金律:多读少写。

青年教师(与某些殷切的母亲)须知,写得多不等于写得好,低层面的反复写作,徒增厌烦而已。优质的写作,一两周一次甚至一月一次就足够了,然而前情与后续要有充分的准备。

少写，不单是次数的少，落实在操练上，还可以是字数的少。"逸马杀犬于道"也罢，张允和的"一字电报"也罢，都是不错的素材。半个字的材料也有，比如《人民日报》副刊编辑修订冯骥才的《珍珠鸟》，改"跳"为"逃"，改"趴"为"扒"，改"唖"为"呷"，都只改了半个字，用心良苦。

我想着以后也许可以上一节写作课，课堂的核心很简单：请在二十字以内，写一则极短篇。当然，这仅仅是一个出发点而已，如同构成雨滴的一个细小尘核，要变成一滴饱满自足的雨水，还需要许多的凝结与成长。

既然是极短篇的创作，教师当然得提供范例，想到三则备用的材料。

第一则据说是某次大赛的夺冠之作（要求涵盖宗教、王室、男女、悬疑四要素），作者不详，估计是网友的虚构："My God," said the Queen, "I'm pregnant. I wonder who did it! "（"上帝啊！"王后说，"我怀孕了，我想知道是谁干的。"）然而对中学生来说，这则固然有巧思，但显得轻浮了一些，不太适合作为课堂文本。

第二则是弗雷德里克·布朗（Fredric Brown）的科幻短篇："The last man on Earth sat alone in a room. There was a knock on the door..."（"地球上最后一个人独自坐在房间里。这时有人敲门……"）多有好评，然而其中的得意之处在于一个特殊的限定（The last man）加上一段留白（a knock），用作鉴赏与填补是不错的，作为写作范本并非最理想，因为学其有是容易的，学其无是困难的。

于是想到一则箴言故事——买物的说:"不好,不好。"及至买去,他便自夸。这是一则可用的示范材料。

首先是精练,十六个字包含了一个完整的故事,符合极短篇的要求。

其次是对比度,买物的在人前与人后,心中所想与口中所言很不一致,值得玩味。

再者是生活感(烟火气),这是一则典型的人间故事,一个自由的市场,一场讨价还价,一次成功的交易,加上也许不止一次的小小的炫耀……总而言之,是一出生活中的极生动的小小戏剧。

另外,还值得一提的是里面的幽默感,让人读了忍不住想笑。买物的是个可爱的人儿,他的行径不就是你我曾经有过的吗?他的心态不正是身边某人的心态吗?

那么,卖物的呢?故事里的另一半,竟全然空白,但是和弗雷德里克·布朗的无限留白不同,这里的留白可以称为有限留白,因为卖物者的行动、神态乃至心情,都可以根据已有的这一半,徐徐补出。

英文用了19个单词: It is naught, it is naught, saith the buyer: but when he is gone his way, then he boasteth. 译成中文,仅用了16个汉字,现代汉语的简明雅洁,尽在此中。

二则范例和四道绝望的思考题

∞

范例一:

诗人格伦·麦克斯威尔(Glyn Maxwell)喜欢在他的写作课里做以下测验,此举显然是师法奥登:他给学生菲利普·拉金的诗《降灵节婚礼》(*The Whitsun Weddings*),黑掉其中的一些词,告诉他们是什么词——名词,动词还是形容词——被省略掉了,以及如何将诗行填补完整。雄心勃勃的诗人们必须把黑掉的词填出来。

拉金有一次乘火车从英国北部去往伦敦,他望着窗外,记录下看到的东西。其中一样是一个暖房,他如此表现它:"一座暖房独一无二地闪过(A hothouse flashed uniquely)。"

麦克斯威尔把"独一无二地"（uniquely）划掉，告诉学生缺一个三音节的副词，从来没有一次能有一个学生填上uniquely，uniquely是独一无二的。[1]

范例二：

迨我校读二诗，乃发见后诗之第十四句，自宋本以来皆作"石柱仄青苔"，未注别有异文。而今拓本乃作"石柱多青苔"。我旋检光绪《射洪县志》，见此诗于艺文类，而此句乃作"石柱灰青苔"。遂豁然而悟：灰字当出杜诗原本。传钞讹夺，脱胁间两点而成仄字。作仄之句犹勉强可作柱仄苔青之解。后人之顶冒杜甫写字者殆觉"仄"字兀鼿不安，遂改作"多"字。诚文从而字顺矣；无奈青苔之生要在春夏湿雨之时。山顶冬风之后当仅留寒灰而已。昔宋人曾叹"身轻一鸟过"，杜用"过"字之难而稳。我谓"石柱灰青苔"句中之"灰"字尤险而佳。然则我虽又失望又未得杜甫书迹，不意竟获杜诗中千年久佚之一字，亦可喜矣。[2]

以下四道题，请先独立思考，写下自己的答案，再行

---

1. ［英］詹姆斯·伍德：《小说机杼》，黄远帆译，河南大学出版社，2015年8月，第130页。（为了更好地展示，我将这段分成三小节，译文略有调整。）
2. 洪业：《杜甫：中国最伟大的诗人》，曾祥波译，上海古籍出版社，2020年5月，第380~381页。

检索。

（一）张枣的诗《苍蝇》第一节，横线上填入名词，两个字。

我越看你越像一个人
清秀的五官，纹丝不动
我想深入你嵯峨的内心
五脏俱全，随你的血液
沿周身晕眩，并以微妙的_____
扩大月亮的盈缺

（二）熊秉明《莫当罗丹故居》，横线上填入形容词，两个字。

和文清在大桥附近的小食店里午餐。当厨的少女有_____的眼睛，微微有些斜眼，这微妙的两条视线的错差角造成一难捉扑的表情，使你茫惑，你不知道她在看你呢，她不在看你呢？她观察你的外形呢，她透视到你的内部去了呢？

（三）鲁迅《高老夫子》，横线上填入一个字。

"教过了罢？怎么样，可有几个出色的？"黄三热心地问。

"我没有再教下去的意思。女学堂真不知道要闹成什么样子。我辈正经人，确乎犯不上___在一起……"

毛家的大儿子进来了，胖到像一个汤圆。

"阿呀！久仰久仰！……"满屋子的手都拱起来，膝关节和腿关节接二连三地屈折，仿佛就要蹲了下去似的。

(四)《论语·子张第十九》,横线上填入一个字。

子夏曰:"虽小道,必有可观者焉;致远恐＿,是以君子不为也。"

答案：

（一）张籍的《采莲》
如图有画，并以诗传物的用意

（二）描写的《竟日怨春风》
杨柳渡口的少女与樵夫的情景

（三）曹植的《美女篇》
君王正经人，难道我也工艺花一样……

（四）《诗经·芣苢十九》
越燕啮泥，君以遂去寻求

梦境三则

∞

梦 1：关于梦的胡思乱想

2006年夏天，经一位好朋友介绍，一本教育杂志来约稿，主题词由作者自定，文中尽量多涉及与之相关的作家作品，盖为中学生阅读设路标也，遂有此篇。

一、困惑

三联版"文化生活译丛"中，有一本小书，名《哲学与幼童》，美国哲学家马修斯（G.B.Matthews）著，据说是钱锺书先生推荐给三联，请人专门翻译的。

第一章名为《困惑》——

> 蒂姆（大约6岁）正在忙着舔锅子时问他爸爸："爸爸，我们怎么能知道这不是在做梦呢？"

真的舔锅子和梦里舔锅子，差别在哪里呢？是不是仅仅在于，如果是做梦，他要在醒来之后，才知道这不过是一场梦？

作者分析道："蒂姆的困惑含有典型的哲理。蒂姆提出的问题，对一个极其平常的概念（清醒状态）带来了疑问。这样一来，就使我们大多数人对平时确信自己理解的事物是否真的理解产生了怀疑。疑心我们是否真正知道自己有时是清醒的，并非终身都处于梦境之中。"[1]

二、梦境

李白《春日醉起言志》："处世若大梦，胡为劳其生？所以终日醉，颓然卧前楹……"人生的梦幻感，自先秦的庄子起，就有了准确而唯美的表达，是耶非耶，化为蝴蝶；不过，颠来倒去，现实与梦境夹缠不清的，超过博尔赫斯《双梦记》的作品，当数《列子·周穆王》中郑人覆鹿寻蕉的故事：

郑人得鹿藏之，转眼即忘而以为是梦；傍人得知消息，取鹿而感叹竟然有如此真实的梦。他的妻子疑惑了：是不是你自己做了一个真实的梦？然而郑人当晚又梦到了藏鹿的地方与取

---

[1]. [美]加雷斯·皮·马修斯:《哲学与幼童》，陈国容译，生活·读书·新知三联书店，1989年9月，第2页。

鹿的傍人，天一亮就找上门去；接着找士师打官司……士师会怎么说，郑君如何评价，国相又有怎样的结论呢？

读完之后，大概也要揉一揉眼睛，想想自己是不是在做梦了。

三、现实

似乎并非止于寓言，的确有让人吃惊的时候。王樽《谁在黑暗中呻吟》有一篇《复印梦境》，讨论的是阿伦·雷乃（Alain Resnais）的影片《去年在马里安巴》，写到一半，忽然荡漾开去，讲述了"一个亲身经历的梦境"。(其实，哪一个梦境不是亲身经历呢？)

1990年春节，王樽与妻子坐了两天一夜的火车，黎明时分到了广州，找了个小旅店休息。大约四个小时的睡眠，他做了一个奇怪的梦，起床以后，边刮胡子边讲给妻子听。而接下来，梦见的一切，在现实中一一发生了：大锁，胖女人，空中通道，菜市场，被打碎了的行李箱，妻子白色的高跟鞋……[1]

可以相信王樽的诚实，他没有必要在自己的书里谈神弄鬼来降低自己。若是承认他所说的，那么又将如何看待梦境与现实呢？

---

[1]. 王樽：《谁在黑暗中呻吟：王樽的电影茶道》，中国人民大学出版社，2005年4月，第197~199页。

四、人生

梦的吊诡在于,当你在梦中的时候,认为这一切都是真的,确定不疑;只有在醒了之后,才知道先前的只是梦境。梦境只占夜晚的一小段,可谁又能保证,一个人的一生,只不过是另一个较长序列中的一小段时间呢?铃木大拙《禅的生命》,引述《十地经》记载,当菩萨认识到"以万物为无生",从灵魂生命的第七境跨入不动的第八境,他就获得了无为的生命,抛弃了形形色色的烦恼,超脱了区别:

> 这就像一个人,在梦中发现自己漂浮在一条大河里,试图游到对岸;他使尽全力,想尽一切办法,奋力地游着。由于这一切努力和尝试,他从梦中惊醒了,惊醒之后,他的一切努力都平息了。同样,菩萨看见一切生命在四条溪流中沉浮,他试图拯救他们,强劲而果敢地发挥他的力量,于是,他抵达了不动的境界。一旦跨入此境,他的一切努力便消失了,他超脱了一切源于二元观念的活动,超脱了一切源于依附表象的活动。[1]

---

1. [比] 莫里斯·梅特林克等:《沙漏》,田智等译,生活·读书·新知三联书店,1992年7月,第107页。

五、K的梦

卡夫卡的《梦》是这样开篇的:

约瑟夫·K做了一个梦。
那天天气很好,K想去散散步,可当他刚刚迈出两步,就已经到了墓地。
……

K梦见了一座新的坟丘,刚刚立好的墓碑,用铅笔在墓碑上写字的艺术家,一行金字:"这里安息着……"直到K被一股轻柔的气流从背后推动,坠下去,被无底的墓穴的深渊吞噬的一瞬,他才发现,带着显赫的装饰被刻在了石碑上的,原来就是他自己的名字"K"。

全文尽是怪诞——梦见的竟然是墓地,目击有人题写墓碑,墓碑上正是自己的名字,被推到墓穴中还欣喜若狂。而卡夫卡的大手笔,也许正在告诉读者——

我们与死亡之近,不过两步的距离;总以为相对死亡事件,自己是个旁观者,墓碑上写的总是别人的名字,其实每过一刻,我们的墓碑上就增添了一笔;生活中的大悲大喜,宛如梦境,时光过去之后再加审视,只觉得虚无。

六、溯源

梦古作"夢",会意字,由"苜"(mò,眼看不清)、"人"(变形)、"夕"三字组成,意为不明也。晚上看不清,眼前种种昏昧不明,那便是做梦了。

弗洛伊德认为,心灵的能量性驱力(力比多),必须释放出来才能得到快乐和防止痛苦,它寻找出口——往往在梦中以想象的方式实现。弗洛伊德宣称,所有的梦,都是满足这类欲望的手段。梦是认识无意识状态的必由之路。

而德国心理学家恩斯特·波佩尔(Ernst Poppel)研究发现,梦可能是无意义的。为什么人会做梦?因为新生儿一出世就要知觉和处理各种刺激,所以大自然在胎儿出生前为脑的试运行安排了机会,其他感觉通道在母体内可以获得一些,唯独视觉信息缺乏,于是就有了梦(快眼动睡眠状态),梦是大脑的视觉预演。这样看来,出生后的梦,是没有作用的,只不过是出生前程序的一点残余而已。

这样的解释,令人满意吗?

七、梦与诗

梦与诗,是天生的侣伴:

> 庄生晓梦迷蝴蝶,铁马冰河入梦来,又踏杨花过谢桥,小轩窗正梳妆,五月渔郎相忆否……

我这样梦着,但我是何人?——一个孩子在黑夜里哭喊,一个孩子在把光明呼唤,没有语言,而唯有哭声。——丁尼生(A.Tennyson)

我愿坐在谁身边,唱一支歌来催眠。我愿轻轻哼唱着摇你入睡,守护你沉入又走出梦寐。——里尔克(R.M.Rilke)

他放出猎犬扑向我们许给我们空中的坟墓/他玩蛇做梦死亡是来自德国的大师/你金发的马格丽特/你灰发的舒拉密兹——保罗·策兰(Paul Celan)

梦:为煤油排队——艾基(G.Aygi)

行旅中病了,梦在枯槁的荒野上回荡。——松尾芭蕉的弥留之句

……

现代中国关于梦的作品,值得偏爱的,还有三种:李健吾《切梦刀》,何其芳《画梦录》,唐朝乐队《梦回唐朝》。

梦 II：一种奇特的写作训练

写作该怎么练？

说到这个话题，多萝西娅·布兰德（Dorothea Brande）同样谈到了"事与字"的关系，她的建议简单易行：

一、每周一次，用孩子般的眼光重新打量世界（事）；

二、在15分钟内的目光所及之处，都要看得专心致志（事）；

三、将看到的景象写下来，力求清晰，找到最精确的词句（字）。

一旦这样尝试了，不久就会有丰厚的回报：新的写作素材蜂拥而来，往事也被激活了，许多内容都可以随手撷来为己所用，不单单是写作进步了，就连生活里的单调无聊也不见了，每一天都新鲜得像一串刚刚摘下洗净的缀着水珠的葡萄。

从"事"到"字"的搬运，正是"写"字的本义（《说文》：写，置物也），勤劳的搬运终会得到奖赏（或迟或早），热爱写作的人真是幸福的。

多萝西娅·布兰德还有一个挺好玩的写作建议：

临睡前，你在床头放好纸笔，设个闹钟，比平时早半小时把自己闹醒，半梦半醒之间就坐起来，坐在床头，开灯也好，不开灯也许更好，摸着纸笔就写。

写些什么呢？脑子里有什么就写什么，最好是刚刚做过的还记得的梦，立即捕捉住记录下来；如果一夜无梦，那么昨天的事也行，真实发生的或是你在假想中补充的，都可以。无须评判或反思,也不必顾及文笔,只是单纯的同步操作:脑中所思,笔下速记。

字有点潦草,行与行不整齐,内容似乎前言不搭后语……都没关系,这是一种纯粹的写作,写作在你睡意尚存的极早的清晨,外面鸟未叫,路灯尚明,日头还没有出来,一切都很安静,只有你在写。放心,没有人会看到你所写的东西,尽管放心地写,写,写。

当然了,任何建议都会有它的对立面,不知希区柯克(A.Hitchcock)是否读过多萝西娅·布兰德的书,他在某次采访中说了一段话,好像在讽刺这种半梦半醒写作法:

> 从前有一个编剧总是在夜里有最佳的构思,当他在早上醒来时,他却想不起来了。最后,他想:"我在床边放上一张纸和一支笔,当构思来到时,我可以写下来。"这一位编剧睡下了,当然,半夜他醒来时有了一个棒极了的构思;他迅速写下这个构思,又很高兴地睡着了。第二天早上,他醒过来,忘了他曾写下构思。他在刮胡子时心里想:"啊!见鬼!昨天晚上我有过一个棒极了的构思,但眼下我忘了。咦!真要命……啊!不,我没有忘记,我用过笔和纸。"他冲进卧室,捡起那张纸,念道:"小伙子爱上了一个姑娘。"[1]

---

[1] [法]弗朗索瓦·特吕弗:《希区柯克与特吕弗对话录》,郑克鲁译,上海人民出版社,2007年1月,第217页。

希区柯克的意思是,梦里感觉了不得的创意,拿到白天来看会让人沮丧。无论如何,我曾照多萝西娅·布兰德所说的试了一次,在迷迷糊糊中记录了尚且记得的梦,清醒后录入电脑存档,记得当时一边打字一边摇头,只觉得怪异而不可解。20年过去了,依然读不懂里面的意思,文档还在,也该解禁了,内容是这样的——

凌晨记梦

不知犯了什么过失,G与另两人被判为绞刑——一个类似爬杆的架子,从上垂下的黑绳子代替了拔地而起的杆子。G觉得双足疲惫,想着也许颈上套上绳索,反倒会另有依托。时辰已到,一人过来替G换上绳索,顿时离地而起,而G的手还护在颈前绳圈内。后来也许手被脱离了。G有轻微的被悬挂的快感。但是他不能死!既然无法着陆,那就索性登空吧!不知怎的,他顺着别的(杆子?)向上爬了,直到最高处的横杆,横着爬过几格,G再以极快的速度滑下,击中地面,又迅速地冲出人群,跑了出去。

奔跑中,G发现自己似乎是在山顶。路颇似翁家山的模样,然没有那么多的房屋。G顺着不甚宽敞的路疾奔而下。也许是几百米,也许是几里路吧,赶开了司机,获得了一辆半旧的红色桑塔纳。坐上去,左脚踩离合器,右脚加油门,不停地打方向盘。车子便盘绕而下了。途中还试着用右脚踩了一下左侧的小踏板（那里是刹车），挺灵。而再踩右侧的平踏板（油门），车子却并未加速，只是按照势能往下滑着，也许是因为它是旧车吧。

就在G跳上车子逃命的同时，有几个人也已经开车来追捕他了。G清晰地知道追兵立至，几个盘旋后，在一个岔口，便选择了右边的一条似乎已废弃的路。这条未铺柏油（水泥）的路通向山林深处。仅仅进入了不远，便不能前进了。下面是一个悬崖。

G丢弃了汽车，赤手攀爬着，单手勾住岩上突出的岩石，左右互换着，深入岩底。

也不知G是否经过了怎样艰险的过程，最后他来到了一片有着水与高大黑色光滑的岩石的地方。中间低洼处是一个巨大的水塘，塘中满是怪石，而G便试图躲在水中，或石头后面。

而此时，Z领着两个男人在远处出现了，他们是循迹而至的，从山上下来，在高处绕圈行车。"他在那！"眼尖的Z大叫。G顿时暴露了。他转移了一下，躲避他们的目光。"他在这！"Z领着他们，不过换了个角度，便又发现了。

G无处可逃。

"我终于可以得到1000元的赏金了！我知道我可以得到的！"Z兴高采烈地说。

G就这样万分沮丧、万分不安地被出卖了。

另一个结尾：

似乎又挣脱了。在山间幽独奔走——直到一个湖边，遇见观看湖的父亲，此间已远离那边境界，然仍叮嘱为自己的行踪保密。

隐居很快过去了一年。然而，某日又被一熟人发现了。最终决定，到他家厕所兼浴室与他摊牌。

2001 年 1 月 29 日

梦III：沈从文也懂得这套拳法

初中生读物，丰子恺、张爱玲之外，要再推荐一位，也许我会选择沈从文（据我所知，江苏张学青老师很早就编有一册《小学生沈从文读本》）。初中生读沈从文的哪本书最好呢？我选择了《湘行书简》。《湘行书简》中，张兆和致沈从文的书信有3封，沈从文致张兆和的信共34封，书中还有11幅画，含5幅蜡笔画，我曾带领同学们一一读过。

其中的《歪了一下》《横石和九溪》《历史是一条河》《过新田湾》，无论文字还是思想，篇篇都能将人提升。设若小孩子是苗，有神力能拔苗助长，那么这几篇中定然蕴含着这样的神力。

《湘行书简》中赫然有一篇梦境记录。看来写作的基本原理，普世皆通，沈从文也懂得这套梦幻的拳法，他打得比普通作家都好。《鸭窠围的梦》[1]凡800多字，共五节，写梦境的第二节约占一半篇幅，第一、三节交代梦境前后的情况，第四、五节是真正值得背诵的段落。好在何处呢？不知哪位老师可以上一节课来为众人解说。

鸭窠围的梦

十七日上六点十分

五点半我又醒了，为恶梦吓醒的。醒来听听各处，世界那么静。回味梦中一切，又想到许多别的问题。山鸡叫了，真所谓百感交集。我已经不想再睡了。你这时说不定也快醒了！你若照你个人独居的习惯，这时应当已经起了床的。

我先是梦到在书房看一本新来的杂志，上面有些希奇古怪的文章，后来我们订婚请客了，在一个花园中请了十个人，媒人却姓曾。一个同小五哥年龄相仿佛的中学生，但又同我是老同学。酒席摆在一个人家的花园里，且在大梅花树下面。来客整整坐了十位，只其中曾姓小孩子不来，我便去找寻他，到处找不着，再赶回来时客全跑了，只剩下些粗人，桌上也只放下两样吃的菜。我问这是怎么回事，

---

[1] 沈从文：《湘行书简》，人民文学出版社，2017年3月，第49~50页。

方知道他们等客不来，各人皆生气散了。我就赶快到处去找你，却找不到。再过一阵，我又似乎到了我们现在的家中房里，门皆关着，院子外有狮子一只咆哮，我真着急。想出去不成，想别的方法通知一下你们也不成。这狮子可是我们家养的东西，不久张大姐（她年纪似乎只十四岁）拿生肉来喂狮子了，狮子把肉吃过就地翻斤斗给我们看。同时你就坐在正屋门限上看它玩一切把戏，还看得到好好的太阳影子！再过了一阵我们出门野餐去了，到了个湖中央堤上，黄泥作成的堤，两人坐下看水，那狮子则在水中游泳。过不久这狮子理着项下长须，它变成了同于右任差不多的一个胡子了……

醒来只听到许多鸡叫，我方明白我还是在小船上。我希望梦到你，但同时还希望梦中的你比本来的更温柔些。可是我成天上滩，在深山长潭里过日子，梦得你也不同了。也许是鲤鱼精来作梦，假充你到我面前吧。

这时真静，我为了这静，好像读一首怕人的诗。这真是诗。不同处就是任何好诗所引起的情绪，还不能那么动人罢了。这时心里透明的，想一切皆深入无间。我在温习你的一切。我真带点儿惊讶，当我默读到生活某一章时，我不止惊讶。我称量我的幸运，且计算它，但这无法使我弄清楚一点点。你占去了我的感情全部。为了这点幸福的自觉，我叹息了。

倘若你这时见到我，你就会明白我如何温柔！一切过去的种种，它的结局皆在把我推到你身边心上，你的一切过去也皆在把我拉近你身边心上。这真是命运。而且从二哥说来,这是如何幸运!我还要说的话不想让烛光听到,我将吹熄了这支蜡烛,在暗中向空虚去说。

二哥

牛角挂书

我的阅读史：影响我的几本书

∞

我家的客厅没有电视机，左右两边都是书架，贴壁而立。其中一边的书架是定制的，深达 30 厘米，里外可以放两排书，里层的书立在一个隐藏的小木架上，比外层高出七八厘米，不至于被挡住看不见。这样，书架的存书量就增加了一倍。家里的藏书不算多，8000 册左右吧，随着新书的购入，有些用不着的旧书就清理出去了。

第一本书

在童年记忆中，激发我阅读热情的第一本书，叫作《365夜》，上下册，黑色的封面，按照一年 365 天，一天一则有趣的故事。我不知道这套书是从哪里来的，也许是母亲为我借来的，在我家里留了一段时间，后来不知道去了哪里，估计是还给了人家。

记得那时我念小学二年级，因为母亲是教师，家就在校园里，课间十分钟，也要匆匆跑回二楼的家，抢着时间读上几则故事，一直到上课铃响起，才不得不放下书，跑回教室去上课。读的时候心里很矛盾，既想不间断地一口气读下去，又担心故事有限，舍不得一下子读完……成年之后，专门去查了才知道，这本书是少年儿童出版社1980年10月初版的，主编叫鲁兵。至今我还对这位主编心存感激，因为这本书让我尝到了阅读的甜蜜，从此成为一个爱书人。

让我近视的那本书

小学五六年级，正值金庸的《射雕英雄传》在电视里热播，我家住在杭州武林广场边上，有一天发现《射雕英雄传》的书竟然在楼下的书报亭里就有！但是很贵，要三元六角，考虑了很久，决定动用积蓄，把存了很久的硬币一掷而空，换回淡黄封面的上下两册《射雕英雄传》。买回来后，完全沉浸在里面，不分日夜地看。当时家里没有台灯，客厅里的日光灯瓦数也不高，看着看着，眼睛很快就近视了，到了初一，就只能去毛源昌眼镜店配眼镜了。然而对金庸的热爱一直持续着，高一暑假，楼下的马伯伯在读《笑傲江湖》，他读完一册我就借一册，一样读得如痴如醉。黄仲则的"似此星辰非昨夜，为谁风露立中宵"的迷人诗句，也是首先在金庸的书里读到的。

三联书店

中学阶段，读书很少，大约仅有金庸的一些、林语堂的一两本和钱锺书的《围城》了。考进了杭州师范学院（也就是现在的杭州师范大学），就读中文系，碰到了几位好老师，和热爱阅读写作的蔡朝阳同班（后来我们同桌四年），阅读视野就渐渐打开了。还有一个很重要的原因，就是喜欢去书店，每周至少要去一次，有时候隔天就去，熟得几乎可以做店里的营业员了。现在杭州著名的晓风书屋的女当家朱钰芳，当时就是三联的员工。

我们常说自己读了两所大学，一所杭师大，另一所就是三联书店。我在《湖边的三联》中有过交代："从少年宫走过来，到湖滨的六公园，首先见到的是湖畔居——原来湖畔诗社的旧址——继续往南几步，走下两节台阶，绿树掩映处，一块暗红色的石招牌上，生活、读书、新知三个小人，正在奋力开垦，受着头上一颗小星的笼罩。呵，三联到了……柜台里放着的，都是新到的书，正着脸与你对视；一段时间后上了柜台后面倚墙而立的书架，只露出一条窄窄的脊背，可就难找了。近视眼们总是半趴在柜台上，也不管玻璃不太能承重，吭哧吭哧吃力地瞪。想要拿本书，就得叫人，营业员最多只有两个，绕来绕去地帮着拔萝卜似的拔书……真看累了，没有关系，前后两扇大门贯通一气的，只是隔着卖磁带的圆形柜台罢了，透过后门往西一探，就得见湖上的文章了。要是索性出后门，前进几步，不必走到湖边，西北的树梢上，保俶塔悠然地停着。"

《展望二十一世纪》

大学期间,在思想观念上对我影响比较大的第一本书,当数《展望二十一世纪》了,这是一本对话录,对话双方是历史学家汤因比(A.J.Toynbee)与日本思想家池田大作。全书分人生与社会、政治与世界、哲学与宗教三大部分,对话的问题涉及方方面面:遗传与环境、精神与肉体、人类与自然、地球污染、器官移植、知识分子与大众、信仰自由、安乐死、民主与独裁、中国与世界……

因为汤因比与池田大作的对话实在精彩,引得我进一步去找他们的其他作品,于是就找到了《汤因比论汤因比》,薄薄的一册小书,上编为方法,下编为模式,文章篇篇精彩。在这本书里,汤因比说的这样一段话对当时的我触动很大:"每一个人都不得不面临死亡和丧亲,面临对自身不足的意识,面临行动和判断的错误,以及一大堆其他的个人问题。对于每一个人来说,个人生活的成功与失败是至关重要的事情……假如你观察一下更高级的宗教和哲学,那末你就会发现,它们所做的一切都是与个人有关的……"这段话与梁漱溟《中国文化要义》中的那段相互印证,让我反思自己从小接受的教育与自己身处的文化传统:"中国文化最大之偏失,就在个人永不被发现这一点上。一个人简直没有站在自己立场说话的机会,多少感情要求被压抑,被抹杀。"

进入21世纪后,我也有时重读《展望二十一世纪》,发现两位智者确实有前瞻性,对许多问题都早有预见。

《灵地的缅想》

在文学批评方面，有一套"火凤凰新批评文丛"，几乎每一本我都有，其中那本《灵地的缅想》，对我影响很大。作者胡河清是华东师范大学的文学博士，他的这本书出版于1994年12月（作者在当年4月坠楼逝世），里面的每一篇我都反复读了很多遍，《马原论》《史铁生论》《汪曾祺论》《钱锺书论》……让人大开眼界，文学批评竟然可以写得如此动人，它的效果是双重的——一方面让读者迫不及待地想去读评论到的作品；另一方面又让读者不断地流连在批评文章里面，不想离开。

这本书有一种难以说清的悠长滋味，作者的《自序》是我读过的最动人的序言，在序言里，他写道：

> 那时我的心境非常寂寥，也很孤独，缅怀不知音讯的故人。因此读了洪峰小说《极地之侧》中的以下一节文字，不觉有些动情：
>
> > 后来人们都走了。只有我和小晶依旧站在坟前。
> >
> > 西边的天空鲜血一样弥漫。
> >
> > 小晶碰我一下，说："我们也该走了。"
> >
> > 我说："该走了。"
> >
> > 说完我又站了一会，然后肩并肩朝岗下走。这时候天已经很昏暗，出现了我前面说到的那种青紫颜色。四周很安静，天大极了人小极了。

自从选择了文学作为职业,我就开始预感到,我的一生恐怕是同文学难以分手了。当中国人文文化传统越来越悲壮地衰落,我在大江南北的许多朋友也相继离开了文学。但我却愿意像我的一位老同学说的,做一个中国文学的寂寞的守灵人。天似穹庐,笼盖四野,等到那血色黄昏的时刻,兴许连我也不得不离开这一片寂寥的方寸灵地。如果真有这一日,我的心情该会多么惆怅呀。

以上文字常常萦绕在我心头,想着胡河清的术业与专攻,想着他离开这世界时的情景与心境,每每黯然神伤,然而不知为何,也从这哀伤中汲取了力量:尽一己之力,了解真正优秀的作家作品,给予出色的解读,让更多的人喜欢。这是胡河清倾尽心力所做的,这也正是语文教师的职业使命。

打印出来的书

张隆溪先生的经历可谓传奇,早年亲炙杨周翰、钱锺书与朱光潜几位大家,造诣很高而处事低调。他的一本《二十世纪西方文论述评》是"读书文丛"里的一册,小32开,不到200页,听说初版后被抢购一空,一时洛阳纸贵,后来就成了传说中的找不到的书,那时候还没有孔夫子旧书网,在有限的几个旧书铺里是怎么也遇不上的。2000年前后,《读书》出了一套光碟,收录了杂志20年来的所有文章,在我看来,几乎就是一个无价的资源宝库。打开之后,惊喜连连,张隆溪先生关于西方文论的文章，结集之前，就是一篇篇发表在《读书》上的。我就把这些文章自己排版，到学校文印室，用那台油墨打印机，嘎吱嘎吱地打印出来，就这样拥有了一本自制的《二十世纪西方文论述评》。

《给一个青年诗人的十封信》

"读书文丛"里另一本让我偏爱的白皮小书，是里尔克（R.M.Rilke）《给一个青年诗人的十封信》，冯至翻译，1994年3月初版。这是一个卓越诗人的经验之谈，从中也可以见到一个伟大的诗人谦卑的态度，里尔克不是在提携后辈（事实上后辈与读者确实得到了提携），只是与年轻朋友平等地交流人生，探讨学问。

第四封信中，有一段话很能给年轻人以安慰。里尔克对卡卜斯说："你是这样年轻，一切都在开始，亲爱的先生，我要尽我的所能请求你，对于你心里一切的疑难要多多忍耐，要去爱这些'问题的本身'，像是爱一间锁闭了的房屋，或是一本用别种文字写成的书。现在你不要去追求那些你还不能得到的答案，因为你还不能在生活里体验到它们。一切都要亲身生活。现在你就在这些问题里'生活'吧。或者，不大注意，渐渐会有那遥远的一天，你生活到了能解答这些问题的境地。"

此外，在本书附录的《马尔特·劳利兹·布里格随笔》里，里尔克把他的诗歌观说得非常透彻：诗是经验。无论是创作者还是鉴赏者，要是早明白这一点，可以少走多少弯路啊！比如说，为什么小孩子都喜欢李白,中老年就会偏爱杜甫?李杜诗篇万口传,资深读者会知道,一定要加以比较的话,李白不如杜甫,杜甫是中国最优秀的诗人,因为他的作品中展现了广博深切的人类经验。然而杜甫的优秀,需要读者用自己的阅历加以亲证,当一个读者带着许多人生经验重新来读杜甫的时候,才会发现他的伟大。忍不住摘录一小段,看看里尔克说得多么好:

> 诗是经验。为了一首诗我们必须观看许多城市,观看人和物,我们必须认识动物,我们必须去感觉鸟怎样飞翔,知道小小的花朵在早晨开放时的姿态。我们必须能够回想:异乡的路途,不期的相遇,逐渐临近的别离;——回想那还不清楚的童年的岁月;想到父母……我们有回忆,也还不够。如果回忆很多,我们必须能够忘记,我们要有大的忍耐力等着它们再来。因为只是回忆还不算数。等到它们成为我们身内的血、我们的目光和姿态,无名地和我们自己再也不能区分,那才能以实现,在一个很稀有的时刻有一行诗的第一个字在它们的中心形成,脱颖而出。

其实这是一本重刊的名著,早在1938年就由商务印书馆印行过,很偶然地,我在熊秉明的《关于罗丹:日记择抄》里看到,熊秉明也提到过自己在大学时读到此书,"受到很大的启发,好像忽然睁开了新的眼睛来看世界"。

《惶然录》

1999年5月,上海文艺出版社出版了韩少功翻译的《惶然录》,让我沉醉,作者是葡萄牙作家佩索阿(F.Pessoa)。

碎片式的写作,每篇都不长,每次翻开都有启发,就连标题都个个漂亮,请看:"写下就是永恒""艺术在另一间房里""我也将要消失""我这张脸是谁""内心的交响""我是无""生活之奴""一个人是群体""单调产生的快乐"……

最近我老是记起其中两篇《可怕的少作》和《新作原是旧作》。《可怕的少作》里,佩索阿提及自己成年之后,偶尔读到15年前的一篇文章,惊讶于当时怎么可以写得这么好,而且是用法文写的。作家惊问道:"当我读着自己写下的东西,居然觉得这是陌生人所写的时候,到底发生了什么事?我能够站在什么样的海岸,让自己俯瞰沉在海底的自己?"

这让我想起在中学时写过一句"我用看蚂蚁的心情/看待自己的命运",现在我有点怀疑,不知这句话是我自己发明的,还是哪里抄来的,怎么会写得如此超然淡然,如此有中年感呢。用《新作原是旧作》里的句子来说:"我总是争当一个我早就如此的人,这是怎么一回事?我怎样才能在今天知道我在昨天所不能知道的自己?"

《出死入生》

关于这本《出死入生》的来历,有一个说来话长的奇妙故事。2009年,我们发起了小学语文教材批评,关注的媒体很多,《中国新闻出版报》驻浙江记者站站长吴重生采访了我。不知为何,我在孔夫子旧书网搜了一下"吴重生",跳出来一本《出死入生》,于是就买来看看,拿到书之后才发现是一位同名者,而这本书里记载的经历让人难以置信却又不得不信——

这位吴重生是菲律宾《新闻日报》的社长,在日军攻占菲律宾时被通缉,从1941年12月开始,他与家人在1105天的逃亡中,时刻都有生命危险。这部《出死入生》手稿,几次险落日军之手,"逃脱重围前夕,我们把文稿装进布袋放入汽油桶埋藏溪边蓬草间。美军猛攻山下防线一个多月,战情惨烈,山谷变成火海。我们的同伴马山跟着美军胜利,奔往已成废墟的田庄,发现全部文稿完整地放在汽油桶中布袋里面。汽油桶不再在当日所埋藏的溪边蓬草间,而在溪中一块巨石上面。如仍在蓬草间,当轰炸燃烧时,必毁于火;如坠入溪水中,不被水流冲走,也必腐烂。这一汽油桶可能在炮火连天、山岳震撼之际,落在溪中巨石上面,没被水火毁坏。从这些文稿几次神奇的保全,可知这本书的写成,绝非偶然……"

《超越东西方》

《超越东西方》的作者吴经熊1899年生于宁波,1920年毕业于东吴大学法科后负笈美国,1921年即获密歇根大学法学博士学位,辗转欧洲游学三年,回国后在东吴法学院任教,后来担任法官和立法院委员,由他起草的《中华民国宪法第一草案》，史称"吴氏宪草"。

《超越东西方》是一本奇书，是自传，是见证，也是爱的誓言。里面随处是激动人心的警句，比如：

> 一个东西并不因为它是神秘的就不是真的。相反，它若不是神秘的，它就不会是现实。

> "你认为最好的幸福的定义是什么？"我回答说："心灵的平安。"

> 作为一名中国人，我有一个祖国要拯救，我有一群人民要热爱，我有一个种族要高举，我有一个文明要现代化。

> 在我们存在的核心处有一个虚无之深渊，我们最好通过运用与无限者的亲近来抵消它，该无限者也在我们存在的核心处。因此我们的朝圣之旅就既不是朝东的，也不是朝西的，而是朝内的；这就是我所谓的"超越东西方"了。

《返璞归真》

2009年底，我读完了C.S.路易斯的《返璞归真》，路易斯被称为"最伟大的牛津人"，他认为神学从某种意义上说是一门实验科学。书里一系列精彩的比喻让我眼花缭乱，深感好玩。比如：

地质学家研究岩石,岩石静静地待在那儿,主动权在你手里;动物学家拍摄野生动物,得静悄悄地接近,因为它们会躲避,动物有一点小小的主动权;假如你想了解一个人,而他执意不肯,你们就无法认识。你必须赢得他的信任,才有可能建立友谊,双方掌握的主动权是相等的……阳光均匀地照在所有的镜子上,但是布满灰尘的镜子,难以如明镜般反射出清晰的光。

又比如:

一个曾在海滩眺望大西洋的人,当他转而去看大西洋的地图时,他也是从一个真实的事物转向一个不那么真实的事物,从真正的海浪转向一小张彩色的纸。这里的关键是,地图虽然确实只是一张彩色的纸,但你要记住两点:首先,它是以成千上万曾在真正的大西洋上航行之人的发现为基础绘制而成的。从这个角度来说,它的背后蕴藏着群体的经验,这些经验和你从海滩眺望大西洋一样真实。唯一不同的是,你的经验只是个人的一瞥,而地图却是各种各样经验的汇集。其次,无论你去哪里,地图都必不可少。如果你只满足于在海滩漫步,眺望大西洋比看地图要有趣得多,但是,如果你想到达美国,地图会比沙滩漫步更有用处。

镜之喻、地图之喻,以及书中的时间如直线之喻、人类如舰队之喻等,无不让人悚然一惊,掩卷沉思良久。

阅读引领自由之路 —— 两位语文教师关于语文与阅读的对话[1]

∞

对话人：郭初阳（以下简称"郭"）、倪江（以下简称"倪"）[2]

语文教育的使命

郭:《说文解字》对语文这样解释:"语，论也。"所谓语文，就是通过一次又一次的研习与谈论，让人获得教养，成为一个温和文雅的人。语文教会一个人说什么，也教会他怎么说，自

---

[1]. 载于《中国教育报》第 09 版：读书周刊, 2014 年 3 月 27 日。
[2]. 倪江，杭州外国语学校语文教师。

然也教会他尊重别人,安静地倾听。以上是我对语文的理解,不知这是不是语文教育的使命呢?

倪:郭老师从个体安身立命的层面论述语文的使命,我深以为然。中国人对"经国大业""不朽盛事"式的文章的迷恋,恰恰容易导致语文被捆绑在道德和意识形态层面。松绑,给语文以自由,抵达语文的本质——生命的存在的层次,让语文成为学生的自然需求,才是拾回旁落语文的要义。

郭:是啊,如果检索一下维基百科里的"作文"词条,解释是这样的:"作文是东亚地区的一种特殊的语文课堂。在欧美国家,以及中国港澳地区,由于普遍实行综合课程模式上课,作文通常都与一般的语言科目合并在一起。"许多时候,我们是只见文不见人。我认同语文召唤自由的使命——回到珍贵的个体,回到自由的生命。"寄身于翰墨,见意于篇籍"之句,不妨积极地理解为语文不是教人逃避与虚假,恰恰相反,语文是让人直面人生,活在真实中。

语文课堂

倪:郭老师认为"理想的语文课堂"是怎样的?

郭:理想的语文课堂,是由师生共同营建的,会呈现出一系列悖论——它是安全的,又尽力拓展自由;它是有边界的,但又完全开放;它是紧张的,然而又有让人上瘾的愉快;它提倡独立思考也保护沉默,更鼓励分享观点;它是令人深深沉醉的,却培养着每一个参与者清醒的洞察力……

倪：但悖论是，"理想"的语文课堂并不存在，只有更理想的语文课堂。在全球进行过的各种教育模式试验，无论是注重传统还是立足现代，是专业化还是生活化，是严谨苛刻还是自由宽松，是学术化取向还是职业化取向，母语教育追求完美的步伐永不停歇。而我们能够知道的是，电影《四百击》《操行零分》《如果》中的学校，充斥着陈腐的专制气息，僵化刻板，这些学校不是你想把孩子送去的地方。

郭：人们可以把学校建设成乐园，也可以改造成监狱。无论如何，学校是一个空间或一种境域——是实体的也是心理的，能让我们触及埋于内心的东西，帮助我们认识和表达最深处的爱与哀愁，获得自身的存在感，也经历与己平等的他人的人生。

倪：语文应该伴随着孩子自然地、自由地成长，草木之质养成质朴仁德。语文课堂合乎人性，合乎人对语言的天然召唤，就已经足够。

郭：是的，教师须有一颗人间草木心。理想的语文课堂就像童年，又仿佛爱情。借用龚定庵的诗句："不似怀人不似禅，梦回清泪一潸然。瓶花帖妥炉香定，觅我童心廿六年。"

自由阅读和经典阅读

郭：关于自由阅读，倪老师的定义是什么？

倪：自由阅读有两层含义：自由地阅读，读自由的文字。多元阅读能够形成理性平和的人性，褊狭的阅读形成的则是暴戾的人性。多读自由的文字，就多一份自由的保障。

郭：如果考虑到阅读者的主体性，我更偏爱"自由自主阅读"（Free Voluntary Reading，FVR）一词，斯蒂芬·克拉生（Stephen Krashen）的定义为："FVR指的是因为想阅读而阅读。对于学龄儿童，FVR不须写读书报告，不必回答每个章节后的问题，也不用为每个生字查字典。FVR是放弃阅读一本不喜欢的书，再另外找一本喜欢的来读，这种阅读方式是所有具备高识字力的人经常使用的阅读方式。"

倪：从某种意义上说，只沉湎于"主流阅读"的人，无法建构独立的精神，因为自由精神来自对不同思想体系和表达体系的包容与批判。

郭："主流阅读"是指大众文学或通俗作品吧，也包括通行的语文教材。确实，每一位语文教师都要和自己的学生营建自己的阅读谱系，自己的经典书目。经典的力量，就像《动物农场》的书腰上所写的："多一个人看奥威尔，就多了一份自由的保障。"

倪：我并不迷信经典的力量，在一个以消解经典为特征的后现代状况里，经典的力量难免被削弱，但是，没有一部经典不是因为通往自由之路而被铭刻在人类阅读史上的。哈罗德·布鲁姆（Harold Bloom）不懈地守护"西方正典"，他守护的其实是西方的"文脉"。对我来说，无论是西方正典还是东方正典，我们守护的都是汉语言的表达体系，从某种意义上说，语文是存在之家。

网络与阅读

郭：学生迷恋网络，阅读时间越来越少，倪老师是如何应对这种情况的？

倪：我心目中没有这么一场书籍与互联网的战争。如果当网络是个目的，它就会成为目的；如果当它是个手段，它就会是手段。我经常鼓励学生去网上购书，我也鼓励学生看名人博客、网络专栏，网络上不都是垃圾。

郭：确实，电子阅读与纸质阅读，只是阅读介质的区别，阅读的本质不变。

倪：不过我更喜欢"慢阅读"的概念，我觉得阅读经典需要一种贵族气，要"慢养"自己的读书精神。为此我从来不布置烦琐的寒暑假"练习"作业，我只跟学生约定，看几本书、几部电影，写点文字，如是而已。

郭：网络让一切都快了起来，电子时代默认着"升级"与"更新换代"的观念，卡内蒂（E.Canetti）所刻画的"奢奢快快公子"在我们身边也越来越多……"慢"字不易啊，倪老师和你的学生们是如何做到的？

倪：有时和学生约定放弃单元测验，甚至一个学期都不测，为的是大家能真心沉到书的世界。因为考试会中断这种自由浸润的进程。

郭：孩子们是"网络的一代"，他们通晓各种网络通信技术，通过网络，能随时查阅所需知识，便捷地获取各种最新信息，教师不再是课堂的中心和知识的源泉。学生甚至可以绕开教师，自己获取所需资料。教师在网络时代面临着严峻挑战，我们需要思考：数字学习时代，教师往何处去？

语文试卷

郭：如果请倪老师来改革语文考试命题，你会如何设计一份语文试卷？

倪：我对成为统考试卷的命题人颇有几分抵触，用一把尺子去衡量几十万上百万人，是不人道的。

郭：是的，命题需要有公信力的社会学术机构，需要合理的评价体系。

倪：我不想设计出一份主要是为了淘汰掉某些人的试卷，我的卷子只想知道这个孩子在哪个领域有擅长之处，因此他有可能在整张卷子不理想的情况下被录取，因为他在卷子中的某个地方超凡脱俗，无人能及——比如他会用甲骨文写作文。

郭：说到试卷，我总会想起法国前教育部长阿尔贝·雅卡尔（Albert Jacquard）的喝汤比喻："我按教学计划学习，学习它让我学习的东西。没有什么比这种态度更愚蠢的了。说到底，我们20岁时被人在我们不饿的时候依据我们喝汤的能力对我们进行筛选……"扯远了，继续回到语文试卷，阅读内容你会选什么？

倪：阅读内容我会百无禁忌。《理想国》的节选，《哈姆雷特》的一段，《文明的冲突与世界秩序的重建》也行，从乔伊斯（J.Joyce）的《都柏林人》中选一篇《阿拉比》，或从莫言的短篇集子中选一篇《铁孩》，反正我已经看腻了现在高考语文命题选文的颠顸状，该是动动的时候了。

如果只能带一本书

郭：这是一个关于书的老问题——假如只能带一本书去荒岛，你会带哪一本？

倪：英国贝尔·格里尔斯（Bear Grylls）的《荒野求生手册》。这本书让我想起了夏山教育和华德福教育中对手工的重视，从这类学校里出来的孩子大概不会在荒岛上饿死吧。如果我是荒岛上的语文老师，我首先要教会学生的是如何钓鱼而不是阅读。最好的办法就是自己示范制作钓钩，而不是诵读说明书。然后我们从头开始，语言、宗教、科学、劳动、爱情、艺术、教育，等等。

郭：在荒岛上还想着教书，够敬业的。若在无人之岛，只带一本供自己阅读的书，于我而言，是《圣经》。回想一下乔治·斯坦纳（George steiner）的评价："只要世上还留有一册'钦定本'和一部词典，就不用担心英语会灭绝。"

倪：语文是跟生命相关的……语文是跟生命相关的学科，这一点毫无疑问。我们要重新走一遍通往自由的路，但是我们会比任何一次都清楚地知道自由的珍贵。

阅读指南（教师篇）[1]

∞

《胡适文集》（全12册），欧阳哲生编，北京大学出版社，2013年11月。

在这12卷书里，可以读到一位学贯中西的思想家的几乎全部作品，他思考诚实，发言诚实；为个人争自由，也为社会争自由。其中有弥足珍贵的《人权论集》，有百感交集的《四十自述》："孤零零的一个小孩子，所有的防身之具只是一个慈母的爱，一点点用功的习惯，和一点点怀疑的倾向。"有奇思妙解的《怕老婆的故事》："凡是没有怕老婆故事的国家，都是独裁的或极权的国家。"更有一时技痒令人惊叹的《西游记》

---

[1] 载于《中国教育报》第10版：读书周刊，2014年6月26日，有删节。

九十九回创造性改写。

1998年版早已售罄，2013年新修订版更为精审，不可不藏。

《一毂集》，张隆溪著，复旦大学出版社，2011年6月。

"一毂"之名，取自《老子》第十一章，30年文集，仅收录30篇文章，取舍有无之间，有心人自可意会。

作者张隆溪是朱光潜先生博士论文《悲剧心理学》的译者，其第一本专著《二十世纪西方文论述评》出版后，一时洛阳纸贵。张隆溪先生的中文著作，我一本不缺，从未失望过。

《民主·宪法·人权》，费孝通著，生活·读书·新知三联书店，2013年4月。

早年有人问费孝通先生：中国再要出一个费孝通，还要多少年？费先生回答说：五十年。费先生的《乡土中国》于1984年重刊，离初印已有37年；《民主·宪法·人权》于2013年重刊，尘封60多年的读本，重新出现在国人面前。作者娓娓道来，如拉家常，书中所称道的理想社会，离我们如此之远，又似乎触手可及。

《人生的亲证》，泰戈尔著，宫静译，商务印书馆，2011年7月。

泰戈尔忆及幼时的一位老师，让他们死背整本梵文书，却不解释含义，孩子们学得越刻苦，也就越深陷在无望里。泰戈尔总结道，我们的灵魂如何读一首完整的诗，"诗的每一部分都由于全篇的光辉而明显地变得意义非凡"，寥寥几语中蕴含着深刻的教育学原理——领悟，乃在对整体的理解。

　　书中处处可见谈教育的吉光片羽，而作者意在谈人生，谈自我，谈个人和永生的关系；恶的问题，在爱中亲证，在行动中亲证。

给新初一家长的几点建议[1]

∞

这是郭老师为绿苑讲坛专门准备的话题，他结合多年的从教经历与思考，把十几年来给孩子们做经典阅读和创意写作的教育经验呈现给大家，分享他的独到认识和判断，解答老师、家长、学生的现场提问。

"我想先从一个古老的故事说起。"郭初阳老师的开场白是《愚公移山》，"重新打量这个故事，中国家长可以从中比照自己的教育观。

"北山愚公长息曰……虽我之死，有子存焉。子又生孙，孙又生子；子又有子，子又有孙；子子孙孙无穷匮也，

---

[1]. 这篇文章是对2021年6月9日郭初阳在苍南第一实验小学绿苑讲坛上演讲及答问的整理。

而山不加增,何苦而不平?

"愚公是有话语权的家长,在他看来,儿孙辈是按着他的预设挖山不休的。请问:儿孙们愿意吗?若干年之后,会不会出现新的情况?身为家长的我们,是否也隐隐有一些愚公式的不容置辩呢?于是出现了一道又一道的思考题:我们希望下一代过一种什么样的生活?什么样的生活才是好的生活?是否应当尊重孩子的自由选择权……"

家长们静静地听着,也跟着郭老师的思路思考着。在孩子即将进入初中生活的这个阶段,郭初阳老师给出了几条建议。

进与退,快与慢,分与合

进与退:进入初中,双亲在家庭教育里的位置要适当调整,母亲要学会放手,不可事无巨细都代揽包办,有的事情可以不管就不管了;父亲工作再忙,也要留出充足的在家时间,常常陪伴,多关心孩子的学习与生活状态,把握大方向,凸显父亲掌舵的职能。

快与慢:好的教育是农业,在慢慢培育中自然生长,所以耐心最重要。家长要摒除抄近道的念头,因为学习的路上本来就没有捷径。陪伴孩子"亲身生活",正如里尔克在给青年诗人的第四封信里所写的:"你是这样年轻,一切都在开始,亲爱的先生,我要尽我的所能请求你,对于你心里一切的疑难要多多忍耐,要去爱这些'问题的本身',像是爱一间锁闭了的房屋，或是一本用别种文字写成的书。现在你不要去追求那些你还不能得到的答案，因为你还不能在生活里体验到它们。一切都要亲身生活。现在你就在这些问题里'生活'吧。或者，不大注意，渐渐会有那遥远的一天，你生活到了能解答这些问题的境地。"

分与合：对孩子的教育，不宜一味刚硬，或一味溺爱；宜刚柔相济。在不同情境中，父母当分别扮演不同的角色，父亲严厉批评过后，母亲可以适当安慰；若某事是母亲批评教导的，事后父亲给予疏导。一刚一柔，角色分明，效果较好。另外，父母有不同的分工，但是在重大问题上，两人的意见一定是一致的、合而为一的。要知道，父母的意见不合，很容易被孩子钻空子。换句话说，父母平时的密切沟通、亲密合作，对于教导孩子而言，非常重要。

关注，但不干预

这六字箴言，执行起来并不容易，需要克制再克制。对孩子的情况不闻不问，当然是不对的。进入中学了，家长依然要持续地关注孩子，但是不可过多干预了。保持适度的平静与理性，把有热度的爱放得更深，表面呈现出来是冷静的。比如孩子的成绩起起落落，是正常的现象，家长不必因为一两次考试失利就急得睡不着觉，要宠辱不惊——学习是孩子自己的事，家长提供生活支持就足够啦。让孩子自立、自理、自觉，这样孩子才能健康成长。

家有一千册藏书

建议家里要有一千册优质藏书,书籍内容可以很广泛:商务印书馆"汉译世界文学名著丛书","后浪大学堂"系列,中华书局"中国古典文学读本丛书",上海古籍出版社"蓬莱阁丛书",等等。这些优质的藏书是孩子触手可及的,因为是自家的藏书,在书里可以随意批注和记录,留下阅读的痕迹。家里当有温馨的读书角,舒服的沙发,软的靠垫,柔和的灯光,一切都适合阅读。营造家庭阅读气氛的最佳方式,是父母以身作则,爱读书的父母自然会有爱读书的儿女。

旅行

读万卷书,行万里路,旅行与阅读一样能开阔眼界。从教育方面来考虑,家庭旅行最好执其两端:一端是纽伦港,最繁华的都市,看科技,看艺术,看未来;另一端是荒蛮之地,看看当地人的生活光景,想一想自己的出身与过去……执其两端,有助于孩子认识自己,在社会坐标里找到恰当的位置。旅行也是很自然的项目制学习与理财教育。请孩子设计路线,统筹经费(让孩子知道每分钱都来之不易,要用得合理),做一个整体的旅行计划,PBL(项目制学习)就在日常生活中。

值得细读的四本书

No.1《阅读的力量》[1]

什么叫自由自主阅读？就是无任务的非指定的阅读。没有压力，无须考试，想读就读，不读就不读。有意思的是，这样的阅读恰恰最能提升孩子的语文能力。这本书的内容，概括地说，就是"我们必须重新考虑，分析现在以反复练习、教导语文和培养识字力的方式"，因为自由自主的阅读是"唯一的方法，唯一能同时使人乐于阅读、培养写作风格、建立足够字汇、增进文法能力以及正确拼字的方法"。好的语文教育能促进自由自主的阅读，一旦孩子因乐趣而阅读，好事情就接踵而来了。广泛阅读的人，最终都会走向伟大的书。

No.2《教育漫话》[2]

约翰·洛克的《教育漫话》是一本育儿小百科全书。其开篇即写道："我敢说我们日常所见的人中，他们之所以或好或坏，或有用或无用，十分之九都是他们的教育所决定的。"所以父母与教师应该认真研究儿童的天性和能力倾向，观察他们原本的储备如何，再加以适当的引导与培养。教师的任务不是灌输知识，而是用正确的方法，唤起孩子对知识的爱和尊重。洛克忠告父母要将儿童视为理性生物，培养他们的德行、理智、

---

1. ［美］斯蒂芬·克拉生:《阅读的力量》，李玉梅译，新疆青少年出版社，2012年1月。
2. ［英］约翰·洛克:《教育漫话》，傅任敢译，教育科学出版社，2014年12月第2版。

体能、自我控制的能力，创造一个基于尊重与耻辱，而不是基于奖励与惩罚的训练机制。因为奖励糖果与责打惩罚，会使儿童成为感觉主义者，这种"奴隶的纪律"只会产生出"奴隶的性情"。他倡导一种符合人性的、开放而优雅的绅士教育："对于人世的唯一防备，就是彻底懂得世情，一个青年绅士应在他的能力以内逐步走进世间，而且越早越好，那样就有可靠的练达的才能去引导他。"

No.3《从尿布到约会》[1]

性教育的话题在学校教育和家庭教育中是双重缺位的。性教育课程应当从幼儿园就开始，直到大学都有，涵盖生活教育、情感教育、婚姻教育与家庭教育等。这本书针对不同年龄段孩子的性发育特征和不同环境，为父母们提供了具体指导。比如当孩子问及"我是从哪儿来的"，比如发现孩子浏览色情网站或手淫，父母该如何应对，比如如何保护孩子免于性侵，等等。关于性教育的重要性，引用周作人的一句话："性的事情……正如一条险峻的山路，在黑暗里走去固然人人难免跌倒，即使在光明中也难说没有跌倒的人——不过可以免避的总免避过去了。道学家的意见，却以为在黑暗中跌倒，总比在光明中为好，甚至于觉得光明中的不跌倒还不及黑暗中的跌倒之合于习惯，那更是可笑了。"

---

[1] [美]黛布拉·W. 哈夫纳：《从尿布到约会：家长指南之养育性健康的儿童（从婴儿期到初中）》，王震宇、张婕译，上海社会科学院出版社，2018年3月。

No.4《人之初：现代蒙学四十六课》[1]

这本书源于王尚文教授的奇思妙想：以某个人生关键词为核心，让警句、诗歌和故事围绕着这个词语旋转，各自画出不同的轨迹，然而始终为这个关键词所吸引。倘若有几十个核心词，拥有各自捕捉住的警句、诗歌和故事，核心词一圈圈地自转与公转，便可成为一本小书。现代蒙学四十六课，是四十六个人生关键词：自爱、自知、自信、自省、良知、自然、自由、平等、民族、法治、权利、尊严、宽容、科学精神、合作精神、独立思考……这本书仿佛一个小小的词语银河系，足以让少年人驻足细观，可以从中辨认方向，也得着一些启示。

问答

问（家长）：郭老师能不能给我们推荐一些适合孩子们阅读的课外书籍？你分享中提到的那一千本图书都是什么书？

郭：选书与读书，有点像鲁迅《从百草园到三味书屋》里的拔何首乌，"我于是常常拔它起来，牵连不断地拔起来"——有了一本《人之初》，里面有很多选文，读了"洞穴故事"觉得有意思，于是就买柏拉图《理想国》来看，好的阅读始于一本书。不建议一下子买很多书，因为买书如山倒，读书如抽丝，可以读好一本，再买下一本。

---

[1]. 王尚文、郭初阳、颜炼军编著：《人之初：现代蒙学四十六课》，东方出版社，*2016年10月*。

问（家长）：如何让孩子能够更好地自主阅读文言文，请教郭老师有没有好的做法？

郭：常规的方式可以配合教材，比如语文书里选了几则《世说新语》，就相应地去读读《世说新语》；学了《论语十则》，就在课后找一找《论语》全书；也可以结合乡土乡情，比如我是杭州人，杭州有西湖，张岱的《西湖梦寻》里提到的种种西湖名胜绝大部分都还在，这是多么好的乡土读物啊；又比如苏轼《东坡志林》、王国维《人间词话》等，都是极好的文言读本。

问（学生）：好多文章选入课本之后，会演化成考试题目，请教郭老师，您认为作者真的如参考答案那样想吗？

郭：多半不是的。因为参考答案是出卷老师编的，作者怎么会知道呢？作品和作家的关系，就像儿女和父母的关系。作品一旦发表了，就不再属于作家了。批评和阐释权是属于公众的，而作家本人也是公众中的一员。

问（教师）：郭老师刚才讲到经典阅读，您如何看待中国传统的经典著作？在未来的考试当中，传统经典的比重会不会加重？

郭：一方面，教育部门的导向越来越注重中国传统文化；另一方面，"四书五经"里刻着中华文化的基因，身为中国人，岂可不读《论语》《老子》《周易》等书？好的选本很重要，推荐钱穆《论语新解》，金良年《孟子译注》，高明《帛书老子校注》，曹础基《庄子浅注》。

问（家长）：郭老师好，我想请教的第一个问题是：怎么读才能够读得更好？第二个问题是：有没有好的方法可以帮助孩子更好地写出来？

郭：语文课培养学生的四种核心能力（听说读写）：听与读是输入，说与写是输出。阅读与写作的关系密切，一般人会经历三个阶段——

第一个阶段是眼低手低。因为读得很少，自然也写不出什么东西。

第二个阶段是眼高手低。读得足够多了，眼界打开了，审美提升了，但还是写不好，为什么呢？因为读与写是两种不同的能力，就像美食家与厨师是两类人。怎么办呢？这个阶段的提升，有赖于优质的语文课堂。

第三个阶段是眼高手高，读得多，写得好。这就是比较理想的境界了。

问（家长）：我女儿对诗词创作这一块非常感兴趣，原创诗词也写了不少，如果给孩子一张配图，她能很快写下对应的诗词。我想向郭老师请教一下，针对这一方面，怎么样去更好地引导孩子？谢谢。

郭：在当代社会里，古典诗词是很好的调剂读物，能鉴赏就很好了；若能创作，那简直是很了不起的技能了。不过呢，小学阶段的配图写诗，若过度渲染，引导不当，容易"伤仲永"。

比较好的引导有二：

其一，读优质的诗词、优质的鉴赏类作品，如王国维《人间词话》、俞平伯《读词偶得》等，家长陪着孩子一起研读、探讨。

其二，找到真正懂诗词创作的老师，最好是某大学的古典文学教授，给予孩子适当的指导。切记，不宜拿着孩子并不成熟的作品去夸耀。

让学生爱上语文[1]

∞

小花生网的家长们都希望孩子能提高语文能力和语文学习效率,也希望孩子语文应试能过关。能否给他们提供一些具体的分析和建议,并告诉大家,《郭初阳的语文课》这套书如何能帮到他们?

一、孩子需要什么样的语文课

问:《阅读的力量》[2]这本书中提到教学无法提高孩子的语文能力(literacy),这点印证了你的实践,也是你上语文课的理

---

1. 小花生网 *2023* 年 *3* 月专访郭初阳。
2. [美] 斯蒂芬·克拉生:《阅读的力量》,李玉梅译,新疆青少年出版社,*2012* 年 *1* 月。

论根据。能不能说说,语文能力具体指什么?为什么系统学习字词句、语法规则、语文知识,效果并不好?不好在哪里?不好的原因是什么?

郭:语文能力是指一个学生听说读写的能力、批判性思维能力和自学能力。这些能力,是语文教师在课堂上,通过一系列经典作品,以合理的教学设计来传授的。

传统课堂教学效果不好的原因有三:第一,一半多的课文算不上经典;第二,语文书是支离破碎的汇编,课堂中极少有整本书(伟大的书)的研读与探讨;第三,个别教师能力较弱,未掌握良好的教学方法。

《阅读的力量》提倡 FVR(Free Voluntary Reading,自由自主阅读),作者斯蒂芬·克拉生有三句话值得我们深思:

> 我的主张是,其他刺激语言发展以及提升语文能力的方式都不如FVR有效。

> 不经过正式教育也能培养出语文能力。这些证据都强烈地指出,仅仅依靠阅读便足够培养语文能力了。

> 自由阅读与直接(传统)教学结果比较时,自由阅读的效果相当于,甚至是优于直接教学。若是研究长期的效果,自由阅读更永远是赢家。

问:那语文老师到底该在课堂上教孩子什么呢?语文课的

教育目标是什么？应教孩子哪些技能？

郭：教师所教的既是经典作品，也是学生所要掌握的语文能力，二者不可偏废。

语文的课程目标，包含在"语文"一词里。语是语言，文有三义：文字，文学，文化。语文的课程目标，是让学生得体地运用母语，具备批判性思维，提升文字敏感度和文学鉴赏力，吸取与承继传统文化的精髓，心胸开阔，宽容地对待多元文化。

《阅读的力量》在提醒每一位语文教师，优质的课堂应当推动学生自由自主地阅读。

二、阅读和语文的关系

问："阅读量大语文成绩不好"的现象并不少见，这个你怎么看？

郭：这种现象主要发生在小学，家长不必为此忧虑，当看得长远一些。小学的成绩有些迷惑性，不可全部采信，得高分的小学生进了中学就一落千丈的，时有所见。到了中学（尤其在高中），语文成绩拔尖的学生，定然是热爱阅读的。爱读书的孩子可能有两三次考不好，是正常的；反过来，每次都考不好的孩子，往往是不爱读书的。

偶尔考试失利，不要放过，要具体问题具体分析——失分在基础知识，在现代文阅读或文言文阅读，还是失在作文？发现了问题，多请教老师，有针对性地做一些训练，就不会再犯类似的错误了。

问：在家庭教育中，你对家长带孩子阅读，有哪些建议？

郭：从幼儿时期开始，家长就要读书给孩子听，经典故事里有全面的营养，亲子阅读要循序渐进，倾听－共读－指读－自读。

《老子》第十七章，当作亲子阅读的建议来读，也是通的："太上，下知有之。其次，亲誉之。其次，畏之。其下，侮之。信不足，安有不信。犹呵，其贵言也。成功遂事，而百姓谓我自然。"

斯蒂芬·克拉生的几点建议，家长不妨记在心头：

第一，制造亲近书的机会。家庭、教室、学校图书馆、公共图书馆的藏书越丰富，孩子的阅读量越大。

第二，舒适与安静。舒服的椅子、地毯与靠垫，安静的角落，都有助于孩子阅读。

第三，大声念书给孩子听。几乎所有的孩子都喜欢听人念故事书。Lao 研究的 12 位不爱看书的准教师中，只有 1 位在孩提时有人念书给他听过；而 10 位热爱阅读的受访者，幼年时都有人念书给他们听。

第四，全垒打书籍。只要一次美好的阅读经验，一本"全垒打书"就可以造就一个嗜书的人。要提供尽可能多的书籍，让孩子找到属于自己的全垒打书籍。

第五，树立典范。不论在学校或在家中，孩子越看到别人在读书，就会越爱读书。

第六，提供充足的阅读时间。

第七，直接的鼓励而非强迫阅读。

三、语文课≈文学课

问:语文课≈文学课,这点能不能拓展讲讲?

郭:文学是迷人的,一旦孩子爱上了文学,就会在大量阅读中自然地拓展词汇量,增强理解力,掌握语法,乃至形成自己的写作风格。这一切悄然发生,不知不觉间让人刮目相看——培养语文能力的有效方式就是让孩子爱上文学,所以,语文课基本就是文学课。

如何来判断语文课成不成功呢?只要看看它是否推动了课后的自由自主阅读。好的语文课让孩子如饥似渴地越读越多,阅读之门訇然中开,一发而不可收,从此就拥有了丰富的人生。

问:在《郭初阳的语文课》这套书中,有多种不同类型的阅读课。你是如何选材的?不同类型的阅读课,教育目标有哪些侧重点?

郭:这套书是先有课堂,后有分类,合在一起看,都是以文学为基础的。

三节儿童哲学课所用文本也是经典的文学文本,只不过教学目标的设定(自由、正义和好的社会、认识论)异于寻常的文学课。

《水晶人》一课的目标侧重在理解原文大半后,及时跟进的创造性续写。班级授课的一大优势,是能够在一种友好竞争的氛围里涌现狂欢式的文学浪潮,每个人都被吸引卷入,每个人都力求确立自我,既关心他人又迥异于他人,这种酣畅的氛围是令人沉醉的。

《如何给〈南方周末〉投稿》是纯粹的写作课，上过之后，学以致用，一般在一两周内，一个班里就有一位同学的文章能见报。

《项链》《珍珠鸟》《愚公移山》《父母的心》等课，都力求在寻常见解之外，得出属于自己的全新的理解。

《鞋匠的儿子》是一则反面材料，作为思考的用件，意在培养小学生区分不同的文体，树立恰当的写作态度。

问：能不能为小学生、中学生推荐一份文学书单呢？
郭：

[英] 珍妮弗·马尔赫林、阿比盖尔·弗罗斯特：《莎士比亚名剧赏析》，李涤非、董革非译，辽宁教育出版社，2002年1月；

[英] 乔治·奥威尔：《动物农场》，傅惟慈译，北京十月文艺出版社，2010年6月；

[法] 圣埃克絮佩里：《小王子》，周克希译，上海译文出版社，2009年4月；

[美] E.B.怀特：《夏洛的网》，康馨译，人民文学出版社，1979年8月。

上面几本适合小学高年级，后三本的中译本很多，品质有高低，我推荐以上三位译者的。

以下几本适合中学生：

丰子恺：《缘缘堂随笔》，人民文学出版社，2020年10月；

张爱玲:《流言》,北京十月文艺出版社,2019年6月;

朱生豪:《朱生豪书信全编》,人民文学出版社,2018年7月;

沈从文:《湘行书简》,人民文学出版社,2017年3月;

［丹］彼德·P.罗德:《克尔凯戈尔日记选》,晏可佳、姚蓓琴译,上海社会科学院出版社,2002年6月。

四、语文中的应试问题该如何解决

问:听说,你的教学中,文学课和应试课是区分来上的,能说说区别吗?

郭:中小学教师要有明确的文体概念,懂得区分非虚构类(历史、传记、深度报道……)与虚构类作品(诗歌、小说、戏剧……);中小学日常的语文课堂,最好也有明确的课堂类型,如文学课(阅读课、写作课、戏剧课、演讲课、电影课、深度观察、创造性的采访……)与应试课(检测、试卷分析、再检测……)。

人体有639块肌肉,运动康复教练可以设计出普通人想不到的动作,有针对性地让人锻炼到日常运动难以用到的肌肉;同样地,好教师要精研文学的方方面面,也精通考试的方方面面,在日常教学中,目标清晰地设计出不同的课型。课型越清晰,学生获益越多。

问:语文学习是不是就等于"文学+应试"?两者之间是互

斥还是互补的关系?哪个优先?有的孩子就是对文学不太感冒,他还能学好语文吗?

郭:在某个短暂的阶段,可以简易地说"语文学习=文学+应试"。一些忙碌得没有时间思考的教师会把二者视作互斥的,一张出得很糟糕的试卷,会让学生们爱上王尔德的名言:"考试中傻瓜常提出些聪明人无法回答的问题。"

文学与应试,二者的关系似乎也不是互补的,因为应试无助于文学的提升,二者属于不同的项目。打一个不太恰当的比方,优质的文学读写仿佛合理的跑步锻炼,使人身体康健、精神饱满;而应试呢,有点像一段短距离的跨栏比赛,需要一些专门的技巧与训练(一个不爱文学的孩子,有可能考出一个不错的分数)。然而大家都知道,热爱跑步者众多,他们会跑步到老;跨栏呢?在运动会以外没人玩跨栏。

问:你曾说"初中三年,留一个学期对付考试,时间是足够的"。那你觉得,小学语文要应对考试,如何安排时间比较合理?小学阶段的语文重点该做些什么呢?

郭:这个说法取自我本人的教学经历,当年我在一所小区配套的普通中学里,和两位指导老师(方顺荣、王曜君)一起带的那届学生,中考成绩全市第一。前五个学期,我们的教学相当自由;最后一个学期对付中考,第一轮全面复习,第二轮查漏补缺。学生头脑清晰、自信满满地进考场,成绩果然不错。

我个人以为,小学阶段不需要考试。小学语文的重点是让小学生有良好的书写习惯(把字练好),爱上读书,广泛涉猎,有自己的小书架，书架上有几百本心爱的书。这样就足够了。

问：对大多数未来不从事文学相关工作的学生来说，学习写作的目标应该怎么定？有没有比较清晰的方法论可以依循？有没有相关图书可以推荐？

郭：写作的本质是通过文字来交流，用笔说话而已。对于那些不以文字谋生的人来说，无须写作训练；专业领域人士则有该专业的写作训练（文学创作、法律文书、秘书写作、新闻写作与报道……）。一个普通人抱着自我提升的心态学习写作，一个好办法是在一流作品中慢慢地领悟写作之道，方法论在此可以理解、落实为一本本好书，书单在上文已经推荐。

至于一个学生在求学过程中所需的书，考虑到他面临的主要是两类写作（考场写作与学术小论文写作），也考虑到各地的考场写作要求不同（通常记叙与议论皆可），叙事类的可以向《缘缘堂随笔》《流言》学习，议论类的推荐以下两本书：

王鼎钧：《讲理》，生活·读书·新知三联书店，2014年7月；

[美]贝弗莉·安·秦：《小论文写作7堂必修课》，周凯南译，北京大学出版社，2009年6月。

问：在提高阅读理解能力方面，是不是也有类似的方法论和资源可依循？

郭：中小学阅读理解有点像一门玄学。有的时候，敏锐的文学感受力反而会导致不得分。

子曰:"攻乎异端,斯害也已。"标准答案是什么?

常人以为老子之道高深莫测,老子却说"吾言甚易知也,甚易行也。而天下莫之能知也,莫之能行也",《老子》第七十章和第一章是否矛盾?

《等待戈多》开场第一句台词"毫无办法"(Nothing to be done),该如何理解?

《1984》的开篇"四月间,天气寒冷晴朗,钟敲了十三下……"为什么钟会敲十三下?

经典作品与阅读理解的区别在于,经典作品经得起各种解释,而阅读理解渴望某个一成不变的答案,于是乎,阅读语段往往会回避经典。换句话说,适合成为阅读理解的作品往往是三流文本。我以为,即便只是为了提升阅读理解的得分,也应当多读一流作品。

五、如何"让学生爱上语文"

问:一个学生爱上语文,会具体体现在哪些方面?

郭:一个爱上语文的学生,他表现为一个细致的聆听者,一个懂得区分不同场合的得体的言说者,一个拥有自己心爱的书的阅读者,一个愿意把思想与情感化为文字的书写者。再进一步体现为,他是一个批判性思考者,一个心存爱与怜悯的人,一个懂得言语的力量的人,一个在适当的时候参与行动的人。

一个爱语文的人成年以后,他的生存方式与生活状态,可以用爱默生的三段话来形容:

每个人都有其特殊的天分，人成功的诀窍在于他们能熟练地控制自己在适当的地方、适当的时候来发挥他的天才。

无论在何处，我都应该尽可能地将自己的潜能发挥出来，无论我与谁打交道，我都恬然接受我现有的同伴与处境，而不管我的同伴是多么卑贱，我的处境是多么恶劣。

经过坚持不懈的读书或思考，这一境界进一步向我展示了它的意味；它好像被闪电照亮，它那深藏的美与沉静一下子向我显示出来……我并没有创造它，我只是到达了那里，只是看到了早已存在那里的东西。

问：当孩子的语文老师无法让他爱上语文时，家长能做哪些支持，帮孩子爱上语文呢？

郭：有智慧的家长首先要告诉孩子，老师是老师而学科是学科，憎屋及乌是不明智的。倘若老师不太理想，你就更应该努力学好这门学科。

从教育哲学来看，家长的底层逻辑最好是"无为"。当常常温习中国传统文学里论教育的两篇好文章。其一是《庄子》里"混沌"的故事：

南海之帝为儵，北海之帝为忽，中央之帝为混沌。儵与忽时相与遇于混沌之地，混沌待之甚善。儵与忽谋报混沌之德，曰："人皆有七窍，以视、听、食、息，此独无有，尝试凿之。"日凿一窍，七日而混沌死。

其二是柳宗元《种树郭橐驼传》，引录其中一段：

> 凡植木之性，其本欲舒，其培欲平，其土欲故，其筑欲密。既然已，勿动勿虑，去不复顾。其莳也若子，其置也若弃，则其天者全而其性得矣。故吾不害其长而已，非有能硕茂之也；不抑耗其实而已，非有能早而蕃之也。他植者则不然，根拳而土易，其培之也，若不过焉则不及。苟有能反是者，则又爱之太恩，忧之太勤。旦视而暮抚，已去而复顾。甚者爪其肤以验其生枯，摇其本以观其疏密，而木之性日以离矣。虽曰爱之，其实害之；虽曰忧之，其实仇之；故不我若也。

以上段落值得细读深思，一个人的成长宛如一棵树，在人生的早期阶段，向下扎根，往上舒展——小学到初中阶段的教育，最好是顺应孩子的天性，深耕静植，不扰乱。

那么，家长该怎么帮孩子爱上语文呢？最好的办法是，家长自己保持（或重燃）对语文的热爱，以身作则。

问：没有标准答案的语文，家长能为孩子提供哪些支持和帮助呢？

郭：因为生活没有标准答案，所以语文不可能有标准答案，许多东西都是此一时彼一时的。举个例子，"小便"算不上一个好词吧,董桥专门写过一篇《一说便俗!》,说自己对"便"字向来敏感,"他自小便聪明""长大便更美了"等句子,不会出现在笔下,因其不雅也。然而在电影《隐藏人物》(*Hidden Figures*)里,反对种族歧视最有力的表达,恰恰是通过"小便"来呈现的:黑人女数学家凯瑟琳(Katherine)可以参与阿波罗登月计划,但她不可以使用楼里的白人专用厕所,每天为了上几趟厕所而来回奔波,小便时也争分夺秒地演算……节制的镜头中蕴含着深沉的悲哀与愤怒,是极好的语文素材。

家长能为孩子提供的支持有三种:

第一,材料与环境支持。在家里为孩子营造一个舒适的阅读环境,书房里有上千册优质的藏书。

第二,行动支持。在家里为孩子的成长提供有余裕的空间和时间,让孩子有充足的睡眠。家长乐于陪伴孩子一起运动,一起逛书店,一起去图书馆、博物馆,每年安排多次远足。家长也自然地呈现为一位爱读书的人。须知,孩子的语文学习与家长的爱读书有隐性关联。

第三,心理支撑(信任、期望、爱)。家长要懂得:游戏、运动、无所事事的发呆等,都是成长中应有的内容。人生是长跑,成长是神秘的,明天是未知的,两代人亲密相处的年限并不长,所以,信任伴侣也信任孩子,对孩子有期望但不以己意强加,无论如何总是爱他——这是教育的方法论,也是家庭幸福的秘诀。

问:"语文作业多,对孩子是一种灾难",这个观点你怎么看？孩子花很多时间做语文作业，这个现象你怎么看？

郭：这个观点，让我想起爱因斯坦《论教育》里的名言："负担过重必然导致肤浅。教育应当使所提供的东西让学生作为一种宝贵的礼物来领受，而不是作为一种艰苦的任务要他去负担。"

把很多时间用在语文作业上，到底好不好？要视情况而定。如果学习的激情是发自内心的，完成作业的过程中充满了新鲜感与喜悦感，那是一件好事；如果是迫于无奈不得不去完成，过程很痛苦，成果也只是为了一个得分，那是一件不好的事。

一份好作业能激发学生对语文的兴趣，能让学生在不知不觉中培养语文的能力，最好是让学生根本就不觉得这是一份作业。好教师在设计作业时，要充分考虑到激发兴趣、培养能力、欣然领受而不觉得是负担这三点。

在我的教学生涯里，根据学生们的反馈，隔了很久以后依然常常被他们提起的语文作业有以下三项：

1.《随便写写》。这是新初一第一篇随笔的题目，除了这四个字，别无要求。后来同学们告诉我，这是一个让他们刚听到时很轻松，下笔时甚觉艰难，完成后难以忘记的题目。

2. 十分钟默想。我曾带领同学们到瓦尔登湖边，见到了梭罗所写的景象："一个湖是风景中最美、最有表情的姿容。它是大地的眼睛；望着它的人可以测出他自己天性的深浅。"作业要求：各自散开，面湖而立，安静默想，将眼前的瓦尔登湖与心中的《瓦尔登湖》合而为一。

3. 禁止写作。《道路以目》是张爱玲的散文名篇，每一则不长，笔触极动人，试举两例：

> 小饭铺常常在门口煮南瓜，味道虽不见得好，那热腾腾的瓜气与"照眼明"的红色却予人一种"暖老温贫"的感觉。
>
> 有一天晚上在落荒的马路上走，听见炒白果的歌："香又香来糯又糯！"是个十几岁的孩子，唱来还有点生疏，未能朗朗上口。我忘不了那条黑沉沉的长街，那孩子守着锅，蹲踞在地上，满怀的火光。

当周的语文作业是观察街景半小时，用眼、用心摄录一幕寻常却令人印象深刻的图景，但不可动笔。什么时候才可以动笔呢？等待下周的语文课上老师的指令——20年过去了，有学生还记得这次禁止写作的作业。

六、关于《郭初阳的语文课》这套小书

问：适合多大的孩子？家长需要给到哪些支持，才能还原这样的教学场景？

郭：适合中小学生（低龄段的下限为小学三年级），小学高段与中学生无须家长支持。三、四年级的小学生，家长可以陪着一起读。倘若要在家里还原教学场景，也许可以考虑一种有趣的倒置法——把每一幕里的老师问、学生答，对应成孩子问、家长答，每一节课就都变成了一次有意思的针对家长的智

力考问,让爱读书的孩子获得智力上的优越感,阅读的愉悦感也就随之而来了。

当然,家长也可以抓住机会,在某个合适的地方反过来问问孩子,比如谈到"父母的心"的词语替换时(父母的责任,父母的本能,父母的包袱……),问问孩子:你会用哪一个词语来替换"父母的心"里的"心"字呢?甚至课堂的阅读材料,也可以成为很好的探讨内容,《父母的心》一课里附了纪伯伦的一则《论孩子》,读到"他们是借你们而来,却不是从你们而来""你们是弓,你们的孩子是从弦上发出的生命的箭矢"这两个名句,可以问问孩子:你同意这样的弓、箭之喻吗?你认为"借"和"从"的区分有道理吗?

这样既学习了语文,提升了文学素养,也在两代人的交流中,促进了彼此的了解。

问:我看到每本书后都可以看课堂视频。怎样使用,才能用好这套书呢?

郭:这套安静的小书源于真实发生的课堂,整理成文进入家庭之后,有文本就足够了。

因为作者希望借着文字引发思考,比如读了《苏格拉底的申辩》,想一想为什么"自知无知"者反而是世上的聪明人,"Stay Hungry, Stay Foolish"到底该怎么翻译;作者也希望借着文字引发深入的阅读,比如读了《牧人的故事》,按图索骥地去读约翰·密尔(John Mill)的《论自由》;作者还希望借着文字范例引发新的创作冲动,比如读了投稿的文章,也欣然提笔给《南方周末》投稿。

课堂视频,是为专业人士和一小部分教育爱好者预留的。他们希望了解一堂课的发生机制,看看一个纸面的文本是如何在现场因多人的参与而变得立体起来的,一窥课堂的板块设计与筋节转换的手法等,那么可以对照着文本,观摩课堂视频。确实,某些具体的课堂操作要素仅仅保留在视频里,对于正在学习上课的青年教师来说,课堂视频也许会有一点示范作用。

问:出版这套书的初衷是什么?这些书能帮孩子们学会什么?

郭:初衷是考虑到好的教育不应当局限在校园里,而当面向整个社会。好的教育能除去束缚与藩篱,让受教育者的心胸和眼界变得开阔,发展他自己,迈向广袤的天地。

这套书里的十节课,能帮助孩子们思考一系列重要的问题:为什么发声如此重要,什么是平等,面对强权该如何应对,如何通过写作来彰显力量、推动社会的进步,该怎样来分辨教材的优劣与真假,认识自己的无知……这些问题是社会中每一个人从小就会遇到,到老了也无法回避的——正之视之,思之考之,理之处之,这是该书传递给孩子们的信息。

吾 师 与 友

保俶塔下忆吾师

∞

    我的小学距离西湖不过两三里，登上教学楼就可悠然见到远处的保俶塔，学校得名于此，就叫保俶塔小学。我每天上学从武林广场坐 11 路，在胜利新村下车，沿着体育场路走一段，向右折进一条小小弄堂，走到尽头就是梧桐掩映的校门了。小弄堂的名字很美，叫桃花弄，当时读《射雕英雄传》如痴如狂，人人都知道黄药师住在桃花岛上，我们一群小孩子倒没觉得桃花岛的名字有多浪漫，因为我们天天都在桃花弄里面。

    1983 年，我转入保小四（3）班，邬老师教我们语文，也当班主任，一起度过三年光阴。我没想到自己大学毕业后，也会做同样的工作——教语文，当班主任——于是常常回想起自己的小学。人在童年期常有一种无定向的不安与热盼，仿佛有许多条路却又不知该往哪儿走，若能逢着一位好老师，就不至

图三　杭州保俶塔小学六（3）班毕业合影（1986年6月）

图四　邬老师

于迷失方向了。

开学不久，是初来乍到的缘故吧，我还没交到朋友。一节活动课，同学们都下楼去操场玩了，教室里只有我一人。安静久了觉得无聊，摸到口袋里有两枚硬币，于是玩一个自己发明的游戏：把一枚硬币平放在课桌上，捏着另一枚，眯着眼瞄准了，放手让它落下去，看能不能打到桌上那枚，偶尔命中，随着轻轻"叮"的一声，滚到地上去了，再捡起来回到桌旁，继续新的一轮。正玩得不亦乐乎，忽然听到讲台那边有人说了一句："这个伢儿心蛮静的。"是邬老师的声音，她和另一位老师不知何时进了教室，当时我还小，不懂宁静以致远之意，但能听出老师语气中略带赞许，心中很受鼓舞。

后来一次小测试，有一道题要求用"椟"组词，我信笔写下"买椟还珠"，待到发试卷讲评时，邬老师把我叫上前去解释这个成语的意思，听我说得八九不离十，看看我，再看看卷子，眼里有一点点惊喜与笑意，仿佛对我刮目相看了，因为同学们写的都是千篇一律的"木椟"。

邬老师的年纪和我母亲差不多，乌发齐耳，清瘦而朴素。她常常是严肃的，走进教室，左右望一望全场，无论你在教室的哪个角落，都会被她温柔有力的目光触及，教室里马上就安静下来了。在我的印象里，只要邬老师在，同学们会感到一种愉快的紧张，偶尔她笑了，大家就完全放松了，但一切都井井有条。后来每次读到辛弃疾《沁园春·灵山齐庵赋》里的几句，"我觉其间，雄深雅健，如对文章太史公"，不知为何，总会想起自己在八字桥边、桃花弄深处的小学课堂。

她是班主任，给每位同学发了一个薄薄的联系本，每周六下午，小孩子们就展开自己的小本子，把老师在讲台上口授的内容，一条一条记下来：本周的回顾，周末的作业，要表扬的几位同学……有时候听到名单里有自己的名字，心怦怦地跳着，也就低头写下来，一如其常，不去看左右同学的表情。我至今也还记得，邬老师选了十来个同学排演《我的中国心》，我也被选上了，无论是舞蹈动作、队形变换，还是男女轮唱、服装道具，全是邬老师一个人落实。排演了好一段时间，终于等到了校园会演，"河山只在我梦萦，祖国已多年未亲近……"一群小伢儿现场 MV，载歌载舞地技压全场，在校园里被传颂了很久。

当时的西湖区，邬老师也许是上公开课最多的，每逢她上课，全校语文组乃至全区的语文老师都来观摩。她的语文课，准备充分而充分放手，引导自然而自然舒展，让孩子们在课堂上发言发光，老师常常微笑着，除了必要的追问、鼓励与过渡，并不多说什么，一节课下来，每个人都很有收获。现在回想起来，自己上课的风格，有一些来自邬老师的源远流长的影响。

语文课吸引人不在话下，使人心醉神迷的是信息课。"21世纪是信息时代"，这句话在 20 世纪 80 年代中期就成了这群小学生的常识，全都得益于邬老师的强调。那段时间，一周有一节信息课，提前确定主题，周末时间孩子们读报翻书查资料，汇总到老师这里，按内容归类。课堂上则以学生的展示与言说为主，人人参与，每个人的发言都被倾听，每个人都被尊重，课堂如行云流水一般，而话题渐次引向深入。说起信息课，已届中年的同学们没有一个不记得的,教学的影响多么深远啊!当时就有记者来采访,报道里专门提及陈鸣鸿同学所说的那条消息:哈雷彗星将于 1986 年 2 月 9 日回归——如今鸣鸿同学已远走高飞至加拿大,而哈雷彗星的下一次回归将在 2061 年。

我们毕业不久,邬老师就接受了学校的新任务,主管校印刷厂,一做十几年,直到 2000 年退休。她的全部工作都在松木场河西,而她的形象,就像宝石山巅的保俶塔,简单而轻盈地在那里,让人每一次回望,都得到很多安慰。老师的名字叫邬锡宜,读起来有点神秘,两个阴平加一个阳平,上扬的尾调带着一丝惊奇感,不知道里面含有什么意思。很久以后才明白"锡"通"赐",那就是"合宜的赐予"了,有言道"一句话说得合宜,就如金苹果在银网子里",对她所教过的那些孩子来说,小时候从邬老师这里领受的,正是一个人成长所需的最合宜的赐予。

曾有同学把老师的一段音频传到群里,滕群雷说:"听邬老师讲话,要哭的……"是啊,老师亲身示范着为人处世的态度——勉力务进的一丝不苟与应对世事的洞明通透,凡是邬老师的学生,谁能不感动于她的叮嘱呢:你们要常常弯下腰,暖老温贫;你们要挺起腰板,在人间做一个正直的人。

李玉龙先生二三事

∞

《万花筒》(依列娜·法吉恩)里的第二十章"回家的路上",有一种别样的意味:"当安绍尼踏出巴斯车站的时候,他并不期望有什么人前来迎接他。家乡已经没有什么人会来迎接他了。他没有什么行李。行李比他早到,还是以后再到,他也记不大清了。不管怎样,他的行李是很少很少的。从这个时期到那个时期积起来的一些财物,他也在这个时期那个时期的路上丢掉了。他老是从这个地方转到那个地方,有的财物他送人了,有的他抛弃了,有的他压根儿忘了。所以那么多年以后,他站在回到磨坊去的那条路的头上,跟好多好多年以前,他还是一个小学生时放学回家一样无牵无挂……"

这一段的情景,我总是忘不了,终于定意把它安放在本文的开头,好叫它不再在我脑中盘旋。摆在这里也许是合适的,因为我的朋友李玉龙兼有万花筒般的固定与变化，各人眼中能看出各异的繁复图景；因为他如今已走在回家的路上，天路平安；也因为当我在成都见他最后一面的时候，他躺在那里神色恬然，就像一个小学生放学了一样，无牵无挂。不错，安绍尼是他，安绍尼也是你我，有哪一个安绍尼，不会等到踏出巴斯车站的那一天呢？（有生必有死，早终非命促）

而今我还坐在这里，想借着一些文字挽回一些记忆，却发现记忆的行李很少很少，少到我已压根儿忘了我们是怎么认识的……估计是范美忠介绍的吧。我知道成都有一本《教师之友》杂志，执行主编是李玉龙，坚持教师立场、彰显教师力量，于是就试着把一篇《教师的自我坎陷》投过去——"自我坎陷"一词来自牟宗三先生，那段时间对中国哲学感兴趣，读了一些牟先生的书——不料竟然被采用，发在了《教师之友》2002年第6期，这是我第一篇刊发在纸媒的教育类文章。在这之前，我有几篇文章发表在报章上，写的是书店、身边的人与事等，与自己的工作全然无关。这篇文章的发表，让我在认知上有了一个重要的突破：读书写作并非仅仅怡情、博彩、长才，身为教师，我可以观察、思考、记录、评价自己的工作。颇感幸运的是，李玉龙似乎也挺欣赏这篇文章，2004年杂志改刊，那年的最后一期《教师之友》重登了这篇文章，那一期的封面设计当也是出自卢浩之手吧，全黑的封面，星星的白点，拦腰一抹红，仿佛用油漆用力刷出，隐隐透出"纪念照"三个字。（昨暮同为人，今旦在鬼录）

李玉龙具有一种召唤的能力，能让与他接触的人，身不由己地卷入一个有力的旋涡，旋转啊旋转，奋力挣扎中，不知怎的就涌出新的力量，做出从未想过的尝试。尝试过后再回头看看，就像湿淋淋攀上礁石的幸存者，惊喜庆幸中有一丝后怕。然后方知其名不虚：玉龙者，发大声于旷野，震尔曹耳欲聋也。（魂气散何之？枯形寄空木）

某个夜晚我恰好在杂志编辑部，亲眼见到吴文冰在李玉龙的一番鼓舞后，两颊绯红，步履和声音一样轻盈："我真的可以，我真的可以写？"李玉龙眉毛一挑，正色肯定道："你真的可以写！"吴文冰就轻拍着翅膀飞下楼回家去了。后来杂志上就有了校园儿童小说连载，最终结成了《惊蛰·苹果老师》一书。翻开吴文冰写的序言，可以印证我的判断："忽然有一天，《读写月报·新教育》的主编李玉龙先生向我约稿，说杂志希望能连载一部校园儿童小说，他觉得我能写……无数次想放弃，说我还没有准备好，都被主编先生强有力地否决了。他就是坚持说我能写好。于是，我硬着头皮继续找。"（娇儿索父啼，良友抚我哭）

范美忠的《走近IBO》，魏勇的历史课系列文章，是否由李玉龙召唤而出，我不敢肯定；不过蔡朝阳从批评"那一代"起一发而不可收地寻找教育意义的文章，梁卫星的教育小说《成人之美兮》，李勇的《来，来，把衣服搞脏》，史金霞的《十年磨剑录》，闫学的《长成一棵树》，武凤霞的《合着时间的节拍舞蹈》……教育路上一个接着一个的行者，据我所知，很多是被李玉龙激发出来的。（得失不复知，是非安能觉）

细究我的几本书，无论是《言说抵抗沉默》还是《颠狂与谨守》，第一推动，也得归功于李玉龙。认识他之前，我没有听说过什么"课堂实录"。2003年9月，浙江教育电视台播出了我执教的《烈日暴雨下的祥子》，李玉龙得知后，在电话里笑道："哈哈，初阳啊，你把这节课整一下，做个课堂实录吧。"就这样，我的第一则课堂实录《引导学生自由探究文本——我教〈烈日暴雨下的祥子〉》，连着蔡朝阳短而弥贵的课堂评论，刊发在《教师之友》2003年第12期。后来觉得这节课拘泥于常规，没有收录到书里，但算得上一块小小的里程石，有一点点筚路蓝缕的意义。（千秋万岁后，谁知荣与辱）

卢云说过，优秀的领导者从不操控，而是凭着敏锐的洞察力说出实情，好让聆听者能够说："你说的正是我所猜想的，你表达的正是我隐约感到的，你坦白提出来的正是我藏在脑海的。对了，你说的正是我们，你明了我们的处境。"在很多朋友的心目中，李玉龙是一位领路人，让人觉今是而昨非。而在我眼里，他是一位互联网时代的教育英雄。若没有他的提示，蔡朝阳、吕栋和我根本就不会去翻看小学语文教材；若没有杂志上"第二视力"的专栏，我们不会一篇接一篇地写小学语文教材批评；若没有他的组织，就不会有以"母亲与母爱"为专题的三个研究团队，自然也不会有《救救孩子》那本书。（但恨在世时，饮酒不得足）

2015年4月，李老大在微信里和我商量暑期杭州研修班上课的事，他计划着亲自上台授课，要我也上同一节课。这个方案激动人心，可惜我因另有夏令营而没法参加研修班，解释了一番，他回复道："你还是要控制工作量，一天六节课，有点满。兄弟，我们都不年轻了！"我当时简单回了一个OK的手势，现在倘若要我重新写一段话来回复，我打算这样跟李老大说：谢谢老大关心！我们都不要忧虑，年龄不是问题，追随信仰之路，就是让人回到童年。

嘻，不知道李老大有没有读过《万花筒》，这是我最近读到的最好的儿童文学作品，适合放在背包里，趁着赶飞机或坐高铁的间隙，翻开来读上一两章。爱教育爱孩子的人都会喜欢，李老大也不会例外——回家的路上，安绍尼又到了包顿太太的糕饼店，母亲允许他在那里要一个果子面包，"不论他要什么，包顿太太都给他，而且从来不要他付账。哪一天他会要那个橱窗里的结婚蛋糕？那是他一直想要的东西。再说天天要同样的一些东西，究竟为了什么呢？我们活着又是为了什么呢？"

一张旧课表

∞

我的电脑里,至今还存着一份电子版表格,那是李玉龙主办的第三期研修班的课程表——2006年7月,湖南岳阳。许多年过去了,我重新打量这份课程表,有一些新的发现。

首先是密集度。整整十天的研修,每天都排得很满,除了半个白天去参观岳阳楼,一个晚上的联欢,其余全部都是学习时间:课堂、讲座、对话、茶座、案例分析……让参与者不得喘息。小的时间单位里同样排得满满当当,如7月22日上午,就安排了三节语文课,加上一个多小时的对话式说课,直到中午12点才结束。

其次是长度。小学语文的课堂,闫学的《冬阳、童年、骆驼队》用了80分钟,武凤霞的《生命,生命》用了90分钟,窦桂梅的新课则安排了100分钟。与之相对的,小学数学课、

表二 研修班课程表

日期	时间	主讲	内容	地点
7.18	8:30 — 12:00	程方平	讲座	民院附小
	13:30 — 17:30		对话	民院附小
	19:00		茶座：见面会	民院附小
7.19	8:30 — 12:00	郝志军	讲座	民院附小
	13:30 — 17:30		对话	民院附小
7.20 小学语文课堂	8:10 — 8:50	李勇	口语交际：抬驴	七中礼堂
	9:00 — 10:20	闫学	冬阳、童年、骆驼队	七中礼堂
	10:30 — 12:00	武凤霞	生命，生命	七中礼堂
	13:30 — 14:10	张康桥	滥竽充数	七中礼堂
	14:20 — 16:00	窦桂梅	新课（待定）	七中礼堂
	16:00 — 17:30	窦桂梅	评课	七中礼堂
	19:00		茶座：小学语文教师的专业发展	民院附小
7.21 小学数学课堂	8:10 — 8:50	戚争光	圆的周长	七中礼堂
	9:00 — 9:40	周卫东	斐波那契数列	七中礼堂
	9:50 — 10:20	周卫东、戚争光	说课（对话）	七中礼堂
	10:20 — 12:00	吴亚萍、张齐华、周卫东、戚争光	小学数学教师的专业发展	七中礼堂
	13:30 — 14:10	张齐华	认识分数	七中礼堂
	14:20 — 15:00	张齐华	讲座：我的数学文化之旅	七中礼堂
	15:10 — 17:30	吴亚萍	讲座	七中礼堂
	19:00		茶座：我的专业成长之路，小数	民院附小
7.22 中学语文课堂	8:10 — 8:50	刘恩谯	无名氏	七中礼堂
	9:00 — 9:40	郭初阳	留白	七中礼堂
	9:50 — 10:30	韩军	致大雁	七中礼堂
	10:40 — 12:00		说课（对话）	七中礼堂
	14:00 — 16:30	卢志文	一个校长和他所倡导的文化	七中礼堂
	16:30 — 17:30		对话	七中礼堂
	19:00	韩军	茶座：新语文教育	民院附小
7.23	8:30 — 12:00	余文森	讲座	民院附小
	14:30 — 17:30		对话	民院附小
	19:00	周迪谦	茶座：责任和作为	民院附小
7.24	8:30 — 12:00	吴思	讲座：《潜规则》	民院附小
	下午		参观岳阳楼、君山公园	
	19:00	范美忠	什么样的教育是真正有意义的	民院附小
7.25	8:30 — 12:00	谢湘	讲座	民院附小
	14:30 — 17:30		对话	民院附小
	19:00	魏勇	我这样教历史	民院附小
7.26	8:30 — 12:00		案例分析：多点爆破	民院附小
	14:30 — 17:30		案例分析	民院附小
	19:00		大联欢	民院附小
7.27	9:00 — 12:00	李玉龙	新教育写作的理念和实践	民院附小
	14:30 — 17:30		对话	民院附小
	19:00		聚餐	民院附小

注：7月20日—7月22日，小学语文课堂、小学数学课堂、中学语文课堂和卢志文讲座对外开放，半天收费50元，一天收费100元。

中学的几节语文课,都是常规的40分钟而已。为什么要这样安排?也许在当时李玉龙就直觉地想要突破小学语文"短小轻薄"的弱点,所以借着这样三节长时间、大容量的小学语文课来做一呈现。

再次是跨越度。课程表把小学和中学,语文、历史和数学,教师和校长,教育工作者和学术研究者,全都熔铸一炉。记得这次活动中最吸引我的就是吴思的讲座《潜规则》,可惜7月24日我有事必须回杭州,当天一早就和闫学一起坐火车离开岳阳去武汉赶飞机回杭,心觉遗憾。返程中还有一段插曲,两人匆匆忙忙地竟然坐反了火车,到了长沙才惊觉这个错误,再飞也似的跳上对面的火车,等到二度经过岳阳时已近中午,心中暗想:早知道还不如听完吴思的讲座再离开呢。

现在回想起来,这种跨年段、跨学科、跨专业的教师培训,是硬生生地拔苗助长,将教师拔离环境、学识、眼光的局限,在更高的层面上,直面教育和人生的本质问题。在此激荡中获得感受的教师,正如王国维笔下的诗人:"诗人对宇宙人生,须入乎其内,又须出乎其外。入乎其内,故能写之;出乎其外,故能观之。入乎其内,故有生气;出乎其外,故有高致。"记得李玉龙要我研究小学语文教材是在2007年秋,而他对这个领域的思考,在2006年的这份课程表上就呈现得很清楚了。

根据课表,我上了一节《留白》,记得后来有老师要我再上一节《珍珠鸟》,但那个时间已经没有对应的学生了,怎么办?李玉龙大手一挥:"让老师们当学生!"于是乎就连范美忠也在课堂上演学生了。自此以后,历年培训班的课,多次直接以老师充任学生的角色，既能入戏，也能分身观戏，其发端当在2006年的岳阳吧。2009年在成都草堂小学，我执教《顾城的诗》一课，魏勇、夏昆、李勇、窦桂梅……都在现场扮学生，老中青齐刷刷回到童年，那种富有经验的天真、略带捣蛋的配合，把课堂颠簸得跌宕起伏，险象环生。上着上着，窦老师忍受不了我的南方杭普话，径直站起来指导了一番朗读，师生角色顿时颠倒，席间笑声不断，至今还记得。课后，夏昆专门写了一篇课评，名曰《逊位皇帝》。

除了让老师做学生，李玉龙在课堂上的创意，还有让听课的孩子参与课后的评论与研讨——如果把课程视作产品，提供者是教师，使用者是孩子们，让孩子们来谈用户体验，是顺理成章的。此外，我记得李玉龙还首创了一个很有价值的"负数课堂"概念，他的原话说得简短而精当："课堂质量有高低之分，更有正负之别。高低之分是程度上的，正负之别是根本性的。负数课堂，零课堂，正数课堂，这是我对课堂的一个粗略分类。简言之，负数课堂，就是上还不如不上，整堂课学生收获为负数；零课堂就是上和不上一个样，近似于零的收益，白搭的是学生的时间；正数课堂，不必再解释。"

人道是撕裂有时，缝补有时；静默有时，言语有时。这张旧课表的制作者已然静默，而我们仍在喁喁不休。

老苏与书

∞

高度爱书的老苏，也爱出了高度近视，见到朋友时亲热揽肩，咧嘴而笑，眼睛在厚镜片后面就显得更细了，细到几乎看不见。

老苏是鄂人，地属沔阳，沔字形容水流满的样子，直通《小雅》"沔彼流水，朝宗于海"，多古雅的名字，可惜后来撤县建市，竟改成了仙桃市，让人叹惋。某日我在杭州植物园，见着一个高两三米的硕大仙桃像，白里透红的，就想起老苏，随手拍下发给他，不料没有回应，隔天问起，老苏回复道：嗟我兄弟，手机收不了彩信。

读老苏的文章，我有时会想起《飞狐外传》——鄂北钟氏三雄，面对打遍天下无敌手的苗人凤，丝毫不惧，因为自信手上有判官笔。老苏的笔头很硬，徐贲胡适哈耶克一路写过去，诊断中国文明，理解人类共同体，乃至银河系漫游指南……落下去认穴精准,扬起来虎虎生风。

老苏很少写诗,多年前发过我一首,殊为难得,名为《一月十四日风雨大作》:朔风日紧折芳菲,冷雨连绵锁草莱。不信三春自此去,遥听二月响惊雷。这里牵连着一个和书有关的小概率故事,迄今已有十年了吧,回想起来仍觉得世事奇妙。当时我的小书《言说抵抗沉默》刚刚印出,签名题赠了几位好朋友,其中给老苏的那本,寄出两周了还没有送到。正想着要不要重新寄一次,那个周日老苏去逛仙桃的旧书店,赫然在书架上发现了一册《言说抵抗沉默》,惊奇中拿下翻开,扉页正写着他的名字:"祖祥兄留存,2006年12月16日。"这本赠书,临近终点时逸出了邮路,趸到另一个场景的书架上,让拥有者额外出价,买下它,也买下欢喜一场。这个真实的故事让双方都很难忘(旧书店老板一直蒙在鼓里),里面似乎含着一些启示——尚未拥有便已失落,初次见到却是重逢,以及最终出人意外的平安,印证着友情,也像是人生的一个小小隐喻。

老苏的气质,在我看来,有点像作家苇岸,是最后的浪漫主义者,大地上的事情,无论大事小事,事事严肃。2010年末,他邀我们几位朋友去做客,专程赶到武汉来迎接,一路护送到仙桃,把一切安排妥当,陪伴我们直到夜深才离去,第二天一早又赶来陪吃早餐。"老苏,实在叨扰你啦。""什么话,应该的呀!"他的眼睛在镜片后面认真地睁大了,假装凶恶地瞪了我们一下,手里正夹着个烧麦递过来,划出一道缓缓上升的热气,随着他脸上的笑意一起袅袅,笑容荡漾开了,眼睛就又眯起来了。是啊,共进晚饭的人常常只不过是应酬之交,能坐在一起同享早餐的往往是难得的朋友，多乎哉，不多也。

严肃的写作者定然爱惜文字，因为深信立言为不朽之盛事，所以不会有游戏之作。记得我上《弟子规》一课，提前咨询老苏的意见，他沉吟之后回复了一段长长的建议；等到课上好了，我顺理成章地邀他写一则评论，明明是有求于他，他却软语商量："十分感谢你给我这个学习机会。我可能会从评论课堂本身入手，再说一点有关教育的看法，再说对传统经典的看法。这样的结构可以吗？"可以，当然可以，老苏，你怎么写都好。两周之后，一篇名为《直心为德，同类为伦》的文章就出来了，是课堂评论，也是精当的文学批评，"以角色转换体现将心比心"一句，深得我心，至今还记得；自然，他也不留情面地指出了课堂里考虑不周的环节，批评得入木三分；更没有想到的是，就连实录中两个打错了的字，也被他发现了，一并郑重地指出来，命我改正。

于是乎，倘若要概括老苏的生活重心，也许可以归结为一个词：语文。在他看来，语文大约等于生活，语文是为了更好地生活——他对语文的理解胜过大部分以语文为饭碗的教师。然而就生活而言，他在校教书，回家读书写书，可想而知，他的生活简单得近乎旁人眼中的乏味。然而管旁人做什么呢，自己喜欢就好，家人理解就足够了。这样，慢慢就有了这本《语文不是语文书》[1]。

---

[1]. 苏祖祥：《语文不是语文书》，东方出版社，2017年4月。

书里的三辑,包含三个不同的板块:观察民国《国文百八课》与台湾地区的语文教材,是在汉语的内部,探索典雅晓畅的国文路径;研究"美国语文",是跃出了汉语,跨语言地比照出国内语文、国内教育的诸多不足;还有一些文章,则是从个体的生命成长、社会的制度建设、时代的精神状况等方面,反观语文与教育。

文学类书籍有一个不成文的规律,如果书名跟"街"有关,多是一流的作品——奈保尔(V.S.Naipaul)《米格尔街》、本雅明(W.Benjamin)《单向街》、舒尔茨(B.Schulz)《鳄鱼街》、桑德拉(Sandra Cisneros)《芒果街上的小屋》、奥莱夫(Uri Oriev)《鸟雀街上的孤岛》……教育类书籍也有一个不成文的规律,如果书名采用否定式的表达,那就不要轻视这本书,值得细读一番。

老苏的《语文不是语文书》,主旨很清楚,语文绝非目前僵硬的语文教材,语文当有更优质的教材;在否定意义上更进一步,李晓雯有一本《没有教科书》,写的是语文可以无教材,比如澳洲教育就没有固定的教材,因此教师有了极大的自由组织的空间,孩子的课堂有了无限的可能;倘若要继续否定下去呢,伊万·伊利奇(Ivan Illich)有一本《非学校化社会》,一针见血地指出"如今在学校中正遭致扼杀的,恰恰是教育自身",只有废除现存虚假而阴险的学校体统,才会有孩子们自由健康的学习与成长。这样的书还有一些:《没有围墙的学校》《没有权威和惩罚的教育?》《为什么学生不喜欢上学?》……

谢谢老苏,在促人思考的书列中,摆上了自己的一册,可惜读书的人何其少也！在这个意义上，卡夫卡多有远见，那个把自己关在笼中、卧在干草堆上的饥饿艺术家，说的就是教书匠与写书人——人们忙着去看其他的兽畜，迈着大步匆匆而过，把饥饿艺术家完全忽略。"让他去就其所能进行饥饿表演吧，他也已经那样做了，但是他无从得救了，人们从他身旁扬长而过，不屑一顾。"

饥饿艺术家的结局，是与干草堆一同沉入地下，关于这一点，教书匠们都很清楚，但是没有关系，老苏安慰道：打开这本书吧，阅读可以给人第二次生命。

山头斜照冷玉斌

∞

小朋友脱口而出的言语，有时候如诗如警句，能让人想很久，"作者特别大方，其实这只鸟不属于她，但好像又属于她，因为一抬头总是能看见"，这是冷玉斌老师《教书这么好的事》[1]新书里的一句话，出自一位四年级的小朋友。读冷老师的书，偶尔也会有这种感觉——这本书不属于他，但好像又属于他。为什么会有这样的感觉呢？《教书这么好的事》除去前言、后记共 24 篇，篇篇出自他的手笔，当然是属于他的；但这 24 篇文章，没有一篇不涉及另一本书（以及更多的书），作者自己很清楚这一点，所以他在后记里写道："感谢打开本书的每一位读

---

[1]. 冷玉斌：《教书这么好的事》，中国人民大学出版社，2020 年 8 月。

者，愿你从中找到那本神奇的书。"说的就是"得鱼忘筌"的意思。

不少朋友都说，作者是纯粹的读书人。在我看来，不如说冷老师本身就是一本书，舒展自如，特别大方地敞开自己，无论是涉猎或精读，所思与所得，都悉数奉上而毫无保留；加上字里行间另有一种亲切的殷勤，让人几乎能想见他那斜的挎包、弯的眉眼、憨的笑容。

他无机心，也不遮掩，所以你可以读到他的读书日记（伏日与正月，估计平时无暇作）；可以读到他的处世为人之道（真读书，爱分享，会喝彩）；甚至可以读到他的私人藏品："我……慢慢积攒了一些外版书，绝对让人大开眼界。我读到了硬皮书（纸板书）、立体书、翻翻书、布书、触摸书、字母书、科普书、数学书（数数书）、剪纸书、概念书、无字书、异形书（地板书、玩具书），还有图画故事书。"

他是诚实的，而诚实正是学问的根基，所以你可以在书里读到这样的考据："……教育就是一棵树摇动另一棵树，一朵云推动另一朵云，一个灵魂唤醒另一个灵魂……我明确告诉所有老师，雅斯贝尔斯的《什么是教育》里，是没有这句话的。我一个字一个字读过去，发现书里的确没有这句话。"如果有人去采访这位笔耕者："请问你有什么好的读书方法呀？"也许他会回答："无他，一个字一个字读过去。"多么简单的好方法啊，但又有多少同行能常常去做呢？

《教书这么好的事》是2020年8月出版的，读完之后，我把之前的一本《教书·读书》[1]也拔出来——已被我弄得像草稿册，因为是毛边本，有时没有趁手的工具，直接化掌为刀而裁，有几页还有破痕。翻了一下，赫然发现下篇第二辑没有裁开，毛边本必须边裁边读，读到哪里都明明白白地登记在册，于是执一把小砍刀，一鼓作气边裁边看，加上做笔记，忙得不亦乐乎……等到把毛边本里的27篇也读毕，问了自己一个问题：两本书50多篇文章，最欣赏哪一篇？

沉吟之后，我的答案是《教书·读书》里的一篇，名为《向着梦想那方》，题目是普通的，淡淡地承袭着金子美铃，但文气充沛而章法井然。开篇起于《双梦记》，三言两语点透其原型与科埃略（P.Coelho）的注水功夫，再用金针暗度法，转向一本无字的绘本，原来评论的只是一个绘本啊，然而正文的分析与鉴赏，引发读者对这本《小红书》的无限遐思，加之行文间偶尔衬以卞之琳与拉摩里斯（A.Lamorisse），让人边读边叹惋：狮子搏兔，此之谓也！读到最后的效果是什么呢，是马上订购了一本《小红书》。

《犹如星辰秘史的阅读之趣》里，提到了张文江《古典学术讲要》，让我心中一动。我最初见这个名字，是许多年前在胡河清《潘雨廷法相记》一文里："友人张文江君庶几也可说是一位被褐怀玉的'高人'了。好在他生性比较慷慨，有时还是会同意把所藏的宝物让我这样的俗子见识见识的。我顶喜欢的张

---

[1] 冷玉斌：《教书·读书》，中国人民大学出版社，2017年7月。

君一宝，大概就是他的老师之一潘雨廷先生的遗照了……"后来也留意他的书，《古典学术讲要》的第二页写道："真的把书读到心里去了，会有一种快乐，所谓'虽南面王不易也'。"想来这个句子，冷老师定然心有戚戚焉。

在小学语文界，冷老师并不以课堂闻名，然而我知道他是极难得的老师，有人赞他："似乎微冷，却是温润的。"他的书里有几处散珠遗玉，熠熠生辉，皆为师者见道之言，我要在这里郑重列出，编缀出一鞭斑斓的豹尾：

> 我一向认为，教师，特别是小学语文教师，要努力向高明的导演与编剧学习。
>
> 周克希先生……《他山之石——译制片》一篇真好。上海电影译制厂的老译制片，也应是语文老师学习的富矿。
>
> 作文要知道"脱换"的道理，要学会"脱换"的方法，很有见地，今天的作文教学还是很可以借鉴的。《教童子法》最难能可贵处，是在那个时代就明确提出"学生是人"，亦强调因材施教。

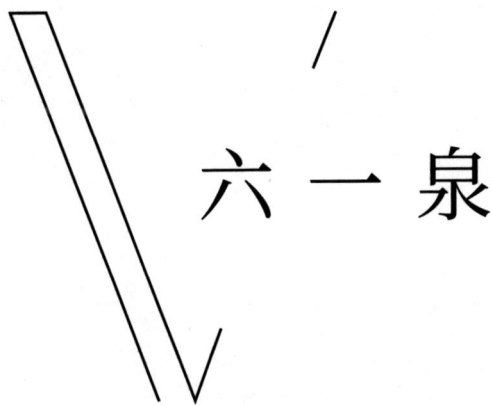

六一泉

一则恐怖故事的流传与加工

∞

疫情[1]仍未过去,日光之下并无新事,《十日谈》就是疫情期间的故事。

1348年的佛罗伦萨几乎成了空城,十个青年男女避居一处小山别墅躲避疫情,也借着讲故事躲避暑热的下午。一日又一日,十日谈下来,十人共讲了一百个故事,其中第四天里的第五个故事,颇为惊悚。

---

[1] 本文写于*2021*年,疫情指新冠病毒疫情。

一、十日谈

莉莎贝塔未婚而与伙计洛伦佐有情。她的三个富商哥哥觉得不光彩,借口去城外办事,带上洛伦佐,在僻静之处杀了他。莉莎贝塔苦盼多日,洛伦佐断无消息……

一天晚上,她为还没有回来的洛伦佐哭了很久,最后抽抽噎噎地睡着了。她忽然梦见了洛伦佐,只见他面容苍白憔悴,衣服破烂不堪,仿佛这么对她说:

"莉莎贝塔,你整天呼唤我,为我久出不归而悲伤,哭哭啼啼地埋怨我。可是你要明白,我再也回不来了,因为你最后见到我的那天,你的三个哥哥杀了我。"

接着他说明他们掩埋他的地点,嘱咐她不必再呼唤他等待他了,说完扑地而灭。

莉莎贝塔惊醒过来,深信所梦是真,又伤心地哭了一场。她早晨起身以后,不敢对哥哥们说什么,决定到洛伦佐托梦指点她的地方去看看是不是真有其事。她推说要到外面去散散心,征得哥哥们同意,带了一个知道她情况的贴身女仆,匆匆赶到梦中所见的地点,扒开枯叶,在一块仿佛虚松的土地上开始挖掘。没挖多深,就发现了一具尚未腐烂的尸体,面目仍可辨认,正是她那苦命的情人,她梦中所见果然不假。她悲痛万分,欲哭无泪,很想把尸体弄回去好好安葬,但知道根本不可能,便用刀子细心割下情人的头颅,放在包袱里,再用土盖好无头尸体。她让女仆拿着包袱,回到家里,谁都不知道有这么一回事。

她在自己的房间里关好门,捧着那颗头颅大哭,泪水洗净了头上的尘土,吻了不下一千次。然后她找了一个种萝芳或者茉乔枼那草的漂亮的大花盆,用上好的麻布包好头颅,放在花盆底层。接着铺上泥土种了几株美丽的萨勒诺萝芳,用自己的眼泪、玫瑰或橙花香水浇灌。她整天陪伴着她的洛伦佐的那个花盆,倾诉衷肠,然后开始痛哭,泪水打湿了所有的萝芳草……[1]

后来,三个哥哥起了疑心,偷走花盆,翻见人头,惊慌逃往那不勒斯,而年轻的姑娘在泪水中郁郁而终。

二、济慈的诗

诗人济慈有感于这个故事,据此写了一首长达63节(每节8行,韵步ababbcc)的叙事诗,名为"Isabella OR, The Pot of Basil"(《伊莎贝拉,或罗勒花盆》),在题下自注:采自薄伽丘的故事。尽管本于《十日谈》,基本情节(相恋、遇害、托梦、寻踪、回头、盆栽、泪溉、遭窃、泪亡)相似,然而济慈在一些关键筋节处,做了有意味的调整:

一、数目:将三个哥哥改成了两个,极写其剥削经营,善

---

[1]. [意] 薄伽丘:《十日谈》,王永年译,人民文学出版社,*2003*年*1*月,第*221~222*页。

于敛财,"在火炬照明的矿坑、喧闹的厂里 / 有多少劳工为他们挥汗如雨……"

二、纯洁:那对情侣只是热恋,并无越轨的行为。

三、杀人动机:两位兄长原打算让妹妹高攀贵族而得利,眼见着落了空,于是起了杀心,"他只是他们商业事务的跑街 / 居然能乐享妹妹深情的恩惠 / 他们原计划诱导她逐步就范 / 投向那贵族和他的橄榄树庄园","两兄弟各自把剑在水里洗一洗 / 然后用靴刺猛烈地驱马回家走 / 由于杀了人他们俩变得更富有……"

四、新场景:增设原著所无的悲伤景象与细节,如第47节,女子挖掘情侣的最初一幕,再是硬心肠的读者也能感受到那种伤心欲绝——[1]

> 很快她挖出一只泥手套,手套上
> 有她用丝线绣出的紫色幻想,
> 她吻着手套,嘴唇比石头还凉,
> 她把它揣在怀里,紧贴着胸膛,
> 在怀里手套把甘饴冻结成冰霜,
> 那甘饴可用来止住婴儿的哭嚷:
> 她继续小心地挖掘,不稍停留,
> 不时把挡脸的头发甩向脑后。

---

[1] [英]济慈:《夜莺与古瓮:济慈诗歌精粹》,屠岸译,人民文学出版社,2008年3月,第175页。

朱维基、查良铮、屠岸都译过这首诗。比较这一节的译文，诗意的理解与韵律的呈现，感觉屠岸把握得较好，此节第五、六行，屠岸还加了一个注释："这两行写伊莎贝拉美好幻想的破灭。她原想成为妻子，将来有孩子，但罗伦佐被杀，一切都成为泡影。'甘饴'可能指喂婴儿以甘乳的乳房。'手套'象征罗伦佐的死亡。"出自地底的手套凉透了嘴唇也冰冻了胸怀，低温逼人——这已死的爱情的低温是让一切凝固的，然而济慈以女子青春秀发的拂动，稍稍化解。

五、显露方式：原著中是两个哥哥翻开盆中泥土见到人首，济慈是这样写的——

> Yet they contriv'd to steal the Basil-pot,
> And to examine it in secret place:
> The thing was vile with green and livid spot,
> And yet they knew it was Lorenzo's face:

> 他们还是偷到了那罗勒花盆，
> 拿到秘密的角落去仔细察看；
> 花上染着青绿和死灰的斑痕，
> 他们认出这是罗伦佐的容颜。

（屠岸译）[1]

---

[1] [英]济慈：《夜莺与古瓮：济慈诗歌精粹》，第181页。

屠岸的第三行译文,将"The thing"解为花,"花上染着青绿和死灰的斑痕,他们认出这是罗伦佐的容颜",显得隐性而神秘;另外两种译法,显然是将"The thing"对应为盆中首级,那就与原著无异了——

他们看到青绿而灰白的一物 / 正是罗伦左的脸,分毫不差(查良铮译)[1]

那东西因有绿色和青黑色的斑点 / 而毁坏,他们却认出是罗伦索的脸(朱维基译)[2]

三、安徒生的加工

济慈此诗写于1818年,20多年后,安徒生同样依据《十日谈》的这个故事,写了一个别样的故事,名字叫《玫瑰花精》[3]。正如其名,故事是从住在花园玫瑰里的一个小小花精开始的——

花精因日暮而没法回家(那朵玫瑰已经闭合),也因此在花亭见到了一对年轻人的道别。姑娘亲吻了玫瑰花赠给她心爱的年轻人,玫瑰花因这一吻而打开,花精飞进去作为自己临时的家,于是随着年轻人一道出发。

---

[1] [英]济慈:《济慈诗选》,查良铮译,人民文学出版社,1958年4月,第133页。

[2] [英]济慈:《济慈诗选》,朱维基译,上海译文出版社,1983年1月,第242页。

[3] [丹]H.C.安徒生:《安徒生童话全集》,叶君健译,浙江文艺出版社,2021年6月,第943~949页。

这夜途中，美丽姑娘的坏哥哥刺死了年轻人，砍下了他的头，连同他的身体一起埋在土里……坏哥哥挖土时，有一片干菩提树叶落在头发上，花精就坐在这片卷起的叶子里。坏人戴上了帽子，天亮的时候就回到了家，他取下帽子，到妹妹的房间俯身看看她，狞笑着离开了（美丽的姑娘正梦着她心爱的人儿），叶子落到了被单上。花精在姑娘的耳朵里把这场谋杀告诉了她，"千万不要以为我对你讲的话只是一个梦！你可以在你的床上找到一片干叶子作证！"

她醒来看到了叶子，哭了一整天，当晚就到树林里找到了遇害了的年轻人。她搬不动尸体，只能带着他的头回来，放在大花盆里盖好土，栽上素馨花。

花精找了另一朵玫瑰安家，每天早晨，见到可怜的姑娘在盆前流眼泪……

一天，素馨花开了，姑娘对着花盆睡了，在睡梦中平静地离开了人世。坏哥哥把盛开的盆花放到自己的卧室，花精把一切都告诉了素馨花里的精灵（也告诉了蜜蜂们），就在妹妹死去的这晚，他们用毒箭刺着坏哥哥的舌头，他死了，人们以为他是被素馨花的香气醉死的，花儿就这样为这对年轻人报了仇。蜜蜂们也赶到了，刺了搬花盆的人的手，花盆落在地上，大家看到一个白色头骨，明白了死者原来是一个凶手。

四、安徒生之点铁成金手

安徒生确实才华横溢，他让一个隐形的玫瑰花精串起了整个故事，花精目击了凶杀、传递了死讯、吁请了复仇，故事里的每一幕他都在场。在《十日谈》里，原本是一篇恐怖的短篇小说，而在这篇童话里，恐怖气氛之所以消除了不少，也不再有死者亲自托梦的灵异情节，就是因为安徒生增补了玫瑰花精作为主角。这个角色有美善的心与浪漫光晕，即便降临在阴森死荫的幽谷，也会让人看到隐约的希望之光，此乃第一层因素；恐怖气氛减弱的第二层因素，在于借着玫瑰花精的观看与转述，让读者与可怕的事件和物件隔着一个中保，产生了一段小小的叙事距离，这便有了间离效果，增添了几分安全的保障。

增加主角之外，安徒生也精简了人物，将原著里的三个哥哥减少到一个，随从妹妹的仆人也去除了。除了玫瑰花精之外，只有恋爱的年轻人、美丽的妹妹、恶毒的哥哥（砍头的行为与谋杀黏合，一并为哥哥所做，更显他的恶毒）。安徒生深谙童话之道，童话需要鲜明的轮廓、清晰的线条，正如吕蒂（M.Lüthi）所说："当孩子倾听童话时，正在形成一系列不定型的感觉。一个动荡不定的，然而却井然有序的世界使他如痴如醉、心驰神往。童话听众确信无疑，他所盼望的事情确实能够发生。目标大都是一步一步地实现的。情节的构造遵循三部曲规则。"[1]

最让人赞叹的是，安徒生重整了叙事的节奏，将故事里的时钟拨快了，故事在他笔下分为明显的三个时段：第一个 24 小时，一段日子（几周到几个月），第二个 24 小时。

---

1. ［瑞士］麦克斯·吕蒂：《童话的魅力》，张田英译，社会科学文献出版社，1995 年 3 月，第 115 页。

先来看第一个 24 小时：安徒生让年轻人死于道别之夜，在次日清晨就让美丽姑娘得知死讯，当晚就带回了心上人的头颅——道别、遇害、通信、寻踪、回头、盆栽……这些情节发生在 24 小时的保质期内，有着双重的保鲜功能：既让读者随着不间断的情节保持新鲜的阅读期待——接下来会怎么样，也让头颅埋下旋即被挖出，免去了因时日甚久而腐化所引发的不适联想。

再来看中间的这段日子：安徒生没有写明这段时间究竟有多久，读者只能根据自己的经验来猜测，也许是几周，也许有几个月，猜测的依据是"她一天比一天憔悴，但是这枝子却长得越来越绿，越来越新鲜：它冒出许许多多嫩芽，放出白色的小小花苞"，要等插枝生根，冒芽开花，是挺长的一段时间，然而在叙事上，则以寥寥几笔带过。

最后来看第二个 24 小时：安徒生以温柔的笔触将梦与死调和在一起，"她对着花盆垂下头。小小的玫瑰花精发现她就是这样睡去了，因此他就飞进她的耳朵，告诉她那天晚上在花亭里的情景、玫瑰花的香气和花精们的爱情。她做了一个非常甜蜜的梦，而她的生命也就在梦里消逝了。她死得非常安静，她到天上去了，跟她心爱的人在一起。素馨花现在开出了大朵的白花，发出非常甜蜜的香气：它们现在只有用这种方式来哀哭死者了"。接着就是哥哥的出场，他对妹妹之死似乎毫不在意，文中丝毫没有提及，只写道："不过那个恶毒的哥哥把这朵盛开的美丽的花看了一眼，认为这是他的继承物，所以就把它拿走，放在他的卧室里……"此处请留意，何谓不写之写，什么叫在行动中彰显性格、塑造人物——让人不由地赞叹安徒生童话的文学含金量之高,读安徒生长大的孩子,定然心智开明,免疫力强。第二个24小时,安息、揭凶、复仇、显颅……两个角色先后辞世,头骨彰显而真相大白,一个高潮接着另一个高潮(掀起的高潮之下,另有暗潮隐伏,结尾处安徒生安排了双保险式的双重复仇,让正义稳稳当当地呈现),故事在蜂后的吟唱中结束,于是孩子们就有机会听到一个单纯的扬善惩恶的故事。

五、恐怖故事是否适合儿童

估计有人会问:无论如何,花盆里埋着头颅,总是有点吓人,这个故事到底是不是可以讲给小孩子听呢?

我想摘录三段话,作为回答:

> 悲剧是对于一个严肃、完整、有一定长度的行动的摹仿;它的媒介是语言,具有各种悦耳之音,分别在剧的各部分使用;摹仿方式是借人物的动作来表达,而不是采用叙述法;借引起怜悯与恐惧来使这种情感得到陶冶。[1]

> 我说的"禁忌",是指有一类故事,我个人觉得讲给孩子们会有用,可大多数人却嗤之以鼻。这些故事说的都是孩子们感兴趣的事,但传统教育却将其划在"少儿不宜"

---

1. [古希腊]亚里士多德、[古罗马]贺拉斯:《诗学 诗艺》,罗念生、杨周翰译,人民文学出版社,1962年12月,第19页。

的范畴，包括身体器官的功能，以及对性的好奇。"禁忌"其实是存在争议的，我就是要呼吁打破"禁忌"。

我觉得，不论是在家，还是在学校，这类话题都可以敞开来谈。[1]

当人们讨论到原始版本的民间故事太过恐怖时，指的就是这种格林童话[2]。有些人会觉得大人不该念这种故事给孩子听。然而，我却赞同另一派人的看法，这一派人认为，这些故事可以将孩子天生就有的恐惧——被父母抛弃（像是《糖果屋》里的汉赛尔与格莱特）或是被狼吃掉（像是小红帽）——予以宣泄净化。姑且不论哪一派的看法才是正确的，我的学生已经五年级了，他们应该有能力面对这种故事。在我朗读故事时，当我重复吟诵着小鸟所唱的诡异歌曲时，我觉得自己好像在念某种咒语，或是施展连我自己也不完全了解的魔法。而每个孩子完全沉浸在故事的世界里，当我念完故事时，他们的嘴巴张得开开的，几乎忘了要呼吸。[3]

---

1. ［意］贾尼·罗大里：《幻想的文法》，向菲译，中国少年儿童出版社，*2014*年*8*月，第*151*页。
2. 指《桧树》。——作者注
3. ［美］山姆·史沃普：《我是一支爱写作的铅笔》，廖建容译，五洲传播出版社，*2012*年*2*月，第*330~331*页。

一个随身携带的工具箱:《好童书好课堂》

∞

回忆自己的创作生涯,斯蒂芬·金(Stephen King)专门提及了外祖父自制的超大而实用的工具箱,他接着写道:"你为了尽最大的能力写作,有必要建造自己的工具箱,然后增强肌肉力量,才有力气把箱子带在身边。你这样做,就不必在面对艰难任务时感到气馁,而是一把抓过适用的工具,立刻投入工作。"在我看来,对于教学新手与为人父母者来说,《好童书好课堂》[1]就是一个可以随时带在身边的应急工具箱。

工具箱的第一层是显性的,是一目了然的书目与学习单。

从一年级的《了不起的狐狸爸爸》开始,到六年级的《不

---

[1] 岳乃红、丁筱青、邱凤莲:《好童书好课堂:整本书阅读与教学20例》,广西师范大学出版社,2020年8月。

老泉》为止，总共 20 本书，其中一年级 2 本，二、三年级各 3 本，四、五、六年级各 4 本。刚刚拿到书时，翻着目录，心里有些疑问，这样排序的根据在哪里呢？待到把整本书读了之后，隐隐猜到了几分：《了不起的狐狸爸爸》《我和小姐姐克拉拉》排在一年级，因为这两本书都挺有童心童趣，如过山车一样的情节急转中，让人又是紧张又是欢乐，一年级的小学生，应该会很喜欢；《一年级大个子二年级小个子》排在二年级的原因，看看书名就知道了一大半；《长袜子皮皮》排在三年级，也许是因为皮皮也刚好是 9 岁；《西游记》排在五年级，对应着五年级课文里节选的《猴王出世》；《城南旧事》排在六年级，书里写到小英子小学毕业，把毕业文凭放到书桌的抽屉里，默念着："爸爸的花儿落了，我也不再是小孩子。"

如今的儿童阅读分级已成了热点话题，换了别的作者，一定会把按照年级的精心安排、作品与孩子的对应关系等，稍加渲染一下；然而这本书的前言里就连"阅读分级"这个词都没提，只淡淡地写了一句："这二十本童书的文学赏析和教学设计，书写了十五年的故事。最早的一篇教学设计，诞生于 2005 年……最近的一篇教学设计，诞生于刚刚过去的 2019 年。"

教过书的人都知道，自己读和带着一群小孩子读，是截然不同的事：自己读是享受，带人读是折磨；自己读是做美食家，带人读是做炊事员；自己读如诗如远方，带人读像西西弗像"996"——因为整本书的容量很大，而课堂的时间有限，所以绝大部分时候，学习单是不可或缺的，然而深深地读透一本书，设计出一张精当适用的学习单，岂是容易的事。细心的读者不妨留心查看一下书里的18张学习单,每一张都随书印上,让读者现成地拿去就可以用,这不单单是慷慨之举,简直可以称为侠义之举,对那些要在学校里带领整本书的老师们来说,清晰的书目与称手的学习单,真是雪中送炭!

一般来说,一本书一张学习单足矣,而《柳林风声》一书,竟然配了5张学习单,为什么要这么多?请教岳老师,她答曰:"前面三张是阅读这本书的过程中使用的,尤其是鼹鼠和河鼠去寻找小水獭的那一章,对孩子们来说有难度。最后两张,是读完整本书,根据我们交流的主题设计的。"

当然,有时一张学习单的容量就很大了,《西游记》学习单里的三个项目(妖怪分家、取经队伍扫描、三去三回看悟空),不是一两天里就可以完成的任务,而是用来配合与推动整部《西游记》的阅读的。第三项的问题设计,看得出教师在本书中浸淫日久后的苦心经营:"你注意到了吗,取经途中,孙悟空曾经三次离开取经队伍,你能在书中把它们找出来,并填写在下面的表格里吗?"读着这个大巧若拙的题干,不禁想起孟德斯鸠《论法的精神》里的名言:"在民法的慈母般的眼里,每一个个人就是整个的国家。"教学法如同民法,形式严谨,内里都跳动着一颗母亲的心。

掀起工具箱的第二层,装着的是一些隐性工具。说起来有点像绕口令,这是一本教人教书的书,换句话说,读了这本书,你就知道带领孩子读书的方法了。教学目标,课堂板块,操作流程,一以贯之的核心问题,到了某个阶段方可提出的及时追问,等等,一应俱全。试看《长袜子皮皮》一课,教学目标有三：

一、围绕"游戏"创设快乐的交流氛围，一同分享皮皮和皮皮的故事带来的快乐。

二、在分享观点的同时，多角度理解"皮皮"这一人物形象。

三、通过细读《皮皮玩海上遇险》，引导学生发现游戏与学习之间的关系。

课堂教学的三个主要板块，清晰地照着三个教学目标展开，尤其贴心的是，在每个板块之后，有百余字的设计意图说明。第一板块的设计意图是这样写的："用游戏导入，既能创设愉悦的交流氛围，也能更好地展现这本书所倡导的游戏精神，更重要的是还能帮助学生梳理故事情节。这本书一共有二十五章，每一章都是以讲述事件为主，而不是以塑造人物为主；而且故事都相对独立，彼此之间几乎没有什么因果关系。因此以游戏来梳理故事情节，符合这部童话的讲述特点。"一番临行密密缝的慈爱，让人温暖，让使用者知其然，也知其所以然。

在第三板块的设计意图里，还可以读到这样的句子："该部分内容聚焦于一个章节，在梳理章节内容的过程中，不断引导学生发现游戏与学习之间的关系……值得特别提醒的是，最终的结论有可能出现一边倒的现象，此时教师应适时指导……"这番提醒，如徒步越野时见到前行者留下的路标，是很可贵的。

无论显性隐性，都属常规的标配工具；在这个便携工具箱的第三层，是20个整齐排列的专项工具小包，手柄与卷尺，电笔与起子……各自不同，是针对20本书的20种具体的现场操作，一一对应，井井有条。

书中所录的课堂形式分两种：导读课和交流课。读一本书需要几天或几周，在这段绵延的时间里，导读课位于前端，意在尝其一脔，激发孩子们对这本书的强烈兴趣；而交流课位于后端，意在帮助孩子们深入研讨书本内容，交流阅读体验。二者功能不同，各有其用。

两种课型中，教师都很重要，然侧重的方式不同。导读课是线性的，仿佛一条河蜿蜒向前，教师须思考作品的隐与显，有选择地呈现于课堂，对文本的细加剪裁尤为要紧；交流课是块状的，仿佛彼此连缀的钴鉧潭、小石潭、石泓小潭，课堂有时荡击，有时徐行，有时沉潜，激活小读者们的阅读体验与交流勇气，有赖于精良的课堂环节设计。对课堂教学有追求的年轻教师，或热爱亲子共读的爸爸妈妈，不妨细加揣摩同一本书的两种课型，比如《了不起的狐狸爸爸》，既有导读课，也有交流课，比照着看，可以收获很多。

行文至此，开头那个问题的答案也渐渐清晰了。若要问20本书的排序根据，回答是四个字：课堂实践。本书是教案集，是课堂现场的记录，是第一手经验。前言里写道："你会发现这里的一些教学设计好像跟你当初听到的不太一样，是的，你的感觉完全没有错。你现在看到的，或是经过几次课堂打磨后的最新版本，或是一个全新视角的呈现。"三位作者在各自的领域里早已卓然有成，却谦卑地说自己一直在路上。也不知是怎

样的机缘,能让这三位合力营造而彼此衬托,而三人的名字列在一起,恰是色彩丰富的一联(不计平仄):

有凤岳乃红
爱莲丁筱青

嘻,我们的时代弥漫着慌张和无意义感,在这样的时代里,整本书的阅读愈发重要——不单是为了增长学问与智慧,更是为了保守一颗安静的心,以应对万变的陆离的处境。维克多·弗兰克尔(Viktor Frankl)说:"在'十诫'看起来失去其绝对有效性的时代中,人必须比以往任何时候更加要学会听从产生于一万个独特处境的一万条戒律,他的生命由这些处境构成。而关于这些戒律,他求助于并且必须依赖于良心。生动活泼的良心也是唯一能使人抵抗存在空虚——墨守成规和极权主义——的影响的东西。"[1] 我们都知道,一本好书就是一个世界,带领儿童多多地阅读好书,就是帮助他们多多地获得装备与经验,有能力来应对属于他的未知世界,在将来的日子里展开属于自己的青草样的忧郁,红花样的青春。

---

1. [奥]维克多·弗兰克尔:《追求意义的意志》,司群英、郭本禹译,中国人民大学出版社,2015年1月,第54页。

一名教书匠的写作回顾

∞

一、写自己熟悉的

回顾自己的写作,头脑中的第一联想并非纸张与钢笔,而是电脑与 pages,赫然发现自己不是用纸笔,而是用键盘来写作的。20多年来,我发在纸媒上的每一篇文章,自己存档的全为电子版,若要逃难,抱起笔记本电脑就走,倒也轻快,甚至电脑丢了也没关系,资料在云盘也有备份。想到这里,不觉吓了一跳,离开了纸笔的人,是否有资格来谈写作?

查了查字典。

作,人起身劳作也,这是容易理解的,写作也属人类工作的一种。那么到底什么是"写"呢?"写"是形声字,从宀,舄声,《说文》释道:"写,置物也。"换句话说,所谓写,就是令物归其位,杜甫有诗"数回细写愁仍破","细写"的意思就是轻拿轻放,因为樱桃皮薄,生怕不小心蹭破了(《野人送朱樱》)。这样看来,文字经由墨水放到纸张上,与经由键盘放到电子文档里,搬运的过程与内容并无差别,不同的只是介质与工具而已。

写作纯属个人的劳作,若有齐头并进的朋友,甚或有一群志趣相投者,那就再好不过了。其间的道理,有点像吃饭只能自己吃,无人可以代劳,然而一群人一起吃,依然是各吃各的,气氛却变得热烈了,彼此的胃口都会更好一些。回想自己最有激情的写作时期,始于2001年7月,当时在一位好朋友的带领下,在新浪论坛的读书沙龙开始了读帖、写帖的生涯,阅读与创作的热情被空前地激发,每天一有空就上论坛看新文章与文章后面的跟帖,也使出浑身解数来写文章,期待着自己的作品能被版主加为精品。就这样,大致是一周写一篇,写着写着就顺手了,积累了一些作品,试着给本地报纸投投稿,竟然有被刊出来的!至今还记得,在《杭州日报·西湖副刊》发表的第一篇文章是《神秘的阿左林》:

> 有的作家与你擦肩而过,却让你从此牵肠挂肚。对他最初的了解,也许是在报章的不起眼的一角,也许是图书馆书目里一个倾斜的名字,也许只是上铺偶尔的一次提起。于是开始期待,于是开始寻找,然而,你却永远找不到他……

读着报纸上自己的文章，忽而有感，原来写作的小径就在脚下呀，绿草掩映，蜿蜒向前，通往某些自己尚不知道的美好所在。于是一发不可收，渐渐有更多的文章发表了，家人与朋友们也屡屡读到，《湖边的三联》《弄堂里的书库》《他的书架》《教师的自我坎陷》等，这些文章大多与书有关，是自己的兴趣所在，所以有内容可写，亦有写作的激情。我想，每个初学写作者，最好从自己最熟悉的领域开始，做一些记录，或做一些研究，这样就不愁没东西可写，写出来的文章也是自己喜欢的。

二、写教案

当然，有些写作内容仅限于某些职业，医生要写很多处方，教师则要写很多教案——这是教师写得最多的却鲜为外人所知的一种写作。一位教师很少有机会能与人交流教案，也不太有地方去发表教案，然而它是如此重要，几乎就是一个教师的立身之本。那么，教案该怎么写呢？

从教伊始，我有一位指导老师，当时我就亦步亦趋地跟着导师学：同一篇课文，先听他的课，把课堂步骤、内容记下来，回到自己班里，依样画葫芦地执教一遍。就这样，我开始了自己的课堂教学，我所记录、所依据的，就是自己的教案了。有几节课的效果居然还不错，一段时间之后总结经验，明白了一份好用的教案，有点像女孩儿的麻花辫，由几股交织而成，分别是文本内容、学生活动、每一段流程所需的时间。

日常自用的教案，每位老师依照习惯，自己看得明白就行，写法不求统一。新教师可以写得具体一些，但也不宜超过两千字；老教师可以写得简要一些，三五百字就够用了，要是对这节课烂熟于胸，没有教案反而更好。总之，一节酣畅淋漓的语文课，定然含有以下几项内容：第一，让全体激动；第二，让每一位都参与；第三，不被察觉的自自然然的听说读写。这些都有赖于在课前精心构想的文本路径、学生活动设计、合理的时间安排。

公开课则需要另一种公开的教学简案，以提供给听课者。仿佛一只手表，日常自用的教案是内里的运行机械，公开的教学简案则是随时被看的表盘。对于评委和听众来说，后者更重要。简案宜短不宜长，五六百字即可，常分为三个板块：教学设想、教学目的、教学过程。

教学设想，顾名思义，就是设计与构想。当以精当的语句，呈现教师自己对文本的解读、课堂环节的设计、推陈出新的构想。课堂现场必须呈现的重点，在教学设想中也当将其深深刺透；那些难以通过现场呈现的重要事物，某种不可见的要素，几处背景式的存在，等等，都适合放在教学设想中，开宗明义，交代得明明白白。此板块很适宜展现教师的学术素养与能力。

教学目的，要写出存在于同一节课里不同层面的指向，有点像射箭的三连发，上中下三箭，箭箭中靶。新手须留意，每一行的教学目的，最好由两个分句构成，每个分句都隐含着动宾短语（因为教学意味着行动），前一个分句是手段，后一个分句是目的。

教学过程，简要写出预设的环节流程即可，此处越简越好，给自己留出余地。不可将全部设想中的内容一股脑儿都搬上去，白纸黑字印在那里，万一某个环节在现场操作时遗漏了或来不及执行，那简直就是给自己掘坑了。

若要把这三板块理解透彻，可以借用一句俗语，简案的三板块就像一日三餐："早餐吃饱，中餐吃好，晚餐吃少"——教学设想要饱满，教学目的要精当，教学过程要节制。

说理不如提供例子，以下是两则简案：《比喻》是一节全省示范课，多年后有不少语文老师还记得；《项链》一课获得中央教科所课程教育研究部举办的首届全国中小学"个性杯"语文课堂教学大赛中学组特等奖。

《比喻》教学简案

一、教学设想

关于语言与真理的关系，圣奥古斯丁在《论基督教教义》的开头说："正如我用手指为他们指点他们想看的满月或者新月，或者一些很小的星座，可是他们目力不逮，连我的手指都看不见，却不能因此就迁怒于我。有些人认真学习了教义，但仍然不能理解神圣经文奥秘难解之处，他们以为看得见我的手指，却看不见我所指的星月。然而这两种人都不应该责怪我，而应该祈求上帝赐给他们识力。"

同样的，《楞严经》卷二载佛告阿难："汝等尚以缘心听法。此法亦缘，非得法性。如人以手，指月示人，彼人因指，当应看月。若复观指，以为月体，此人岂唯亡失月轮，亦亡其指，何以故？以所标指为明月故。岂唯亡指，亦复不识明之与暗。"

这跨文化的东西方修辞的巧合，令人惊讶，两只手隔着时空，指往的是同一方向：使你看见也就是使你能理解。

很多时候，思想与观念，主题与内容，远如天边的月亮，湮灭朦胧；而简单优美的比喻，就是帮人确定目标的手指。有了这样的指点，我们方能举头望远，看清心智想象的辽阔与创造力的无限。

当然，倘若把语文视作月亮，那么这节课全部的努力，只不过（过于勇敢地）希望能成为一根手指。

二、教学目的

1. 通过系列例句的解析，明白比喻作为修辞的几个特点。

2. 经典示范与片段模拟，培养语言敏感力，力求表达的准确、新鲜、有想象力。

3. 小组研讨，个人创作，用文字激发、点燃、照亮个体独一无二的生活。

三、教学过程

（一）星星：比喻与非比喻

（二）枯草：什么是好的比喻

（三）盐：比喻之协调

（四）鱼鳞：比喻之独创

《项链》教学简案

一、教学设想

都道《项链》说不尽,但作为一篇从不落选的常青教材,其情节、人物、象征物(道具)、题旨、空白、伏笔、草蛇灰线……在从不间断的开掘与几无止境的冶炼下,似无剩义。正如鲁迅所言:老调子已经唱完。

如何翻唱杨柳枝?本课时由人物论、主题辩、原型溯源三板块构成。

(一)人物论——将单一作品置放于作家著作的整体背景下,引入莫泊桑本人的创作谈、18世纪的妇女观,作为跨越时代的新鲜刺激,激发学生对于玛蒂尔德"变"之意义的探讨,思考文学作为人学的恒久意义。

(二)主题辩——将学生主张的小说主题(第一时间阅读所得)与名家经典的论断一起呈现,在多元、平等的语境里,众声喧哗,形成交叉共识。

(三)原型溯源——将《项链》故事叠影于"灰姑娘"模式,以情节中相似与不同的比照,通过更深的层面,再次回归人物与主题。

三个不同层面的解读,贯穿文学史中历时性的女主人公——以玛蒂尔德始,以玛蒂尔德终。以期打开学生的视野,于山穷水尽处,别开生面。

二、教学目的

1. 比较"两个玛蒂尔德",体味人物形象不同的面相、丰富的内心。

2. 通过不同主题的抉择、探究,懂得小说解读的多重性。

3. 以《项链》的个案分析,初步了解"原型批评"的基本方法。

三、教学过程

(一)情节梳理(围绕"项链"的四部分,简要概括)

(二)人物分析

1. 玛蒂尔德的外貌,发生了怎样的变化?

2. 玛蒂尔德的性格,是否发生了变化?(阅读、思考,小组讨论)

(三)主题探究

争鸣:根据我的阅读,这是一部关于____的小说。

(四)原型批评

1. 灰姑娘模式(表格比较)

2. 莫泊桑的创造性转化(班级交流)

三、写评语

我一直以为,写评语也是教师重要的写作方式之一。

教师与书与孩子打交道,起初是耳提面命,日常是苦口婆心，最后是目送背影。似无甚风波，也没有什么大起大落，但是，中小学教师真不能轻看自己的工作，因为这份工作是指向未来的，现在所陪伴的儿童与少年，他日后会有怎样的出落，是我们做梦都梦不见的。在这个过程中，特别要紧的一点，就是教师可以在陪伴中给予积极的影响，有时候不过是只言片语，因为发生在一个可教的时刻，也许就成了决定性瞬间，从而改变了一个孩子的成长路径。

约翰·洛克（John Locke）《教育漫话》里有一段经验之谈，在我看来，简直可以作为新教师的入职誓言："我敢说我们日常所见的人中，他们之所以或好或坏，或有用或无用，十分之九都是他们的教育所决定的。人类之所以千差万别，便是由于教育之故。我们幼小时所得的印象，哪怕极微极小，小到几乎觉察不出，都有极重大极长久的影响。正如江河的源泉一样，水性很柔，一点点人力便可以把它导入他途，使河流的方向根本改变。从根源上这么引导一下，河流就有不同的趋向，最后就流到十分遥远的地方去了。"

细想一下，在三年乃至更长的时间里，让一些句子发生长久的影响，有几种形式。其一是班训，悬挂在教室里，天天看到，会有潜移默化的效用。我当班主任的时候，班训为："认识你自己，爱你的邻居。"前几日和丁汀（杭州外国语学校、浙江大学优秀毕业生）聊天时提到班训，她说："这句话一直记在心里，影响一生。"其二是教师的口头表达、课堂对话或日常对话，有时候言者无心，听者有意，岂能不慎哉！其三是给学生的个人评语。

每次读《红楼梦》第五回金陵十二钗的正、副册，读到"可叹停机德，堪怜咏絮才。玉带林中挂，金簪雪里埋""欲洁何曾洁，云空未必空。可怜金玉质，终陷淖泥中"等句，只觉大有深意，慨叹之际，也在心里默默感谢曹雪芹，在一部伟大的人生之书里，开篇不久就提前展望人物的一生，让读者在无力自达的高度一览远景，于不自觉中获得了一种全局观，借着书中人物的际遇，对自己的人生也有电光石火般的瞬间领悟。

做教书匠久了，渐渐发现，写给学生的评语，正与《红楼梦》的人物判词相似。一则深入人心的评语，秘诀在于包含时间要素（过去、现在、未来）。要深入了解这位学生的过去，要在爱里说诚实话，亦褒亦贬他的现在，也要鼓励他的未来，给予信心与盼望。当年我写给班里学生的评语，至今还保存着，选录几则如下：

肖杭

一年以来，你每天成熟一点点，从最初近乎不适应的沉默，到现在开朗、自信又宽容，你成了班级中最受欢迎的人。二班积极上进的精神在你身上有着集中的体现：参加文学社、投身共青团、组织灯谜会……然而你从未忘记学习。每门学科的老师都对你很满意，语文老师尤其欣赏你，因为你的每一次写作，总是别出心裁，摇曳多姿。不过，你恐怕不是班里掰手腕的顶级高手吧。渴望着你掰赢我的那一天。

马率程

也许是沉迷与思索,也许是成长的烦恼,也许是沟通的缺乏,所以你常常显得沉默。然而你多么富有内在的激情!瞧瞧你的朋友,瞧瞧你的足球!正因为无话不可说,所以我们无话不说——你也有过严格的自律,可有时还是显得用力不够。你的数学令人欢喜,你的英语让人悲伤(下学期,你一定要主动去英语老师那里背诵每一篇课文!);你的父亲重视你的学习,而你的班主任则更重视开朗性格的养成。赵翼《论诗》里的句子,在接下来的日子,也许可以成为你前进的动力:江山代有才人出,各领风骚数百年。

甘夏梦

那么爱开玩笑!那么有正义感!那么有力的跆拳道!那么精彩的《失空斩》!最初看到你的姓名,立刻想到莎士比亚《仲夏夜之梦》,后来才发现,你也正像这名剧里的人物迫克:"我就是那个快活的夜游者。我在奥布朗跟前想出种种笑话来逗他发笑……"你试图给生活的一切抹上欢乐的色彩,试图在任何地方提出与别人不同的观点,试图穷尽生物学的任何一个问题……这就是你,极受欢迎的"甘老师"!你真的愿意以后做一个老师吗?那至少你要先学好数学,还要把自己的汉字练得漂亮些呀。你说对吗?

柯晓宇

最近还做那几个梦吗？考试近了，也许无心做梦了吧，然而你是多么沉醉于梦想的一个人啊。正因为如此，你会如此投入地为《千与千寻》配音；正因为如此，你会以极大的耐心练琴；也正因为如此，你追求书法的完美。看来，你很好地继承了医生双亲的仔细与耐心。什么时候你的数学如同你的英语一般好，你将会看到我的笑。至于语文——难忘你文章的结尾："一片树叶静静落下，窗外下着淅淅沥沥的小雨，我趴在窗口看着这太阳雨。"这静谧的意象只属于你，那已经是永久的了。

孙岳

你有属于自己的幽默，有时也渴望崭露头角，在教师的尾音之后，同学尚沉默之时，忽然就有了你的声音，可见你反应之敏捷与思路之活泼。一年来，你活跃了一些，然而对无兴趣的事情依旧不屑一顾，哪怕它也许真的是有价值的。做一个永远的反对派可不是一件容易的事——尽管我们都知道，站在现存秩序相对立的位置上，施与批评，这其实正是人文知识分子的基本姿态。有时你只是出于善意的好玩，而别人却以为你是有意过不去——会影响交往的，不是吗？如果言谈与举止上略加重视，在各个学科上都能努力，相信一定会更受到同学的好评。

文浩然

很多时候,你草率马虎,作业粗心,显得随随便便,甚至还有些霸道……然而樊哙在鸿门宴上的那句话,也许可以替你做出解释:大行不顾细谨,大礼不辞小让——先立其大,这也许是你明了并且追求的。《孟子·公孙丑》"我善养吾浩然之气"句之前有三个字,"我知言"。一点不错,独立思想之后,你总有惊人之论,5月20日《张良奇遇记》的课堂上,你关于君臣关系三个层面的分析,直让特级老师都惊叹不已。阅读,阅读,阅读……你在书本中发现了迥然不同的世界,相信那将会影响你一生的轨迹。有空时,还是要诵读以下词句:年少万兜鍪,坐断东南战未休,天下英雄谁敌手……

谢宸

"他优雅的动作,他神秘的微笑,他在战场上潇洒的舞步,他在胜利后骄傲的英姿,和他那一剑的风情。"这其实是你本人给人的印象呵,一个几近完美的勇士,一个极重感情的朋友。记得有同学写过:天下英雄谁敌手?曹刘。生子当如谢某某——你是奇异的结合体:既有精妙绝伦的剧本,来往缠绕《缘就是圆》的诗句,多愁善感的《一滴眼泪》;亦有球场上风驰电掣的传球与射门,运动会上舍我其谁的疯狂奔跑……只有一点可以肯定,我绝非最好的老师,但你必定是最好的学生。

严天阳

那次运动会的场景甚至经常闪回于我的梦中,你的振臂一呼,与应者云集,那是多么激动人心的景象!你应该可以成为二班极有才能的一任班长(我讳莫如深地设想),但是直到目前,你依旧没有做出相应的努力。你的精力消耗于追逐,你的聪明浪费在闲聊,你的能力误用于当众的嚷嚷……责之过重,也许只因为爱之过深罢,怎么可以不叹息。你究竟要等到什么时候,才真正开始突飞猛进?等待这一天的到来。

李思渊

还记得对你最简要的评价吗?"你是班里最能干的女孩。"凡是交给你的工作,你总是做得那么漂亮。无论是采购圣诞装饰还是置办植物角,无论是策划班级拍卖会还是呼吁盆栽领养,你都是那么尽心尽职。甚至在五天在家自习的时间里,你还不忘专程来校为花草浇水,真让人感动!写作上,有着丰富的想象力,进步很大。可惜在数学上,缺乏必要的热情,尚需大量的投入。新的学期里,希望你能继续发挥自己的才干;心无旁骛,更专注于学习,争取进入班级的前列。

四、尾声

记得有一个名为《点》的绘本[1],小朋友瓦士缇不会画画,一堂美术课下来,她的画纸上一片空白,美术老师请她"随便画一笔",她不耐烦地在纸上随便戳了一个点,老师拿起画纸,仔细研究了好一会儿,将画纸推到她面前,请她签上名字。一周后,她看到自己的画作被金色画框装裱着,挂在美术教室的墙上,这是前所未有的激励!她想:"我只是随便画了一个点,就被老师裱起来挂在墙上,如果我认真画,一定比这个更好!"她一下子有了自信,敢于尝试了,灵感越来越多,也找到了画画的乐趣。后来,她在学校举办了画展……

这个简单质朴的故事,提醒为人师者要懂得孩子的心,常常呵护,多多鼓励,适时而教。我们还可以从写作的角度来看这个故事,它在提醒我们,大大小小的"点"只要积累到一定的量,就足以开设一个以"点"为主题的画展;同样的,教学方面的写作类型有很多(教学设计、教学案例、教学反思、教学札记、课堂观察、课堂回顾、教育叙事、成长故事、教育类书评、影评等),围绕某一个选项,在一段较长的时间里,写一系列文章,花三五年的工夫,就会略有小成。

关于指导写作的书,对我帮助挺大的有以下 3 本,有兴趣的朋友不妨找来读一读:

---

1. [加拿大] 彼德·雷诺兹:《点》,邢培健译,南海出版公司,*2010* 年 *6* 月。

［美］多萝西娅·布兰德:《成为作家》,刁克利译,中国人民大学出版社,2011年1月;

［美］山姆·史沃普:《我是一支爱写作的铅笔》,廖建容译,五洲传播出版社,2012年2月;

［英］E.M.福斯特:《小说面面观》,冯涛译,上海译文出版社,2016年7月。

一位狗校长的教育箴言

∞

前些日子,因为一次偶然的机缘,深夜造访一位资深校长。在他的寄宿学校里,听他讲了很久的办学宗旨、建模理论、践行方式与教育诊断,几乎有胜读十年书之感。从教 20 多年来,听过许多关于教育的玄谈阔论,也见识过一些校长,私下觉得,有个别教人的校长,似乎还不如这位教狗狗的校长。可惜回来之后,他的言语已忘却大半,仅凭印象录了几句。

静与动

"要停住不动,它就不会来啃主人的脚后跟了。"校长说,"你见过啃柱子、啃墙壁的狗吗?"

确实没见过啃柱子的狗,我暗想。

校长说:"教育即陪伴。狗狗被关在屋子里,平时没有同类陪它玩,主人也不陪它玩。人一走动,它的眼里就是主人的两只脚,两只脚在动,它就理解为主人在跟它玩,人越甩它就越来劲,越大喊大叫它就越兴奋……好好一条小狗,这样被不懂陪伴的教育者在无知中给教坏了。"

城市与乡村

"教育要顺应天性。狗狗真不该被圈养在城市的家里,城里的建筑与街道不适合狗的生存,倘若出门,它们是靠气味寻踪的,隔了一条马路,一辆车开过去风一卷,气味就断了。狗狗最好生活在乡村,可以自由奔跑,可以与同类一起成长,追逐打闹,那样的狗,身心都是健康的。"

登门槛现象(Foot-in-the-Door Phenomenon)

"教育要从小开始,逐步升级,这就是所谓登门槛现象。当然啦,坏的教育也是如此——有一家人从小就养了一只纯黑的拉布拉多,一家人排成一排,看它选哪一个扑上去就算是幸运儿,还鼓掌,就这样养成了习惯。等到它大了,还是一见到人就扑过来,几十斤的大狗,力气大得不得了,几乎要被它扑倒,家里每个人都躲着它……错误的教育方式,不仅让狗狗受伤害,而且教育者本人也会受到伤害。"

三只猫

狗学校里有五六十条狗,到了晚上却悄无声息,都安静地入睡了,可见白日里的教育有方。校长的寝室里还有三只猫,两只纯黑的,一只狸花猫,我们谈话时,校长把门一开,它们都蹿了出来。

"不怕它们逃走吗?"我问。

"好的教育带来安全感。在这里有吃有喝的,它们为什么要走?动物是习惯留在一个安全的、食物充足的地方的。候鸟迁徙是因为季节变了,没办法才飞来飞去的。人类以前也一样,安土重迁,没有办法才搬家,那是背井离乡。现在的人条件好了,吃饱了没事做,变着花样旅行,增加了许多碳排放。"

一本关于幸福的书

∞

这本书的名字就是《幸福》[1]，和大多数谈论幸福的书一样，读的时候可以帮助你思考一阵子，读完了以后，你依然不知道什么才是幸福的人生。

开篇不久的那个场景设置，还是挺刺激思考的：假设某人处于弥留之际，回顾一生，最想重新体验的一种经历是什么？作者猜测，无非是多陪陪所爱的人，再欣赏一次日落，再看一次绿树与大海，再听听林中鸟鸣……

何谓"再"？就是把有且仅有一次的人生，视作初次已失利，因意外恩典而获得机会重活一次，以"初次"为"再次"，

---

[1] ［美］丹尼尔·M.海布伦：《牛津通识读本　幸福》，肖舒译，译林出版社，2020年9月。

既有了经验,也懂得珍惜——"再"字里隐藏着一个人生奥秘。有没有人可以在唯一的现世活第二次?谁可以既保持着呼吸又重新出生?

说理往往不如故事动人,《幸福》中让人难忘的,是俄亥俄州的梅特医生的故事,他是一位家庭医生,知道患者的需求,也懂得关怀家属。如果需要,他会在夜间家访,情况紧急时也会通融,征用医院设备让患者在家里的床上离世。弥留者有喜欢的花,他会把花放其胸前,"花瓣随着她逐渐缓慢的呼吸一同上下起伏。当花瓣不再移动的时候,齐聚一堂的亲属就会知道,她已经与世长辞了……三天前的那个夜晚,梅特医生溘然离世,我希望他亲自培养出的众多医生晚辈中能有人在他的身旁照看。尽管现在还是二月,他送来我家花园的花苗,我母亲最爱的黄水仙和我父亲最爱的郁金香,都已经生根发芽,破土而出。"

梅特医生的一生,当是幸福的吧。拥有这样的家庭医生,是我们尚未实现的愿望。说到底,一个人是否幸福,要到人生末了方可定论;一个人是否幸福,终究只是他本人的体验,只有自己心里知道。那么怎样才能让自己变得幸福一点呢?书里给的几条建议,估计人们也不陌生——

> 避免消费者的心态,做一名欣赏者;
> 防止科技夺走日常生活的质感;
> 与重要的人与事建立联系;
> 慢节奏,放轻松;

无经济负债，也无道德负债；

爱人如己，帮助别人。

无论如何，此书值得一翻，有几句话也颇能给人启发：

第9页：

在人生旅途中，时间就是货币。等到七十岁的时候，穷人和富人所拥有的时间资产一样少。

——我们熟悉"时间就是金钱"的说法，时间资产意思差不多，却有新鲜感。结束铅华归少作，屏除丝竹入中年，时间资产多，才是富裕者。

第124页：

假如根本不存在死后的世界，那么死亡的感觉应该跟出生之前差不多。这也没那么糟糕嘛，是不是？

——这样一想，无论有我无我，世界都挺好；无论我在世界不在世界，也都挺好。

第134页：

你不偷不抢，运气也一般，那你只有两条致富道路：一是在吸血行业里拼命工作换取高薪，因为别人不愿意做这种工作（如法律界人士）；或者在你真正擅长并且充满激情的领域拼命工作（如乔布斯）……你最好选择把"激情和天赋"当作赚钱的手段，不然你很难过上幸福的生活，或者很难获得有意义的工作经历……驱使你奋斗的是工作本身以及把工作做好的念头。高额工资证明了你擅长自己从事的领域。

——给青少年提供机会,帮助他们发现自己的天赋所在,是多么要紧的事!这关系到他们日后的幸福生活。

一条迄今为止最好的人生建议

∞

写下这个题目,首先冒出来的是波洛涅斯给雷欧提斯的那几句忠告,知道的人太多,自不必提。值得一提的是另外三段。

一段是作家出版社版的《遍地风流》,阿城自序里所写的:"在桑干河附近的一个村子里,村里先来的是北京男四中和师大女附中的知青,算得是北京中学里的精英吧。不过让我受益的是一个叫来运的高三学生,面容很像关云长,少言。离开山西前请教于他,他说:'像你这种出身不硬的,做人不可八面玲珑,要六面玲珑,还有两面是刺。'这个意思我受用到现在。"

一段来自《麦田里的守望者》安托利尼先生,他抄录了威廉·斯特克尔的语录,希望霍尔顿保存:"一个不成熟的人的标志是他愿意为了某个理由而轰轰烈烈地死去,而一个成熟的人的标志是他愿意为了某个理由而谦卑地活下去。"话虽说得很好,可惜这位先生当夜有骚扰霍尔顿的举动,把霍尔顿给吓跑了。

另一段是《大亨小传》的开头,父亲教训尼克:"你每次想开口批评别人的时候,只要记住,世界上的人不是个个都像你这样,从小就占了这么多便宜。"

此书多译作《了不起的盖茨比》,巫宁坤是这样译的——"每逢你想要批评任何人的时候,"他对我说,"你就记住,这个世界上所有的人,并不是个个都有过你那些优越条件。"

如果有人拿这个问题问我呢,我会怎么回答?脑子里首先出来的是爱默生(R.W.Emerson),他是警句圣手,给人启发的好句子实在很多,随手翻开他的《经验》[1]摘录几句:

> 每个人都有其特殊的天分,人成功的诀窍在于他们能熟练地控制自己在适当的地方、适当的时候来发挥他的天才。(第209页)

> 我未曾见过在任何时候都不显得多余的人。(第209页)

> 心智对生活的品味代替不了身体力行。(第210页)

---

[1] 见[美]*R.W.*爱默生:《自然沉思录》,博凡译,上海社会科学院出版社,*1993年5月*,第*209~221*页。

不要沉湎于思考，而应该到四方去闯荡。（第 211 页）

无论我与谁打交道，我都恬然接受我现有的同伴与处境。（第 212 页）

我一无所求，得到平平常常的东西时我心中也充满感激。（第 213 页）

但你要懂得，你的生活本是一种漂泊，是一个为了只度过一个夜晚而草草搭起的帐篷，无论你的身体是好是疾，你都要完成派给你的那一份工作。（第 216 页）

自然痛恨斤斤计较。（第 218 页）

那种最有吸引力的人是那些使自己的力量含而不露的人。（第 218 页）

一年一年的时光能教给我们许多一天一天的时光绝不可能教给我们的东西。（第 220 页）

我并没有创造它，我只是到达了那里。（第 221 页）

以上句子都很好，每一次重读也都会赞叹。2015 年 6 月，我们专程去康科德寻访爱默生的故居，可惜那一天适逢闭馆，我和妻子只是在庭院草坪上走了走。有机会得重新去一趟。

然而常常存在我心里的,是另外一个句子:

> 掌权者的心若向你发怒,不要离开你的本位,因为柔和能免大过。

许多年前,我一读到这句话,就认定这句话是对我说的,可以用来指导日后的生活。于是我就按照这句话生活,直到如今。

"迄今为止你所得到的最好的人生建议是什么?"我问了二十几位朋友,得到了各式各样的回答,我也从回答中得了不少教益,于是隐去朋友们的姓名,把他们的答案备忘在这里:

温州A:请你走向内心……建造你的生活(里尔克《给青年诗人的信》)

德阳B:不与鸡犬争食(高中毕业时历史老师赠言)

台州C:没有别的办法,交给时间(一次比较难过的时候朋友安慰)

福州D:应无所住而生其心(《金刚经》)

成都E:平平淡淡才是真(小时候老听母亲说的一

句话)

成都F：随便翻翻（大学时一位老师说读书的方法就是要不拘一格）

成都G：成为你自己（也不知从何处得来）

南通H：知足常乐，能忍自安（来自祖父的不断教诲，注入了祖父一生的遭遇与智慧。后来也知道这是属于古代联璧，前句思想源自《老子》，后句来自《百喻经》）

南京I：要有死心塌地的精神（来自老爹）

南京J：知识分子一定得把身体锻炼好（一起在水库游泳时，美国博导给的建议）

海口K：如同下棋，我们不是高手，不用去想那么多步，每一步能把下一步走对已经赢大多数人了（大学里一位教形式逻辑的老师给的建议）

上海L：什么都不用急，只要有信（来自一位朋友）

杭州M：蛋几宁施，个必踢米（"但尽人事，各凭天命"，来自《笑傲江湖》）

杭州N：想到故我今我同为一个并不使人难为情（米沃什《礼物》）

平湖O：人生如痴人说梦，充满着喧哗与骚动，却没有任何意义（来自《麦克白》）

成都P：读万卷书，行万里路（2005年，我中途想退赛，活动主办方的负责人对我说的）

杭州Q：如果在一个孩子出生时，安排一笔10万元投资，待其大学毕业时该笔投资能成长到100万~200万，那么这个年轻人在走上社会之际，一定会有更多自由选择的空间，这个家庭也解决了一部分财务问题（来自一篇文章）

北京R：世事不可不洞明，人情不可不练达；敬业精神必不可少，赤子之心尤不可失（我的博士生导师钟甫宁教授的一段话）

金华S：一个人只拥有此生此世是不够的，他还应该拥有诗意的世界（来自王小波《红拂夜奔》）

杭州T：莫让自己的头脑成为别人思想的跑马场（来自叔本华《论思考》）

深圳U：面对复杂，保持欢喜（来自E.B.怀特《人各有异》）

马来西亚V：当你真心想完成一件事时，全宇宙都会集合起来帮助你（来自保罗·科埃略《牧羊少年奇幻之旅》）

加州W：Follow your heart（追随我心）（来自各个朋友，其中很多启发来自周恩临）

苍南X：如果问题找不到答案，那就搁置它，不再纠结，不再抱怨，问题会在你转身投入完成另一件事（哪怕只是一件微不足道的小事）的过程里成为力量（这个建议既非来自身边某人，也非来自某本书，而是来自一次真实经历的感悟）

北京Y：在觉知中行动（来自身边一位古典瑜伽的老师）

杭州Z：做记者（那时来自阅读书及报纸）

杭州AA：有何胜利可言？挺住就是一切（来自里尔克）

长沙BB：如果你的童年得到过足够的爱的滋养，就经由自己，把这爱传递下去；如果没有得到过足够的爱的滋养，那就努力把自己活成丰沛的爱的源头（大意如此，是2011年听山东的赵克芳老师上《春酒》一课时，她对孩子们说的话）

乐清CC：因为一直没有得到最好的人生建议，所以现在四十而惑……

亲爱的朋友，你的呢？

· 后记 ·

我也一定会记住我最后一次离开这儿的表情

昨天是春季最后一讲，平生第一次在课堂结束后收到了许多礼物和花朵，整理了一下讲台，收拾好就回家了，自嘲道："小朋友情深谊长，送老先生一束花，捧着花儿去坐地铁，情何以堪。"

今天整理教案，看到一张折叠着的小纸片，打开一看，是一段留言，不知是昨天课前的什么时候，有人放在讲台上的。参差的段落仿佛一首散文诗，书被催成墨未浓，也许是午间的急就章。

摊平于灯下读了几遍，觉得这张有着交错折痕的小小纸片，是颁给我 20 多年教师生涯的一份荣誉证书。确实，对于一名教书匠的最佳鼓励，一定来自他的学生。

> 我记得我第一次来时不情不愿的表情。
> 我也一定会记住我最后一次离开这的表情。
> 我记得我视写作为敌人的那段时光。
> 我也感觉得到现在我笔尖流出的美好。

我记得是谁为我打开了眼界,
　　是谁为我对这世界的认识提上一层楼。
　　我也仍记得是谁从学习生活谈到生死交融,
　　是谁从身边的神奇讲到宇宙之广阔。
　　我曾不在意生命与岁月,不在乎时间。
　　但现在我享受着每一次呼吸,每一次心跳,感受着每一次行走。
　　有人对我说过,与其在失去时感伤,还不如享受拥有时的每一秒。
　　所以我不必感伤,也不会感伤。
　　但您为我带来的一切,驱散了我在精神上的一切孤独,
　　让我第一次感到了他人对我想法上的认同,
　　使我有了思考下去的决心。
　　我感谢您对我的恩情,我会珍藏这段奇妙的友情。
　　不问归来何时,何惧华发苍面?
　　一日为师,终生为师,也必终生为友。
　　谢谢您,郭老师。

谢天祺
2021 年 6 月 19 日

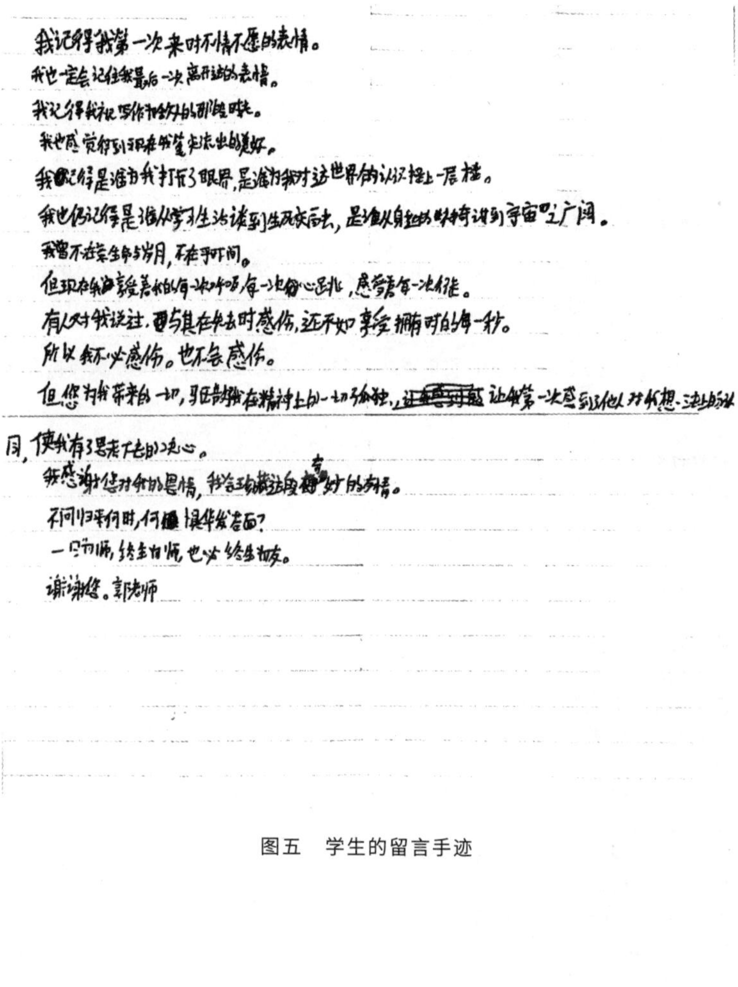

我记得我第一次来时不情不愿的表情。
我也一定会记住我最后一次离开时的表情。
我记得我跟您作对的那些时光。
我也感觉到现在笔尖流淌出的美好。
我记得是谁为我打开了眼界，是谁为我对这世界的认识提上一层楼。
我也很记得是谁从学习生活谈到生死话生，是谁从身边小事将我讲到宇宙的广阔。
我曾不在乎年与岁月，不在乎时间。
但现在我每经历您的每一次呼吸每一次心跳心跳，感受着每一次徘徊。
有人对我说过，与其在失去时感伤，还不如享受拥有时的每一秒。
所以我不必感伤，也不会感伤。

但您为我带来的一切，驱逐我在精神上的一切孤独，让我第一次感到我似乎我想法和您相似相同，使我有了追求下去的决心。
我感谢您对我的热情，我会珍惜这份稀有的热情。
不问归于何时，何捶谁华发苍面？
一日为师，终生为师，也必终生为友。

谢谢您，郭老师

图五　学生的留言手迹

图书在版编目（CIP）数据

胆敢教书 / 郭初阳著． -- 上海：上海教育出版社，
2025．1．(2025.7 重印) -- ISBN 978-7-5720-3301-8

Ⅰ．H19-53

中国国家版本馆 CIP 数据核字第 2025PF3830 号

本书部分文字作品著作权由中国文字著作权协会授权，电话：010-65978917，传真：010-65978926，E-mail：wenzhuxie@126.com。

部分作品虽经多方努力，仍未联系上授权人，敬请谅解。烦请尽快与我们联系，我们将及时奉送样书及稿酬。联系方式：pan_press@163.com。

胆敢教书
郭初阳 / 著

策　　划：行
策划编辑：刘美文
责任编辑：周伟
特约编辑：小雨
营销编辑：肖虹
责任印制：耿云龙
装帧设计：观境Lab

出版发行	上海教育出版社有限公司
官　　网	www.seph.com.cn
地　　址	上海市闵行区号景路 159 弄 C 座
邮　　编	201101
印　　刷	北京美图印务有限公司
开　　本	880×1230　1/32　印张 12.25
字　　数	254 千字
版　　次	2025 年 6 月第 1 版
印　　次	2025 年 7 月第 2 次印刷
书　　号	978-7-5720-3301-8/G.2942
定　　价	58.00 元

如发现质量问题，读者可向本社调换 电话：021-64373213